새로운학교,
학생을 날게 하다

새로운학교,
학생을 날게 하다

초판 1쇄 인쇄 2020년 1월 13일
초판 1쇄 발행 2020년 1월 16일

엮은이 새로운학교네트워크
펴낸이 김승희
펴낸곳 도서출판 살림터

기획 새로운학교지원센터
기획총괄 정광일
편집 조현주
디자인 꼬리별

인쇄·제본 (주)신화프린팅
종이 월드페이퍼(주)

주소 서울시 양천구 목동동로 293, 22층 2215-1호
전화 02-3141-6553
팩스 02-3141-6555
출판등록 2008년 3월 18일 제313-1990-12호
이메일 gwang80@hanmail.net
블로그 http://blog.naver.com/dkffk1020

ISBN 979-11-5930-132-2 93370

새로운학교를 만드는 10가지 교육 원리

새로운학교,
학생을 날게 하다

새로운학교네트워크 엮음

살림터

새로운학교 교육 원리

학교는 삶을 가꾸고 나누는 교육공동체입니다. 학생은 행복한 삶을 경험하며 미래 사회를 살아가는 데 필요한 가치를 배우고 익힙니다. 새로운학교의 구성원은 더 나은 세상을 꿈꾸며 다음 10가지 교육 원리를 실천합니다.

1. 학교는 민주주의에 바탕을 둔 교육공동체이며, 구성원은 학교 일에 민주적으로 참여하고 결정합니다.
2. 학교 구성원은 서로를 믿고 존중하며, 학교교육을 위해 자기 책임을 다합니다.
3. 학생은 자기존엄을 바탕으로, 서로 인정하는 관계를 맺습니다.
4. 학생은 교육의 장 어디에서나 안전하게 생활할 수 있어야 하며 어떠한 이유로든 차별받지 않아야 합니다.
5. 학생은 배움의 주체로서 스스로 학습하고 협력합니다.
6. 학교는 모든 학생에게 알맞은 배움의 기회를 제공합니다.
7. 교사는 학생의 발달 단계와 특성, 관심, 생활환경을 반영하여 교육과정을 함께 만들고 실행합니다.
8. 교사와 학생은 배움을 통해 인간, 사회, 자연을 이해하고 삶의 기술을 익히며 실천합니다.
9. 교사는 전문성을 바탕으로 학생의 배움과 삶을 연결하는 교재를 준비하고 활용합니다.
10. 학교는 삶의 터전인 지역사회와 협력합니다.

새로운 교육의 밑거름이 되기를 기대하며

오늘의 한국 교육은 근대 교육으로서의 공교육이 성립된 이래 가장 역동적인 변화의 과정에 놓여 있습니다. 시민사회 형성과 더불어 성립된 공교육 체제는 서구적 발전 경로와는 달리 우리나라에서는 심한 왜곡의 과정을 밟아 왔습니다. 일제 강점기에 연이은 분단과 군사정권의 악순환을 거치면서 우리의 공교육은 교육이라고 말하기 어려웠습니다. 근대성을 뒷받침하는 건강한 시민사회 형성에 기여하지 못하고 자연과 노동 착취를 기반으로 한 압축적 경제 성장과 분단의 정치 체제를 영속시키는 이념적 도구로 활용되었습니다.

교육의 심대한 질곡에 대해 교육자들의 비판과 저항, 그에 기초한 교육운동 역시 끊임없이 일어났습니다. 일제 강점기의 민족교육운동, 해방 후 4·19 교원노조운동에 이어 1987년 6월항쟁을 맞이하며 이루어졌던 전교조 운동, 그리고 다양한 전문적 영역의 교사운동도 전개되었습니다. 지난 한 세대에 걸쳐 대중적인 참여 속에 이루어진 교육운동이지만 많은 희생과 노력에도 불구하고 그에 견줄 만한 성과를 거두었다는 긍정적인 평가를 하기에는 아쉬운 점이 많습니다.

우리 사회에 교육개혁의 필요성을 제기하고 여러 가지 제도적·정책적 대안을 의제로 던져 온 국민의 성원을 얻기는 하였습니다. 그러나 학생의 성장을 위한 학교를 만들어 내지 못했고, '교육하는 존재'로서 교사들의 일상적이고 전문적인 요구를 실현해 내지 못했습니다. 때로는 교육운동의 모호한 방향성으로 인해 교육현장과 밀착된 교사들의 주체적인 노력은 서서히 제도적 틀에 포섭되었고, 전문성 신장의 실질적인 동력이라 할 수 있는 자발성과 공동체성도 점점 옅어지는 경험을 하였습니다.

　다행히 10여 년 전부터 전개되어 온 혁신학교 운동은 늘 주변화되어 있던 학교개혁운동과 다양한 전문 영역의 교사운동 흐름을 중심부로 이끌어 내면서 한국 교육에 매우 크고 유의미한 변화를 만들어 내고 있습니다. 진보 교육감의 당선 등 우리 사회의 민주적 성숙과 더불어 혁신학교 운동을 통하여 건강한 학교혁신의 주체들이 새살처럼 돋아나 확산되고 있습니다. 개혁의 대상으로 여겨졌던 교사들이 명실상부하게 개혁의 주체가 되어 공동체성을 회복하고 변화를 주도하고 있는 것입니다. 이 같은 흐름은 학교를 학교답게 만드는 학교혁신을 지속적이게 하는 일, 교육을 교육답게 만들어 아이들이 자신의 삶을 주체적으로 살아가게 하는 일로서 매우 긍정적으로 평가되어야 할 것입니다.

그리고 여기서 주목할 점은 새로운학교네트워크가 이러한 역동적인 변화를 이끌어 내는 결정적인 역할을 하고 있는 것입니다. 새로운학교 네트워크는 2000년대 초반부터 학교를 학교답게, 교육을 교육답게 하기 위해 학교를 새롭게 변화시키고자 했던 선생님들이 자발적으로 모인 교원단체입니다. 삶을 위한 교육, 미래를 여는 교육을 열어 가는 새로운학교네트워크는 혁신학교를 전국적으로 확산시키는 역할을 성공적으로 수행해 왔습니다. 이와 같은 성공은 전 국민적 지지와 함께 진보 교육감 당선, 전국의 혁신학교 확산으로 이어졌습니다.

이번에 나오게 된 새로운학교네트워크의 두 번째 총서는 지난 10년 간 아래로부터 현장을 바꾸어 나간 새로운학교네트워크의 소중한 결과물입니다. 이 책은 우리 학교와 동떨어진 외국의 이론에서 벗어나 현장에서 치열하게 부딪쳐 온 10년의 성과를 톺아 보며, 전국의 학교혁신, 교육혁신의 감동적인 사례들을 모았습니다. 그 감동 안에 담긴 새로운학교의 교육 원리를 발견했습니다. 이 책에 담긴 이야기는 교육의 원리와 그 원리에 따른 현장 실천의 정수를 담아낸 결과물이라 할 수 있습니다. 그간 혁신학교를 참여했던 개인 교사들의 여러 저작물은 있었지만, 이 책은 새로운학교네트워크의 교육 원리를 구현하고 있는 학교현장의 생생한 모습을 보여 주고 있어 더욱 뜻깊습니다.

혁신학교 운동은 기나긴 제도적, 이념적 질곡에 빠져 있던 우리의 교육을 조금씩 정상화하며 희망을 만들어 왔습니다. 이 과정에서 전국 방방곡곡에서 개혁의 주체가 확장되고 조직화되었으며, 혁신교육의 실천도 교사들에 의해 정교화되고 있습니다. 그러나 한편으로는 여전히, 국가교육과정이 나아갈 방향을 제시함에 있어서 오늘의 시대가 제기하고 있는 엄중한 과제를 교육적 의제로 고민하는 데까지 이르지는 못하고 있습니다. 모쪼록 이 책이 우리 교육의 또 다른 궤적을 만들면서 이 시대의 교육을 새롭게 하는 데 작은 도움이 되기를 바랍니다.

2020년 1월

새로운학교네트워크 이사장

한상훈

새로운학교를 만드는 교육 원리

새로운학교네트워크 정책위원 황영동

지속가능한 학교

우리는 교육으로 행복한 학교를 만들고자 새로운학교 운동을 시작하였다. 그동안 우리 나라 학교교육은 국민을 계몽하였고, 사회에 필요한 인력 양성이라는 목적을 이행해 왔다. 빛나는 성과에도 불구하고 충효사상으로 변색된 국가 이데올로기와 입신양명 외 특별한 교육적인 지향이 없었다. 고도성장 사회에서 학교교육은 시민적인 소양보다는 세속적인 성공을 가르쳤다. 남과 더불어 사는 민주성이나 윤리성, 그리고 미래를 개척할 새로운 역량을 기르는 데 지금 학교는 그 역할을 다하고 있는지 의문을 제기한다.

우리는 새로운학교를 만들어 온 척박한 교육 풍토에서 새로운 가능성을 모색한다. 우리가 만드는 새로운학교는 다음과 같은 특성이 있다. 첫째, 새로운학교는 지속가능한 학교이다. 해마다 어김없이 꽃이 피고 열매를 맺는 나무와 같은 학교이다. 지속가능한 튼튼한 줄기와 깊숙한 뿌리를 가지고 있다. 학교의 줄기와 뿌리는 무엇으로 구성되어 있으며 어떻게 유지하는지가 우리의 큰 과제이다. 지속가능한 학교는 사람이 바뀌더라도 학교 구성원이 쌓아 온 교육적 가치와 전통을 유지하는 학교이다. 그러나 비교적 교사들의 이동이 자유로운 학교 환경에서 사람이 바뀌면 그동안의 학교 공동체가 쌓아 온 기반은 한순간에 무너지기도 한다. 다음의 사례는 그 과정을 잘 보여 주고 있다.

그 학교가 달라졌다.

교장이 수직적 통제 권력을 버리면 수평적 소통과 신뢰 구조는 자연스럽게 형성된다. 권력은 권한의 옷으로 갈아입었다. 각자의 영역으로 분산된 권한은 자율성과 헌신, 그리고 책임감의 모습으로 드러난다. 시행착오와 진통도 있었지만 그 학교도 그랬다. 처음엔 형식적으로 했던 학교 안 자율적 교사 공동체인 전문적학습공동체가 해가 쌓이면서 진정성 있는 교사 모임으로 거듭났고, 전체 교사의 70%가 넘는 인원이 참여했다. 덕분에 교사들 사이에는 신뢰하는 공동체가 형성되었고 교육과정은 충실하고 풍성했으며 형식적이었던 각종 협의회의 결정에 교장이 힘을 실어 주자 점차 학교 운영 시스템에 민주적인 의사소통 구조가 정착되었다. 그러면서도 바쁘지 않고 여유로웠다. 불필요한 걸 하지 않기 때문이다. 학생들처럼 교사들도 학교에 가는 게 좋았다. 그 학교의 모습은 혁신학교의 지향점 같았다. 혁신학교는 민주적 자치 공동체와 전문적학습공동체에 의한 창의적 교육과정을 실현하는 공교육 혁신의 모델 학교이다. 이는 우리 공교육이 직면한 구조적 문제를 개혁적 교육 모델을 통해 해결해 가려는 혁신적 교육운동이자 사회운동이다. 그 학교는 혁신학교는 아니었지만 밑바닥부터 차근차근 다져 가며 만들어진 진짜 혁신학교였다.

새봄, 그 학교에 새 교장이 왔다. 교장의 언어에는 존중이 없었다. 회의 시간에 자리에 없는 교육공무직원의 실명을 들먹이며 일도 못하는 게 사람도 별로라며 흉을 봤다. 그 자리에 있는 교감은 무능하다는 식으로 몰아세웠다. 본인과 다른 의견은 튕겨 냈고 간혹 나가라는 소리를 질렀다. 주특기는 결정한 일 뒤집기였다. 인사위에서 결정한 초빙 교사를 결국 본인 마음대로 바꿔 버렸고, 교장의 결재를 얻고 물품을 샀는데 몇 달 뒤 그걸 반려해 놓고 당사자를 불러 나무랐다. 교사들은 상처받고 시들어 갔다. 간섭이 싫어지니 전학공도 시들해졌다. 해결을 위해 궁리하며 사례를 모았으나 교사의 1/3이 학교를 떠나자 길을 잃었다. 남은 교사들은 학교의 중심에서 비켜나 교장과 마주치지 않을 일을 택함으로써 교장을 떠났다. _○○고등학교 교사

이 이야기의 앞부분에서는 그동안 우리가 해 왔던 학교 운동의 성과를 엿볼 수 있다. 자생적 운동이었던 학습공동체는 정책이 되었고, 알게 모르게 학교를 바꾸는 매개가 되었다. 현장 교사들이 수행했던 성과들이 관리자의 변화로 도로 옛날 학교로 돌아가는 과정이 나온다. 수년간 쌓아 왔던 문화적 전통이 무용지물이 되어 가는 과정이 나온다.

사람이 바뀌면 학교가 휘청하는 문제는 대한민국 학교의 현실이다. 비교적 자유롭게 옮겨 다닐 수 있는 인사제도의 결과이기도 하다. 구성원이 자주 바뀌는 상황에서 문화적 전통을 이어 나가기란 여간 어려운

일이 아니다. 하지만 어떤 학교를 가든지 적어도 공공선이 있으며, 합리적인 체제가 있으면 좋겠다는 소망은 교사나 학부모의 공통적인 바람이다. 이 책에서는 이와 비슷한 일을 겪었지만 극복한 사례가 나온다. 평범한 교사들이 학교의 지속가능성을 담보하면 사람이 바뀌어도 좋은 가치와 문화가 유지될 수 있다. 이 책에서도 이를 증명하는 사례가 기술되었지만 누군가가 확고한 주인이 있는 학교는 지속가능했다.

둘째, 새로운학교는 시대를 관통하는 교육 원리가 있다. 교육 원리는 운동을 지속가능하게 하는 중요한 요소와 학교를 지속가능하게 하는 매개로 작용한다. 이러한 유럽의 사례로 교육운동에서 시작하여 현재 공립학교 교육 원리로 정착시킨 프레네 학교와 자유학교의 예를 들 수 있다. 프레네 학교의 교육 원리[1]는 학교의 지속가능성을 담보했고, 현대 프랑스 공교육에 많은 영향을 끼쳤다. 프레네 교육은 프랑스 국가 교육 정립법의 기본 원칙인 아동 중심의 교육으로 반영되었다. 프레네 학교는 협력과 민주주의라는 큰 방향성 아래 구체적인 교육 원리를 설정해 운영하고 있다. 프레네 교육에는 작업의 교육학, 협력적인 작업, 탐구 중심의 학습, 자연적인 방법, 흥미 중심의 다섯 가지 원

---

1. 프레네 학교 교육 원리는 다음과 같이 요약된다.
   ① 학생들은 자신들 나름대로의 학습과정과 발전, 개성에 대한 권리를 지닌다.
   ② 학습자가 자신의 삶을 풍요롭게 경험하도록 한다. 반면에 이들을 서로 동일하게 만드는 것은 부패시키는 것이다.
   ③ 학습자는 자기 학습 속도에 대한 권리를 지닌다.
   ④ 학습자는 학습에서는 기쁨을 맛보아야 하고, 기쁨은 다시 성취감으로 이어져야 한다.
   ⑤ 경쟁과 실패에 근거한 선발은 가급적 없애야 한다.
   ⑥ 학습자가 완결된 결과만 받아들이도록 하지 말고, 스스로 실험하고 다듬어서 찾아내도록 한다.
   ⑦ 주어진 교재의 지식을 가르치는 수업이 아니라, 현실에 대한 교사의 비판적 연구가 학생들의 사고로 이어져야 한다.
   ⑧ 학생은 자신의 학습과정을 주도하고 조직한다.
   ⑨ 학급 모둠을 통한 학습은 공동 책임 아래 협동적으로 이뤄져야 한다.
   ⑩ 갈등은 학급위원회에서 자치적으로 해결한다.

칙이 있다. 또한 30가지 불변의 교육 원리를 제시하고 수업 기술에 대해서도 명시하고 있다.[2]

두 번째 사례는 덴마크 자유학교이다. 자유학교의 교육 원리는 아이들에게 더 많은 학교교육이 필요한 것이 아니라 더 많은 삶이 필요하다고 선언하고 다섯 가지 자유의 개념[3]을 제시한다. 이러한 원리를 바탕으로 실천 과제를 마련하는데, 그것은 "어른들은 빚쟁이처럼 아이들에게 과제를 요구해서는 안 된다. 아이들은 과제를 해내야 할 빚진 자가 아니다. 통제, 숙제, 시험이 필요하다는 것은 어른들의 발상이지 아이들은 그렇지 않다." 등이다. 이 두 사례는 그 당시 프랑스나 덴마크의 교육을 개선하고자 하는 노력으로 시작되었으며, 시대를 관통하는 교육 원리를 담고 있다. 그래서 탄생한 지 수십 년이 지난 지금도 지속하고 진화 발전하고 있다.

이 책에 실린 학교들은 학교 운영의 원리를 다양하게 만들어 실행하고 있다. 어느 학교는 학교 철학이라 표현하였고 또, 어느 학교는 학교 약속이라고 표현하였다. 형식지는 다르지만 암묵지로 그 운영 원리를 공유하고 있는 것이다.

---

2. 프레네 교육 원리에는 30가지 불변의 요소, 아동관, 교육관, 수업 기술에 관한 기본 입장이 있다. 어린이에 대한 이해의 바탕이 된다. 프레네 교육에서 어린이는 "어느 누구도 어떠한 작업에 구속되어 완성하는 것을 좋아하지 않는다. 그 작업이 특별히 싫지 않더라도 구속되어 작업하는 것은 의욕을 더욱 상실하게 한다. 어린이는 유익하지 않은 것이더라도 자신의 작업을 스스로 선택하는 것을 좋아한다." 수업 기술에 대해 학교에서 본질적으로 수행하는 지식 습득의 과정은 관찰, 설명, 시범이 있지만 프레네 교실은 가장 자연스럽고 보편적인 방법으로 실험적 모색을 제시한다.
3. 이념적 자유, 교육적 자유, 재정적 자유, 교사 임용의 자유, 학생 선발의 자유.

새로운학교네트워크의 교육 원리

교육 원리는 학교교육의 기초와 뼈대이다. 우리는 그 기초와 뼈대를 토대로 학교를 만들었다. 그를 바탕으로 학교 운동과 교육의 방향을 포괄적으로 제시하고 있다.

새로운학교 교육 원리

학교는 삶을 가꾸고 나누는 교육공동체입니다. 학생은 행복한 삶을 경험하며 미래 사회를 살아가는 데 필요한 가치를 배우고 익힙니다. 새로운학교의 구성원은 더 나은 세상을 꿈꾸며 다음 10가지 교육 원리를 실천합니다.

1. 학교는 민주주의에 바탕을 둔 교육공동체이며, 구성원은 학교 일에 민주적으로 참여하고 결정합니다.
2. 학교 구성원은 서로를 믿고 존중하며, 학교교육을 위해 자기 책임을 다합니다.
3. 학생은 자기존엄을 바탕으로, 서로 인정하는 관계를 맺습니다.
4. 학생은 교육의 장 어디에서나 안전하게 생활할 수 있어야 하며 어떠한 이유로든 차별받지 않아야 합니다.
5. 학생은 배움의 주체로서 스스로 학습하고 협력합니다.
6. 학교는 모든 학생에게 알맞은 배움의 기회를 제공합니다.
7. 교사는 학생의 발달 단계와 특성, 관심, 생활환경을 반영하여 교육과정을 함께 만들고 실행합니다.
8. 교사와 학생은 배움을 통해 인간, 사회, 자연을 이해하고 삶의 기술을 익히며 실천합니다.

9. 교사는 전문성을 바탕으로 학생의 배움과 삶을 연결하는 교재를 준비하고 활용합니다.
10. 학교는 삶의 터전인 지역사회와 협력합니다.

새로운학교는 민주적 교육공동체

학교민주주의는 우리나라 헌법과 교육법에 교육 과제로 명시되어 있다.[1] 하지만 여러 이유로 학교에서 실천되고 있지 않았다. 그동안 우리는 비전 공유와 권한 위임, 민주적인 교직원 문화, 학교장의 리더십, 교육공동체 형성을 주요 실천 과제로 설정해 운영하였다.

일부에서는 학교민주주의 문제를 학교장의 문제로만 국한해 소홀히 다루었다. 극단적으로 교장이 바뀌면 모두 다 바뀐다는 생각 역시 인식의 비민주성을 보여 주는 사례이다. 또한 학교 변화와 관련해 카리스마 리더십을 요구하는 것도 여전히 극복되어야 할 과제이다.[5]

앞서 소개한 어느 고등학교 사례의 교장 선생님도 그 예가 될 수 있다. 이 사람은 어떻게 길러졌을까? 초, 중, 고등학교를 다닐 때 민주적

---

4. 헌법과 교육기본법 제2조.
5. 급변하는 기업 환경의 변화 속에서 기업이 생존하기 위해선 구성원으로부터 조직에 대한 강한 일체감, 적극적 참여, 기대 이상의 성과를 달성할 수 있는 동기유발을 자극할 수 있는 새로운 리더십이 요구되었다. 이에 따라 1980년대 미국 기업들이 성공적인 리더들을 따라 하기 시작했다. 이러한 변화의 맥락 속에서 새로운 리더십의 새로운 패러다임을 만들어 내기 위해 1978년 제임스 맥그레거 번스(James MacGregor Burns)가 처음으로 변혁적 리더십을 이론적으로 제안하였고, 1985년 버나드 M. 베이스(Bernard M. Bass)에 의해 진일보하였다. 변혁적 리더들은 그들의 가치관과 특성을 통해 조직 구성원들이 그들의 공통된 대목표를 향해 갈 수 있게 구성원들의 지각, 기대, 동기들을 변화하도록 장려할 수 있다. 전통적 접근들과 다르게 이 리더십은 상호적 교환 관계에 기초하지는 않고 변화를 만드는 리더들의 성격이나 기질, 능력에 기초한다.

으로 대하는 선생님이 있었을까? 평교사 생활을 할 때는 그와 같은 경험이 있었을까? 우리나라 교육 현실에서 이러한 문제에 "나는 그렇지 않았다"라고 자신 있게 말할 수 있는 사람이 몇이나 있을까?

참 당연한 말이지만 학교가 민주주의의 학습장 역할을 해야 한다. 그 근간인 민주주의의 기본 원칙인 자유, 평등, 인간의 존엄성을 참여와 연대와 실천으로 구체화해야 하는 운동적인 과제가 있다. 이는 각 학교 구성원의 새로운 역할이 있어야 가능하다.

교육공동체는 개인의 능력이나 리더십으로 운영되지 않고, 그 학교의 규범에 따라 운영되는 학교를 말한다. 즉 개인의 마음대로 안 되는 학교이다. 교사의 전문가적인 윤리헌장, 학부모 행동강령, 학생 생활규범 등이 제정되어 있고 실체적으로 작동하는 학교를 말한다. 현실적으로 학교는 학교장의 경영 방침에 따라 수년 동안 이루어 놓았던 학교 전통이 위기에 처하기도 하고, 카리스마 있는 교사가 학교를 떠나감에 따라 교사 조직이 붕괴되기도 한다. 이러한 현실을 극복하는 방안을 좀 더 구체화할 필요가 있다.

학교는 누구나 맘껏 사는 곳이 아니라는 점을 분명히 하고 싶다. 학교장, 교사, 학부모, 학생이 최소한의 경계를 세우고 공유된 정체성을 가지고 서로를 존중하는 방향으로 학교를 운영해야 한다. 교장은 규범을 관리하는 규범적 리더십을 발휘하는 새로운 역할을 할 수 있으며, 학부모는 교육 수요자가 아니라 참여자로서 역할을 할 수 있다.

이 책에 소개된 사례를 보면 학교 민주주의의 정착은 결코 평탄하지 않았다. 민주적인 학교 공동체를 만드는 일이 쉽게 되었던 사례는 없었다. 그 과정이 "쉽지 않았다"는 공통된 경험이 있었지만, 다시 예전으로 돌아가고 싶지 않을 만큼 가치롭다는 사실을 말해 준다.

학생은 능동적인 학습의 주체

이 책에는 학생 중심의 교육활동, 교육에서의 소외 극복, 자기 주도적 학습 및 협력학습, 학교교육과정의 편성과 운영 등이 담겨 있다. 새로운학교 운동을 하는 실천가들은 다양한 방법으로 수업을 개선하고자 하는 시도를 전개하였다. 학생을 따뜻하게 맞이하거나 컴퓨터 교재를 덜 사용하는 등의 관계 개선 운동을 전개하였다.

교수학습에서는 학생들과의 교육적인 관계가 우선이 된다. 그동안 수업 방법을 개선하고 교육과정을 재구성하여 학생들에게 더 나은 수업 내용을 만들어 가려는 시도를 전개해 왔다. 하지만 학생을 여전히 교수학습의 객체로 인식하는 한계를 극복하지 못하고 있다.

학습자인 학생은 누구이며, 어떻게 학습이 일어나는가? 새로운학교의 수업은 학습자 중심, 인지적·사회적 수업을 지향한다. 학습자 중심 수업이란 학생들이 적극적이고 능동적으로 학습하는 수업을 말한다. 학생들은 학습자로서 배움에 대한 자기 책임이 있다.

교사는 다양하고 창조적인 경험을 바탕으로 스스로 지식을 구성하고 적극적인 상호작용을 통해 지식을 확장해 나가는 수업을 기획한다. 그 수업 시간에는 질문이 있으며, 문제해결을 위해 새로운 시도를 한다. 학생들은 협력이 살아 있는 수업을 지향한다. 학습자 중심 수업을 하기 위해서 교사는 전문가로서 수업을 기획하는 능력을 갖춘다.

사물이나 현상을 탐구하는 인지적 수업의 바탕은 학생들의 호기심이다. 학생들은 주관적이고 상대적이고 유동적인 지식을 객관화하거나 절대화하거나 고정화해서 동일하게 복제하는 방식으로 학습할 수 없다. 학생들이 학습해야 하는 것은 그러한 지식을 생성해 내는 탐구

능력이다. 즉 지식 생성의 방법과 경로이다. 교사는 올바른 지식교육을 위해 발달 단계에 맞게 학습 내용을 구성하고, 호기심을 자극하는 질문과 반성적 사고로 학생을 도와주고 이끌어야 한다.

사회적 수업은 협력을 토대로 한 민주적인 수업을 말한다. 민주적인 수업은 구성원 각자가 지닌 가치와 능력을 인정하는 데서 출발한다. 이를 바탕으로 삶의 문제를 해결하는 수업을 지향한다. 문제해결은 다양한 구성원의 협력을 통해 이루어질 때 보다 의미가 있다. 협력은 서로의 존엄성을 깨닫게 하는 소중한 학습 경험이다. 사회적 수업을 통해 협력의 가치와 방법, 절차를 배우고 익힌다. 교사와 학생 모두 서로 존중하며 진지한 자세로 수업에 참여한다.

배우는 데는 내용이 있으며 그 내용을 바탕으로 확장된다. 학생들은 교과의 내용이 자신들의 삶과 연결될 때 흥미를 가지고 더 잘 배운다. 때론 삶의 문제가 배움의 소재가 될 수도 있지만, 실상은 살아가는 것 자체가 배움이다. 그러나 국가교육과정으로 구현된 학교교육의 의도성으로 인해 배움이 학생의 삶과 분리된 채 겉돌고 마는 경우가 많다. 삶과 동떨어진 지식과 학습자는 연결되기 어렵다. 특히 교과서에는 교육과정을 구현하기 위한 좋은 자료들이 수록되어 있지만, 이를 경전으로 삼아 교과서 가르치기를 교사의 역할로 여기게 되면 학생들의 삶과 배움이 유리될 가능성이 더 높아진다.

교육과정 재구성은 교사와 함께 호흡하는 학생들의 조건, 생활, 관심사, 사회적 상황 등을 고려하여 더욱더 의미 있는 내용을 조직하는 일이다. 그래서 다음의 세 가지 원칙으로 교육과정을 재구성해야 한다.

첫째, 학생들의 조건, 생활, 관심사, 사회적 상황에 관심을 가지고 탐구한다.

둘째, 학생들의 삶을 배움으로 연결하는 수업을 기획한다.

셋째, 동료들과 함께 교육과정을 탐구하고 보다 의미 있는 교육과정을 구성한다.

이 책에 소개된 학생이 학습의 주체로 서는 일은 교사에게 도전적인 과제였다. 그 도전의 핵심은 불편함이었다. 보다 의미 있는 내용을 조직해 가르치고 싶은 교사의 마음과 일상의 불편함일 뿐 옳고 그름의 문제가 아니었다. 나에게 익숙하지는 않았지만 새로운 시도의 과정이 촘촘하게, 때로는 거칠게 기술되어 있다.

능동적인 학습을 위한 조건

인간 본성에 기초한 세 가지의 기초적인 욕구를 학교에서 교육할 책무가 있는데, 이는 관계, 자유, 생산성의 욕구이다. 오늘날 사회는 공동체가 붕괴되고 개인은 고립되어 있다. 당연한 말이지만 인간은 사회적 관계 속에서 살아간다. 다른 사람과 관계를 맺는 상황에서 사랑을 하고 의미 있는 관계를 만든다. 가정에서 기초적인 관계를 배우고, 마을에서 더 넓은 관계를 확장한다. 하지만 과거의 전통적인 마을의 기능을 하는 준거 집단은 이제 더 이상 존재하지 않는다.

학교교육에서 이 문제를 주목해야 할 까닭은 바로 생활지도와 관련이 있기 때문이다. 생활지도가 점점 더 어려워지고 있다. 교사들은 한결같이 더 어려졌다고 말한다. 지금부터 5년이나 10년 후에는 '더 행복하고 더 배우고 싶어 하고 더 편안한 아이'를 대신하여 '더 가르치기 어렵고 더 예측하기 어려운 아이'들이 우리 곁에 온다고 가정하는 것이 옳을 것이다. 저성장 사회에서는 방임되는 아이들이 많고, 방임하지는 않더라도 가정교육을 제대로 받지 못한 아이들의 비율이 증가

한다. 이러한 이유로 학생 생활지도가 전에 없이 어려워지고 있다. 우리는 이러한 현상을 제대로 파악해 준비하고 있는지 점검해야 한다. 선생님들은 예전보다 더 많은 시간을 학생들에게 쏟아야 하며, 더 많은 협력이 필요하다. 학교가 학생의 정서적 요구의 기반 기능을 해야 하는 것이 과거보다 더 많이 요구된다.

우리가 추구하는 새로운학교는 교육적 관계가 역동하는 곳이다. 학교에는 다양한 문화적, 역사적 배경을 가진 구성원들이 공존한다. 공동체의 결속이 없는 상태에서 다양한 갈등은 자기 욕구 실현의 소모적 갈등으로 변질되기 쉽다. 구성원 사이의 신뢰와 인정을 바탕으로 하는 협력적인 관계 속에서 학생들은 긍정적인 자아를 빚어 간다. 또한 학생들은 학교에서 경험하는 행복한 현재의 삶을 바탕으로 미래를 준비한다.

학교에서의 행복한 삶은 학생 한 명 한 명의 존엄성, 소질, 꿈이 존중될 때 가능하다. 학교는 교과 지식뿐만 아니라 사고력, 문제해결력, 창의력을 포함한 지적 능력과 성취동기, 호기심, 자기관리 능력, 민주시민의 가치를 포함하는 정의적 능력을 아우르는 포괄적이고 총체적인 관점에서 학생의 성장을 바라본다. 이를 '참된 학력'이라 하며 이를 실현하기 위해 다양한 방법을 모색한다. 구체적인 방법은 이 책에 학교 급별로 다양하게 제시된다.

학교를 구성하는 주체에는 교원뿐 아니라 학생과 학부모도 포함된다. 각 구성원은 협력과 소통의 삶의 원리 속에서 살아간다. 협력적인 일을 매개로 공동체적인 규범을 형성하고, 개인의 목적을 공동체의 테두리 속에서 추구해 나가는 것이다. 이는 교사 개개인의 수업에만 몰두했던 지난 시절의 학교와 다른 접근이다. 협력이 잘 일어나면 오히려 학생 개개인의 존엄과 속도가 존중된다. 협력을 강조하지만, 집단주의나 몰개성을 추구하지는 않는다. 협력은 그 자체가 숭고한 목적이라기보다 개개인에게 더 큰 이익이 된다는 사실을 염두에 둔다.

학교교육의 중핵은 현실적으로 교사이다. 그래서 교사의 논의와 결정은 교육적인 권위로 존중받아야 마땅하다. 학생은 자치회를 통해, 학부모는 학부모회를 통해 학교 운영에 참여할 수 있다. 이러한 참여의 바탕에는 주인의식과 책임이 있어야 하며, 이를 기반으로 서로 협력해서 학교를 운영해야 한다. 이를 토대로 지역 주민, 사회시민단체와 연대해 교육 생태계의 변화를 추구한다. 학교는 민주주의 사회를 지탱하는 원리를 배우는 학습의 장이며, 작은 사회이다. 다음 세대인 학생을 '참여의식을 가진 책임감 있는 시민'으로 교육하고 경험시켜야 하는 과제가 있다.

사회에 기여하는 활동을 통해 사회적 가치와 삶의 의미를 찾게 된다. 무엇인가 생산하고 그것을 나누는 과정에서 사람은 성장하고 효능감이 증대한다. 현대 사회를 지배하는 감정, 즉 고립감, 무력감, 권태감, 무가치함을 극복할 수 있다. 그래서 학습은 능동적이어야 한다. 우리 모두는 능동적으로 살고 싶어 한다. 창조적인 일, 생산적인 일은 사람을 행복하게 한다. 생산적인 일은 사회에 기여하고 보람과 의미를 가져다준다.

학교는 자유로운 인간이 되기 위한 조건을 갖추는 곳이며, 그 방법으로 학습자 위주의 능동성을 갖추어야 한다. 학생이 지식을 생산할 수 있다는 교사의 신념은 교육을 더 능동적으로 할 수 있게 한다.

이를 실현하려면 새로운 지식교육이 필요하다. 우리 사회에서는 지식교육을 입시교육과 등치시키는 오류를 범하곤 한다. 하지만 인류의 보편적인 지식을 습득하고 공유하는 일은 공교육의 핵심적인 임무이다. 자유를 억압하는 자들은 피통치자에게 적절한 지식교육을 제공하지 않았다. 일제강점기 일본에서 온 통치자들은 우리에게 고등교육, 즉 역사, 고등수학, 철학 따위를 가르치지 않았다. 군부 독재자들은 우민화 교육을 일삼으며 지성적인 사람으로 기르는 교육을 하지 않았다. 고등 정신능력을 가진 사람들은 통치하기 어렵기 때문이다. 토론하며 자유롭게 의견을 말하고 대안을 마련하는 공부는 지식을 기반으로 한다. 그런데 이러한 방식의 학습은 현실에서 어려움에 처해 있다.

공부를 열심히 하면 진학은 보장받지만 직업은 보장받지 못하는 현실을 우리 청소년들은 누구보다 잘 알고 있다. 공부와 출세의 연결고리가 상실된 지금, 그들은 공부해야 할 이유를 찾지 못하고 그 문제는 좋지 않은 수업 태도로 연결되고 있다. 그동안 공부를 단지 진학과 직업을 얻는 수단으로만 여기게끔 교육한 우리 어른들의 책임이 크다. 지적이고 교양 있게 사는 지성인의 삶을 학부모로서 교사로서 강조해 왔는가? 어른들 스스로 지식에 대해 폄하하고 공부해 봐야 소용없다는 말을 자주 하지 않았던가?

로마시대의 지배계층은 시를 짓거나 읽고 철학이나 역사, 예술 따위를 공부했다. 그들이 추구한 사람은 전인적인 인간이었다. 노예는 전문화된 인간이었다. 전문인은 무엇을 하나만 잘하는 사람이다. 사회는 더 복잡해지고 어떤 현상을 이해하려면 지식 기반이 더 많이 필요하다. 우리 청소년들은 엄청난 정보 속에서 가짜 뉴스를 구분할 수 있을까? 이는 이 책에서 중요하게 기술할 민주주의 문제와도 연결되어 있다. 지식을 기반으로 한 비판적 사고력이 강조되는 이유이다.

능동적 학습을 위한 수업

학습은 배우고 익히고 나누는 일이다. 학습은 교실 수업을 넘어 학교의 모든 시공간을 배경으로 이루어지며, 학생의 삶 전체 영역과 관련된다. 새로운학교에서는 학생 중심의 교육활동, 자기 주도적 학습, 협력과 소외 극복의 문제 등 학생의 현재적 삶을 반영하여 교육과정을 편성하고 운영할 것을 강조한다.

우리는 수업에 참여하는 학생 모두를 고유한 존재로서 가늠할 수 없는 가능성을 지닌 존재로 바라본다. 학생은 다 다른 개성을 지니고 있으며, 호기심 가득하고 본질적으로 창조적이다. 그들은 배움을 통해 서로 다른 방식으로 풍요롭고 행복한 삶을 향해 나아가며, 교사는 함께 배우고 나눈다.

좋은 관계는 교육의 기반이며 좋은 수업을 만든다. 학생을 따뜻하게 맞이하며 학생의 이름을 부르고 존중어를 사용한다. 두려움과 불안 속에서는 누구도 배울 수 없기 때문이다. 서로에 대한 이해와 신뢰를 바탕으로 따뜻한 인간적 관계가 만들어질 때 비로소 가르침과 배움은 하나로 어우러진다.

배움은 관계 속에서 이루어진다. 관계가 깊을수록 배움도 깊이 일어난다. 관계는 배움의 대상을 기본 축으로 한다. 배움의 대상은 좁게는 사물이나 교과의 내용이 될 수도 있고, 인간이나 세상 자체가 될 수도 있다. 배움의 대상에 의도성을 부여해 교육과정이라는 이름으로 구체화한다. 따라서 교사는 학생이 배우고자 하는 내용과 깊은 관계를 맺을 수 있도록 교육과정을 구성할 수 있어야 한다. 학생 자신의 삶에서부터 배움이 출발하도록 함으로써 결국 보다 깊은 관계 속에서 배움을 촉발할 수 있다. 학생은 교육과정이 구현되는 과정에서 관계 맺는 동료와 교사를 통해 더 많은 것을 배운다. 두려움과 불안은 배움을 가로막는다. 존중, 편안함, 친밀한 관계 속에서의 배움은 담쟁이처럼 서로의 배움을 끌어올려 준다.

교사가 배움을 즐겁게 여기는 마음 또한 자연스럽게 학생들에게 전이된다. 따라서 배우는 교실은 평화로워야 하며, 교사는 가르치는 자가 되기 이전에 스스로 배움을 즐기는 자가 되어야 하며, 인간에 대한 깊은 애정과 존중으로 학생과 함께 배우는 벗이 되어야 한다.⁶

배움은 '대화와 협력'을 매개로 한다. 언어는 인간의 배움에서 최고의 공헌가이다. 대부분의 순간, 심지어 그림을 보거나 음악을 듣는 동안에도 우리는 언어로 사고한다. 결국 인간의 배움은 언어를 매개로 해서 촉발되고, 표현되고, 공유된다. '말하는 자와 듣는 자'라는 우리 교실의 오래된 관습을 넘어서야 한다.

변화는 발화의 권한을 배우는 자에게 넘기는 데 있었다. 듣는 자의 차분함, 질문하는 자의 적극적인 자세가 필요하다. 이러한 교실에는 서로의 목소리가 교차하며 끊임없는 대화가 오고 간다. 함께 구상하고 묻고 대답하고 다시 질문하면서 자연스러운 협력이 이루어진다.

교실에서의 협력은 교사가 학습의 매개자이자 촉진자로서 학생과 상호작용하는 차원의 협력과, 함께 배우는 친구들과의 대화와 공유를 통한 협력 두 가지 차원에서 이루어진다. 이렇게 교사가 대화를 기반으로 교과 내용과 교실과 학교를 서로 협력하는 조건으로 만들어 가면, 학생들은 수업 시간뿐만 아니라 일상의 학교생활 속에서 타인을

---

6. 이를 위해 서로를 존중하고 배려하는 평화로운 교실이 될 수 있도록 약속하고 교사가 먼저 실천한다. 학생들이 서로 지속적인 관계를 맺어 나가는 수업을 기획하며, 교사 스스로 배움을 즐기고 교과에 대한 깊은 애정으로 탐구한다.

통해 배우는 것을 자연스럽게 터득하게 되며, 더불어 살아가는 힘을 키우게 된다.

좋은 수업은 호혜적 관계

좋은 수업은 온전히 교사의 책임도 학생의 책임도 아니다. 교사와 학생은 수업 시간에 학습의 책임을 나누어 진다. 교사가 학생보다 더 우월한 위치에서 진행되는 수업은 가르침의 한 방법을 보여 주는 게 아니라 관계의 문제를 드러낸다. 교사는 학생들이 배움의 과정에서 오롯이 혼자 설 수 있도록 도와주어야 한다.

교사와 학생 사이 배움의 관계망을 튼튼하게 하는 것은 서로에 대한 존중과 이해이다. 사람에 대한 이해, 성장에 대한 이해, 처지에 대한 이해를 토대로 교사와 학생 관계를 재정립해야 한다.

교사와 학생은 서로에 대한 인정과 이해를 토대로 교육적인 마주보기를 실현한다. 부모나 친구, 사회로부터 채우지 못한 애정과 인정과 이해는 언젠가는 반드시 왜곡된 형태로 교실에서 표출된다. 속을 채우지 못한 허한 상태의 아이에게 교사가 무엇을 할 수 있을까? 수평적인 유대감을 바탕으로 한 '마주보기'는 눈을 마주 보는 일, 손을 잡거나 등을 쓸어 주는 일, 아이의 이야기에 귀를 기울이며 반응하는 일, 끝까지 들어 주는 일, 내 생각을 강요하지 않는 일 등의 과정이 포함된다.

이러한 관계 속에서는 일방적인 설교나 훈계를 하지 않는다. 죄책감을 주지 않고, 자신이 설정한 약속을 요구하지도 않는다. 아이의 실수나 과거의 이야기를 들춰내지 않는다. 아직 일어나지 않은 일에 대하여 불안감을 조장하지도 않는다. 교사는 바로 지금 마주하고 있는 아이에 집중한다. 어려움을 겪고 있는 아이의 지금 이 상황을 중요하게 여긴다.

학부모와 교육을 위해 협력하는 일은 교육에 일관성을 가지기 위해서다. 교사는 공적 교육을 하고 학부모는 사적인 교육을 한다. 아이를 위한 교육이지만 이 두 가지의 생각 차이를 그대로 두면 갈등이 생긴다. 믿음을 주는 일, 자발적인 도움을 이끌어 내는 일, 그리고 아쉬움과 기대를 하게 하는 일을 해야 한다. 학부모와 교사는 경계와 간격을 통해 서로의 성장을 바라보며 지지한다. 간격을 유지하는 까닭은 교사는 아이에 대한 이해를 심화해야 하고, 학부모는 양육에 대한 이해를 수정 보완해야 하기 때문이다.

교사와 학부모 관계의 본질은 '아이'에 있다. 학부모와 교사의 갈등은 대부분 본질을 왜곡하는 데에서 심화되곤 한다. '아이'를 놓치는 경우 본질은 사라져 버린다. 이러한 문제 상황에서 교사에게 열린 교양이 요구된다. 열린 교양은 끝까지 들어 주는 일, 분노를 삭일 수 있도록 돕는 일, 스스로 문제해결을 할 수 있도록 돕는 일, 신뢰를 회복할 수 있도록 하는 일 등이 있다.

네트워크와 연대

새로운학교네트워크는 수평적 학습 네트워크와 연대를 지향한다. 탈중심적, 분산적, 상향식 운동이며 소통과 합리성을 중심에 두고 있다. 학교 구성원 및 학교와 관련된 인적 구성원의 사회 연결망은 우리 교육을 더 풍성하게 발전시킬 수 있기 때문이다.

학교 구성원은 수평적 유대와 연결을 추구한다. 이를 통해 정보를 자유롭고 개방적으로 유통하고 공유한다. 직접민주주의 방식의 의사 결정 과정을 추구하며 자율적으로 교육의 방향을 설정한다. 자유로운 의사소통과 협력을 통해 문제를 해결한다. 협업을 통해 어려운 일을 해결하고 새로운 변화를 이룬다. 구성원 간의 협력과 소통, 수평적 유대와 연결은 서로를 동반 성장하게 한다.

학교 간 네트워크와 협력으로 교사의 전문성 신장뿐 아니라 학교의 구조나 문화, 철학 등 총체적인 변화를 꾀할 수 있다. 학교 간 네트워크는 가까운 지역사회에서보다는 먼 곳으로부터 일어나며 충분한 인적 네트워크를 쌓은 후에 일어난다. 축적된 네트워크의 힘으로 우리 사회의 교육을 바꾸고 더 나은 사회가 이루어진다.

교사 간 네트워크

교사를 성장시키는 힘은 스스로를 성찰하는 힘으로 작용한다. 올바른 판단과 윤리성, 자율성, 앎과 실천의 일치 등 교사의 반성적 성찰은 교사 전문성의 근본이다.

교사는 모두 전문가이다. 학교 교육활동은 교사의 책임이다. 아이들을 가치롭게 하는 활동, 아이들의 성장을 지원하는 활동 등 교사가 책임 있는 다양한 교육활동을 조직할 수 있는 역량이 바로 전문성이다. 교사의 전문성은 다양한 경험으로 형성되며, 어려움과 역경을 극복하는 과정을 통해 전문성이 쌓인다. 전문성은 동료 교사를 곁눈질하고, 학교교육에 발 담그고 선배 교사의 교육활동 관찰하기를 통해 스며들듯 형성된다.

교사는 교육 기획력을 발휘한다. 전문가인 교사는 교육학적 방법론,

실천적 지성, 경험을 철학으로 조직하는 힘을 갖추고 있다. 교육과정, 수업, 평가에 대한 철학과 교육적 방법론은 아이들의 성장 발달을 위한 교육활동을 기획할 수 있는 능력이다. 또한 아이들이 스스로 배울 수 있는 창조적인 공간을 열어 주는 것이 교사의 교육 기획력이다. 수업을 구성하고, 교과서를 넘어 새로운 교재를 만들고 실행하는 일을 통해 학생들과 함께 배움의 길을 찾게 된다.

교사는 전문가로서 자신의 실천에 대한 교육적 책임을 진다. 교사는 교실을 배움의 공간으로 구성할 책임을 진다. 전문성을 가진 교사는 '무엇을 어떻게 가르치면 교육이 되는가'를 탐구하며 교육과정 구성과 교육적 방법론을 고민한다. 교육은 교사의 열정과 전문성을 바탕으로 하며, 교사는 다양한 상황에서 교육 방법을 찾는다. 교사가 교육활동을 할 수 있는 체제를 만들어 주어야 하지만, 교사 자신도 스스로 마련해 가야 한다.

헌신하는 교사들은 학교 변화의 주체이다. 새로운 교육현장을 구성할 아무리 훌륭한 내용이 있다 하더라도 그것을 시행해 낼 주체들, 즉 교사들의 헌신과 자발성이 뒷받침되지 않는 개혁이나 혁신은 가능하지도 바람직하지도 않다.

교사들은 공공성을 바탕으로 공동 실천의 전략을 구성한다. 교사들의 동료성과 집단적 성찰은 교육현장에서 교사의 노력으로 드러난다. 이러한 노력을 통해 교실과 학교는 학습공동체, 배려의 공동체, 탐구와 성찰의 공동체를 이룬다. 이는 우리 교사들 모두가 지향하는 연대의 모습이다.

교사들은 함께 가는 배움의 길 위에서 더욱 빛난다. 학교와 교실의 문화적, 사회적 맥락에서 문제를 인식하고 창조성과 협동성을 발휘하며 서로를 성장시킨다.

교사들은 학습공동체를 구성한다. 교과 내용, 수업 방법, 인문학적 이해와 함께 아이들의 변화와 성장에 대한 체계적이고 깊은 탐구가 필요하다. 교사들의 학습공동체는 부단한 자기 공부와 창조적 협력을 통해 새로운 지식을 창출한다. 교사들은 더 이상 지식을 '소비'하지 않으며, 실천적 학습을 통해 더불어 성장한다. 교사들의 학습공동체는 자발적, 역동적, 협업적인 연구 실천 조직이다. 학교의 비전을 세우고 교육철학을 공유하는 일을 통해 비전을 내면화하고 규범을 실천하며 최선의 실행 전략을 수립하는 일은 학습공동체에 참여하는 모든 교사들의 일상적인 삶이다. 교사들의 실행 전략은 교육과정 운영과 수업을 통해 실천된다. 교사들은 교육과정과 수업을 주제로 성찰, 공유, 설계, 실행한다. 학교는 일상적인 성찰과 반성적 대화의 장으로, 학습조직으로 변모해야 한다.

교사들의 연대와 협력은 상대방에 대한 인정과 존중에서 나온다. 교사들이 서로 다름을 인정하고, 그 안에서 자신을 드러내는 것에 대한 두려움이 사라질 때 학교의 교육력은 살아난다. 더불어 중요한 것은 서로를 개방하는 것이다. 학교 안에서 교사들은 교과와 교실이라는 구조, 경쟁과 변별이라는 문화 속에서 오래도록 고립되어 왔다. 교실을 여는 일은 교사들의 공동 성장을 돕는다. 두려움을 극복하고 교실을 열 때 교사에게 또 다른 배움의 지평이 열린다. 개방은 교사와 학교의 교육력이 함께 성장하는 첫걸음이다.

협력적 학교 네트워크는 학교 변화를 지속가능하게 한다. 상호 방문이나 교류를 통해 도움을 주고받을 수 있으며, 자신이 처한 어려움을 공동의 과제로 해결할 수 있다. 학교 간 네트워크는 학교 변화의 전략

과 비전을 공유하는 데 큰 기여를 한다. 개방성은 학교 변화를 지속가
능하게 하는 중요한 요소이다. 그렇지만 시범 모델이 되어 서로를 힘들
게 하는 네트워크는 지양한다.

학교와 지역사회

사람은 본질적으로 공동체적 삶을 추구한다. 인류의 삶은 공동체적
관계에 근거해 왔고, 사람은 '관계 맺음'을 통해 공동체 내에서 자신의
정체성을 형성해 간다. 공동체는 인간 삶의 근간이라 해도 과언이 아
니다. 그동안 학교교육은 공동체적인 가치와 삶보다는 개인의 가치와
삶에 더욱 집중하였다.

사회적 상호작용과 공동 유대감은 우리 사회를 지탱하는 중요한 가
치라 할 수 있다. 교육을 통해 사람들의 결속과 공유 가치를 배우고
익히는 것은 중요한 일이다. 지역사회의 구성원들이 서로 돌아보고 연
대하고 의미 있는 성장이 이루어지도록 지원하고 협력하는 일은 소중
한 일이다.

그동안 학교는 지역사회와 분리되었다. 지역사회는 학교교육의 장
이며 학생들의 생활공간이다. 학생들의 총체적인 발달을 지원하기 위
해 지역사회 성인들의 역량을 동원하고 지원하는 일은 중요하다. 새로
운학교 운동의 시도는 전통적인 학교를 선호하는 지역사회로부터 끊
임없는 도전을 받았다. 지역사회나 시민들의 교육 참여는 교육의 변화
를 가로막는 정치적인 장애물을 제거하는 데 필수적이다. 지역사회와
의 긴밀한 협력 체제는 학생들의 교육에도 꼭 필요하지만 새로운학교
의 확장을 위해서도 필요한 장기적인 과제이다. 교육의 본질과 공공
성, 학교민주주의의 가치를 지켜 나가기 위해 지역사회 대중들과 소통

하려는 노력이 중요하다. 대중적인 지지는 우리의 운동을 지속가능하게 한다.

이 책에는 마을과 학교가 연결되는 풍부한 사례들이 소개되고 있다. 지금의 학교는 고립되어 있다. 사회에 나가야 할 학생들이 사회와 고립되어 있는 아이러니한 상황을 극복하고 보다 나은 대안을 제시해 준다.

안전과 새로움

새로운학교의 당면 과제는 학교를 배우기에 더욱 안전한 공간으로 만드는 것이다. 학교는 본질적으로 배움을 위해 존재한다. 인간이 무언가를 배울 때 가장 먼저 해야 할 일은 자신이 모른다는 사실을 고백하고 인지하는 것이다. 지금 학교에서는 모르는 것은 부끄러운 것이라는 인식부터 하게 만든다. 그래서 아무도 자신이 모른다는 사실을 밖으로 드러내지 않으려 하고, 급기야 아이들은 자신이 모른다는 것을 인지하지도 못하고, 자신이 아프다는 사실을 드러내지 못한다.

배움이 멈춘 곳이 아니라 춤추는 학교를 만들기 위해 자신을 그대로 드러내어도 안전하며, 보호받고 위로받을 수 있다고 느낄 수 있는 학교를 만들어야 한다. 교사들 역시 자신의 의견을 드러내는 것에 대한 공포가 있다. 스스로 자기검열을 한다. 학교가 안전하지 않기 때문이다. 나를 인정하고 존중하며 자존감을 되찾는 것부터 시작해서 학교를 가장 편안하고 안전한 공간으로 만들어야 한다. 학교는 평가받는 곳이 아니라 교육을 하는 곳으로 자리매김해야 한다.

스스로 학교를 안전한 공간이라고 느끼는지, 아이들에게 나는 안전한 사람인지, 교장으로서 나는 교사들에게 안전한 공간을 만들기 위해 함께 노력하고 있는지, 늘 학교에서 일어나는 모든 일상을 솔직하게 드러내고 바라보는 것에서부터 시작하여 학교를 변화시키는 일을 지금 바로 시작하려 한다.

학교는 새로운 발견이 일어날 수 있도록 특별한 상상력, 혹은 통찰력을 배우고 익히는 기능을 좀 더 보강해야 한다. 세상의 이치를 파악하고 좀 더 나은 대안을 찾는 능력을 창의성이라고 한다. 이를 위해서는 통념을 넘어서는 사고와 행동이 어느 정도 용인되는 허용성이 바탕이 되어야 한다. 인습적인 행동과 주입은 독창성을 방해한다. 교사의 자율성은 최대한 보장받아야 하며, 수업을 통해 의미 있고 새로운 문제 발견 및 해결 능력을 갖춘다. 자신의 삶, 지역공동체, 우리 사회, 나아가 지구촌의 문제를 해결해 나가고 창조적인 생산 능력을 갖추도록 한다.

학교는 학생들 각자가 자기 정체성을 발견하고 스스로를 존중하며 주체적인 삶을 살아갈 수 있도록 도와야 한다. 지금까지의 학교교육은 사회가 인정하고 가치롭게 여기는 지식들을 학생들에게 전수함으로써 학생들이 성공적으로 사회의 일부분으로 편입되기를 강조해 왔다. 고유성과 다양성을 지닌 인간의 존재적 속성을 외면한 채 표준화, 제도화된 교육 속에서 아이들은 수많은 소외를 경험하였다. 아이들은 스스로 존재 가치를 부정하며 배움으로부터, 관계로부터 점차 멀어져 갔다.

학교는 학생들이 배움을 통해 독립된 주체로 세상에서 혼자 설 수 있는 힘을 길러 주는 곳이다. 학교에서 스스로 자신의 존재감을 확인하고 지지와 격려를 받으며, 그 힘을 바탕으로 살아가는 방법을 배우고 익히는 일이 중요하다.

각자의 고유성이 살아있는 학교, 그러한 다양성을 기초로 배움이 시작되는 학교를 만드는 일은 우리 시대가 부여한 교육의 과제이다. 이제 학교는 학생 성장을 구체화할 수 있는 배움터로 변화하고 성장해야 한다. 학교 구성원들이 주인의식을 가지고 문제를 발견하고 대안을 마련하는 일을 지속적으로 해야 한다. 인간다움이 살아 있는 따뜻한 관계의 질을 느낄 수 있는 학교를 만들어 나가야 한다.

새로운학교는 구성원 모두를 학교 안 주권자로, 존중하고 사랑해야할 대상으로, 공동체적 연대의 참여자로 바라보며 서로의 역할을 기대하고 지원하는 '인정의 공동체'가 되어야 한다.

교사는 변화의 대상이 아니라 학교 변화를 주도하는 주체이다. 변화를 만드는 교사들의 자발적 힘은 신뢰를 바탕으로 한 동료성에서 나온다. 교사들이 학교 개선을 위해 함께 실천하는 과정에서 학교교육의 질이 향상되고 학교는 변화한다. 학교의 교육적 역량은 교사의 수준에 기반한 교사 협력의 수준에 달려 있다.

관리자는 교육공동체의 일원으로 새로운 역할을 수행해야 한다. 학교 구성원이 만든 교육적 합의가 작동될 수 있도록 전체를 조율하고 관리하는 역할을 한다. 관리자는 학교 공동체의 규범을 관리하고 스스로 솔선수범하는 규범적인 리더십을 발휘한다.

학생과 학부모는 학교교육의 동반자이다. 이들은 교육 '서비스'를 소비하는 역할에서 교육활동에 참여하는 주체로 정체성을 전환해야 한다. 이를 위해 학교문화 속에 스며든 시장주의, 경쟁주의, 고객주의를 극복하고자 한다. 학생들은 권리와 책임을 지닌 학교의 구성원으로서 자치활동을 통해 주체로서의 의식을 강화해 간다. 학부모는 교육의 수요자가 아니라 공동체의 참여자로서 교육공동체 헌장을 함께 만들고, 공유된 약속을 실천하며 학교 활동에 참여한다.

이 책에 제시된 사례들은 학교 구성원과 신뢰로운 관계를 추구한다는 공통점이 있다. 신뢰는 새로운 일을 하는 데 안전판이 된다. 그 신뢰를 바탕으로 교사와 학생은 색다른 모험도 하고, 의사소통도 한다. 그 신뢰를 구축하는 과정은 결코 쉽지 않지만 한 번 만들어진 신뢰는 쉽게 없어지지도 않는다.

지금 발을 딛고 있는 현장에서

학교 변화를 이루기 위해서는 순수한 동기가 중요하지만, 이는 절대적인 조건은 아니다. 제법 잘나가는 혁신학교로 이름난 경기도 K중학교의 시작은 교장 선생님의 혁신학교 신청이었다. 혁신학교를 하면 받을 특별예산으로 학생들에게 이것저것 해주고 싶다는 생각이 혁신학교를 시작하게 된 동기였다고 한다. 처음에는 돈 때문에 혁신학교를 한다는 말이 많았고, 그렇게 하다간 곧 망할 거라고들 했다. 기존에는 순수한 동기와 확고한 이유가 어떤 일을 하는 데 기본 조건이 된다는 고정관념이 있었다. '왜 혁신학교를 해야 하는가'는 우리 운동의 초기에 중요한 화두였다. 그런데 이 책에 제시된 사례들에서도 보이듯이, 어떤 일은 그 일을 하다 보면 그 이유를 알게 되는 경우도 많다. 한 번도 모이지 않았던 교사들이 협력의 힘을 알게 되어 자발성이 생기는 경우이다.

학교 변화는 실행이 중요하다. 이 책에 제시된 사례들은 흔치는 않지만 실현 가능한 사례들이다. 행동과 감정은 신념보다 우선적으로 변한다. 혁신학교를 신청하여 시작하고 나서 처음 가졌던 신념이 변하기도 한다. 변화는 사람들의 생각뿐만 아니라 감정에 영향을 끼치는 방식으로 문제나 해결책을 볼 수 있도록 할 때 성공률이 높다고 한다. 처음 시작할 때 각 학교가 처한 상황에 따라 스스로가 의미를 부여하는 일이 무척 중요하다. 우리에게는 작은 성공의 계단을 밟아 나가는 일이 더 많이 필요하다.

이 책에 나오는 학교들에는 자발성, 협력성, 능동성, 유연성이 있다. 외부의 힘에 의해서 이루어진 변화는 단기적 성과에 그친 부분이 많다. 외부의 힘은 교사를 대상화하여 교사들의 자발성을 살리지 못하고 교사 집단을 수동적인 존재로 여긴다. 이 책의 다양하고 새로운 사례는 교사 스스로 만든 것이다. 선생님들이 능동적으로 학교 조직을 학습공동체로 만들고, 집단적 전문성 신장과 이를 통해 교육력을 높일 수 있다는 믿음을 실천으로 보여 주고 있다.

교사들은 연구하고 공유하고 실천하고 있다. 개방적인 상호작용과 소통, 반성적 대화와 토론에 의한 팀 학습을 통한 협력적 성장은 교사의 효능감을 높일 수 있다. 이러한 학교는 상급 기관의 교육정책을 수행하는 일을 넘어서고 있다. 교실 중심의 개별적이고 수동적인 문화를 극복하고 구성원의 상호작용을 통해 함께 성장할 수 있다.

여전히 협력이 새로운 패러다임이다. 지금의 학교 모습은 공공선이나 공동체적 가치가 아닌 이익, 효율, 경쟁, 선택 등의 열쇠말로 대변된다. 협력이 새로운 대안인 이유를 이 책의 사례들이 말해 준다. 학교에서 개개인이 아무리 노력해도 앞서 달리지 못하는 레드퀸 레이스[7]에서 벗어나지 못한다. 이 문제는 단순히 학생의 문제가 아니다. 고립된 선생님, 연결고리가 없는 학부모, 지역에서 존재감이 없는 학교의 문제이다.

경제적 상황, 과학과 기술의 발달 등은 과거에 경험하지 못할 만큼의 빠른 속도로 바뀌고, 새로운 가치관과 변화 이데올로기 등은 안주하면 안 되는 상황으로 바뀌고 있다. 이제 학교에서 전통적으로 행해왔던 지적인 실천뿐 아니라 사회적이고 정서적인 기반이 되는 학교 만들기는 우리 사회의 핵심적인 과제이다.

이 책에는 교육 원리에 입각한 다양한 실천 사례가 나와 있다. 새로운학교네트워크에서 제시한 교육 원리는 비교적 포괄적이지만 방향성은 뚜렷하다. 그동안 실천을 하면서 현장에서 직접 만들었기 때문에 현실화할 가능성이 높다. 다양한 모습으로 실천되고 있으므로 획일적인 모습은 볼 수 없다. 중심부 어느 한 곳에서 실천한 것을 다른 곳으로 이식한 것이 아니라 우리나라 곳곳에서 스스로 실천한 사례이기 때문이다. 학교가 세상의 중심이 되어 자기 삶의 주인인 아이들을 위해 노력하고 있는 모습이 감동적이다. 초등학교, 중학교, 고등학교가 각자 아이들의 발달에 맞춰 알맞은 교육과정을 개발한 이야기를 통해 많은 것을 배울 수 있다. 학교 안에서 아이들이 안전하게 자랄 수 있도록 선생님들이 먼저 배움을 만들었기에, 학교를 변화시키기 위해 누가 어떻게 시작해야 하는지도 알려 주고 있다. 구성원 서로가 따뜻한 관계로 서로를 품을 수 있도록 노력하는 과정에서 구성원의 범위가

---

7. 루이스 캐럴의 소설 『거울나라의 앨리스』에 등장하는 레드퀸은 단지 제자리에 머물기 위해서도 온 힘을 다해 달려야 한다고 앨리스에게 이야기한다. 모두 다 열심히 노력하기에 웬만큼 노력해서는 항상 제자리에 머무는 현상, 그러기에 앞서가려면 아주 열심히 노력해야 하는 상황을 말한다.

학생, 교사, 학부모, 지역사회로 품이 커져 간 가정이 담겨 있기에 학교가 어떻게 성장해 가는지도 일러 준다.

이렇듯 몇 해 동안 지속했던 새로운학교 사례에는 교육 원리라는 큰 뼈대가 스며 있다. 새로운학교의 교육 원리가 만들어지고 의미가 더해지는 경험은 모두에게 놀라움과 감동을 준다. "학생은 행복한 삶을 경험하며 미래 사회를 살아가는 데 필요한 가치를 배우고 익힙니다."를 테마로 새로운학교를 어떻게 만들어 왔고, 앞으로 어떻게 만들어 갈 것인가에 대한 학교의 실천 과제를 모았더니 10개의 교육 원리로 묶어졌다. 지금 발을 딛고 있는 현장에서 새로운학교를 만들어 가는 모든 이들에게 감사를 드린다.

차례

1.

오늘을 살아가는
우리의 학교

남한산초등학교

❝ 학교는 민주주의에 바탕을 둔 교육공동체이며
구성원은 학교 일에 민주적으로 참여하고 경청합니다.❞

김우석

남한산초등학교 교장 선생님, 2004년부터 2013년까지 남한산초 교사로 근무하다가 2016
년부터 남한산초등학교 공모교장으로 근무하고 있다. 학교는 아이들을 위해 존재한다는
생각의 바탕 위에 이 시대에 필요한 학교의 모습이 무엇일지 고민하며 살고 있다.

'상식이 통하는 건강한 공립학교.' 남한산초등학교를 수식하는 많은 표현들이 있지만, 정작 이곳에서 살아가는 사람들의 마음은 별다를 것 없다. 우리 아이들이 친구들과 즐겁게 지내며 몸소 겪고 하나씩 배우는 학교를 생각한다. 스스로를 이해하고 삶을 긍정하는 사람으로 여물어 갈 수 있는 학교를 가꾸려 하고 그것을 위해 교사와 학부모가 열심히 노력할 뿐이다. 하지만 우리는 그 단순한 바람이 얼마나 이루기 힘든 것인지 그 누구보다 잘 안다. 학교라는 공간에서 진실은 변질되기 쉽고 욕망은 제어하기 어렵다는 것을 뼈저리게 경험해 왔기 때문이다. 그럼에도 우리는 이 길을 떠날 수 없다. 무엇보다 소중한 우리 아이들을 지키고 그들과 함께 걸어가야 하기 때문이다. 오랜 시간 많은 이들의 간절한 마음이 새겨진 학교이며, 시대의 절망과 열망 위에 숱한 고뇌가 배어 있는 이곳 남한산초의 오래된 미래를 이야기하고자 한다.

1. 새로운 학교를 꿈꾸다

세기말의 공교육

남한산초의 새로운 시작은 세기말이었다. 짧았던 호황과 쓰라렸던 경제위기를 뒤로한 우리 앞에 또 어떤 파도가 기다리고 있을지 숨죽여 지켜보던 그 시절, 교육의 장에서도 큰 변화가 감지되었는데 그 밑바닥에는 위기의 공교육이 있었다. 수십 년을 이어 온 대학입시의 영향력은 변함이 없었지만, 막강해진 사교육 시장에 더해 새로운 방향으로 교육 욕구가 분출되면서 굳건한 교육체계라 믿어 온 공교육은 뿌리부터 흔들렸다. 1990년대 중반을 거치며 미국, 캐나다, 호주 등 서구 선진국을 향한 초·중등 유학생 행렬은 사회적 현상으로 자리 잡았고, 대기업과 사설 교육기관의 중·고등 교육 진출이 시작되었다. '왕따, 교실붕괴, 탈학교'라는 표현이 더는 낯설지 않았으며, 기존의 중등대안학교에 이어 초등대안학교까지 개교를 하는 상황이었다. 사회 분화가 가속화되고 이곳저곳의 욕구가 어지럽게 넘쳐나면서 밀려드는 신자유주의와 시민들의 의식 변화 앞에서 우리나라 공립학교는 방향을 잃고 흔들리고 있었다.

이렇듯 교육과 학교의 새로운 가능성을 제시하기를 요구받았던 공교육은 국가 통제하의 중앙집권적이고 획일적인 태생의 한계 속에서 사회적 기대에 응답하지 못하는 실패의 역사를 반복할 수밖에 없었다. 게다가 교육운동을 주도하던 핵심적 교육단체들까지 교육 이상과 조직 역량 모두에서 갈수록 힘을 잃어 갔고, 교육과 학교를 둘러싼 국내외의 교육 담론 역시 맥락 없이 변죽만 울리고 있었다. 결국 그 틈바구니에서 학교를 살아가는 학생과 교사들은 절망을 버티며 생존하기에 급급했고, 학교를 바라보는 학부모와 시민 대중의 시선은 실망을 넘어 싸늘함으로 바뀌었다. 이때 누구도 예상하지 못했던 곳에서 우리나라 교육의 새로운 가능성이 제기되었는데, 바로 6학급의 궁벽한 산골 학교인 남한산초등학교였다.

공립학교 혁신의 역사를 쓰다

20세기 초입에 설립된 남한산초는 지역에서 가장 역사가 깊은 학교였으나 지리적 여건과 시대의 흐름 속에서 학생 수가 급격하게 감소하여 2000년 무렵 폐교 위기를 맞게 된다. 당시 많은 농어촌 학교가 그랬듯이 학교 통폐합과 폐교의 운명을 피해 갈 수 없을 것 같던 그때, 남한산초는 남다른 시도를 시작한다. 학교장을 비롯한 교직원, 지역 주민, 학교 동문들이 학교를 지켜 내고자 하는 열망이 새로운 공립학교의 가능성을 모색하던 산 아랫동네 성남시의 지역·시민단체 및 교육 관련 단체와 결합하게 된 것이다. 그렇게 시작한 남한산초의 새로운학교 만들기 과정은 교직원, 지역민, 동문, 기존 학부모 및 전입예정 학부모, 새롭게 합류할 교사진 등의 피와 땀의 결정체이다. 일 년 가까이 수십 차례의 회의와 연수, 방문을 통해 쉼 없이 만나서 협의하고, 주변 학교와 연구소, 관계기관을 찾아가서 도움을 구했다. 새로운학교의 형식을 만들면서 내용을 채우기 위해 무수하게 토론하여 결정하고 다시 수정하고를 끊임없이 반복하며 모두의 열망을 현실화시키는 것에 매진했다. 그 결과 2001년 3월 1일 자로 100여 명의 학생으로 폐교 위기를 넘기고, 새로운학교 철학과 운영 시스템을 갖춘 공립학교로서 제2의 시대를 열게 된다.

한참의 시간이 흐른 후 경기도에서 남한산초 등을 기본 모델로 한

'혁신학교 운동'이 시작되었고, 이 흐름은 현재 전국적으로 확산되어 우리나라 교육사에 선명한 한 획을 긋게 되었다. 6년~10년 이상의 역사를 지닌 혁신학교들이 생겨나고, 성공과 실패 속에 지속가능성을 모색하며 발전하고 있는 혁신학교의 다양한 사례들을 접하면서 남한산초의 새로운 시작이 주는 시사점을 다시 한 번 생각하게 된다.

새로운학교의 시작과 지속은
- 교사, 학부모, 관리자, 지역민, 교육청, 시민사회 등 학교를 둘러싼 여러 주체들의 긴밀한 협력이,
- 핵심 주체인 교사와 학부모의 충분한 논의와 준비 과정, 토론과 연수 등을 통해 무르익을 수 있는 시간을 거쳐,
- 시대에 부합하고 교육의 본질을 담아내는 학교 시스템과 학교문화, 교육과정과 수업의 양식으로 정리되어,
- 꾸준히 실천하고 반성하며 우리의 학교를 만들어 가고, 또 이어가려는 노력 속에서 나름의 의미를 획득하고 교육적 성과를 기대할 때 진정으로 가능해질 것이다.

2. 함께 살아가는 학교를 일구다

남한산초가 학교혁신의 첫걸음을 내디딘 지 벌써 20년이 되었다. 그동안 우리 사회의 큰 변화와 더불어 교사, 학부모, 아이들까지 초창기와는 여러모로 다른 모습을 띠고 있다. 또한 이곳저곳에 건물과 시설들이 들어섰고, 10여 년 전에 리모델링을 한 이후에 꾸준히 공간적 개

선을 도모하며 살아가고 있다. 예전에는 없던 학교 직원들이 함께하고 있고, 교육과정도 몇 차례의 개정을 거쳤다. 이렇듯 모든 것이 바뀌고 새로워진 남한산초에서 다시 한 번 우리 교육의 미래를 이야기할 수 있을까? 남한산초가 현재까지 지켜 온 학교 철학과 그에 따른 교육 실천을 살펴보면서 그 가능성을 생각해 보자.

남한산초의 철학을 이야기하기에 앞서, 초창기 새로운학교를 꿈꾸며 이야기했던 학교상을 소개한다.

• 교육 본질에 충실한 교육철학이 분명한 작은 학교

근본적으로 가치 있는 삶과 교육, 아이들 배움의 행복을 깊게 생각한 교육철학적 지향이 분명한 학교를 가꾸어 나갑니다. 사람이 보이는 작은 학교, 공교육의 새로운 희망을 만드는 학교를 꿈꿉니다.

• 자율과 자유, 그리고 창의적 삶을 생각하는 자주적인 학교

우리 교육 현실, 사회 현실의 바탕 위에서 자율과 자유, 창의적 삶의 원리를 교육의 힘으로 구현하고자 합니다. 아이들은 두려움 없이 배우고 자신 있게 행동하며, 학교와 교사는 기다림과 여유 속에서 어린이들의 자발적인 움직임을 중시합니다. 교육 희망을 생각하는 교육 주체들이 자주적 의지로 새로운학교를 만들어 나갑니다.

• 자율의 힘이 있는 교사문화를 만드는 학교

자율의 힘, 교육의 힘을 믿는 교사들이 가르치는 신명으로 한데 묶여 새로운 교사문화를 만들어 나갑니다. 민주적인 토론과 협의를 중시하고, 교육에 대한 전문성을 스스로 신장하며, 팀워크의 생산을 중

심에 놓는 문화를 기반으로 교육이 계획되고 이루어지며 반성됩니다. 또한 교사들의 튼튼한 전문적 팀워크를 기반으로 교육 프로그램의 대안을 함께 생산하고 축적하며 나아가 널리 공유하고자 합니다.

• 학부모와 지역사회의 주체적인 학교교육 참여가 이루어지는 공동체 학교

새로운 교육에 대한 학부모 요구를 수렴하는 과정에서 새롭게 태어난 학교입니다. 학교교육의 권한과 책임을 동시에 갖는 주체적이고 자발적인 학부모의 위상을 정립해 나갑니다. 학교와 학부모가 서로에 대한 굳건한 신뢰를 바탕으로 함께 만들어 나가는 학교로서 학부모, 지역사회가 마음을 모아 모두 함께 행복해지고자 합니다. 또한 다양한 전문가 집단, 교육관청, 교육·시민단체 등과의 유기적인 협조 체제로 우리 학교교육의 보편타당함을 갖추려 합니다.

• 학교환경, 교육환경을 어린이 교육의 눈으로 바로 세우는 학교

어린이의 학습 리듬을 고려하는 학습 일정, 환경 친화·교육 친화를 중심에 두는 학교환경, 교실환경을 만들어 갑니다. 아름답고 안전한 시설환경, 다양한 체험을 염두에 둔 학교교육 공간을 생각합니다. 노작지와 숲 산책로가 있는 학교, 가정처럼 편안한 교실, 무거운 책가방과 신발주머니, 준비물 가방에서 벗어난 학교, 놀이시간이 넉넉한 학교 등 어린이의 마음으로 구석구석을 살피는 학교를 만들어 나갑니다.

지금 들여다보아도 가슴 뭉클해지는 학교의 모습이다. 멀리 교육 선

진국에서나 볼 수 있고 특별한 대안학교에서나 꿈꿀 수 있었던 학교의 모습을 무려 20년 전 우리나라에서, 그것도 공립학교에서 제시한 것이다. 새삼 눈 밝은 교육 선배들의 지혜와 시대감각에 탄복하게 되고 우리가 여전히 그들의 어깨 위에 서서 앞을 내다보고 있음을 인정하게 된다.

주체성

근대 이전과 이후를 구분할 수 있는 인간 정신의 가장 큰 변화는 종교와 관습, 사회와 관계의 속박에서 벗어나 인간 존재 본연의 주체성을 자각한 것에 있다. 실존주의와 68혁명, 민주화와 포스트모더니즘 등 그 영역과 강조점은 다를지라도 인간의 존엄한 주체성을 인정하고 그 바탕 위에서 철학과 사상, 사회와 정치를 바라보고 조직해 나가기 시작한 것이 근대 이후라 할 수 있다. 우리나라 역시 비록 서구와는 다른 시간대와 궤적에도 불구하고 큰 틀에서 이 근대 이후의 세계사적 흐름에 동참했다. 어느 나라에서나 저마다의 역사·사회적 배경과 정치·경제적 상황에 따라 근대 이후의 흐름을 선도하거나 뒤처지는 영역이 생기기 마련이다. 우리나라의 경우는 산업과 문화가 미래를 이야기하는 지금까지도 정치, 군대, 교육 등의 영역이 과거의 그림자를 벗어나지 못하고 있는데, 그 가장 큰 이유는 '주체성의 부족'에서 찾을 수 있다.

조직의 구성원들이 주체적으로 참여하여 변화하는 시대와 사회의 흐름과 함께하는 것이 아니라, 폐쇄적인 내부 논리에 갇혀 관행과 직종이기주의를 극복하지 못하는 한계를 보이는 대표적인 곳이 바로 학교이기 때문이다.

남한산초를 준비하던 교사와 학부모들은 1980년대와 1990년대 민주화운동 세대로서, 국가와 사회, 교육 시스템과 공교육의 장점과 한계를 정확히 파악한 사람들이었다. 국가교육주의와 관이 주도하는 교육개혁의 허상을 경험했고, 시장주의에 입각한 학교혁신은 서구에서 이미 그 한계를 입증했음을 잘 알고 있었다. 또한 이전 세대의 사회·조직운동적 관점의 교육개혁 시도들 역시 시대적 가치를 담기에는 역부족임을 이해하고 있었다. 결론적으로 거대한 교육 시스템과 시장주의적 교육개혁의 한계를 넘어설 수 있는 유일한 대안이 단위학교와 그 구성원의 주체성임을 인식하게 되었고, 단위학교 구성원의 자각과 참여에 의한 학교혁신이라는 담대한 발걸음을 내딛게 된다.

이후 수년이 흘러 핀란드와 덴마크 등 북유럽 교육의 철학과 시스템이 세계적 교육 흐름으로 인정을 받고, 북미에서 학교와 교육 혁신을 선도하던 앤디 하그리브스와 마이클 풀란 등의 교육학자들이 소개되며 남한산초의 사례가 다시금 주목을 받게 되었다. 축적된 연구 결과와 선험적인 사례가 부족한 상황에서 '구성원의 주체성에 근거한 단위학교의 혁신'을 기획하고 실천했다는 것이 앞서 말한 교육 선진국의 학교 및 학교혁신의 오랜 연구 결과와 정확히 일치한다는 점에서 큰 놀라움을 안겨 주었던 것이다.

'이 학교는 내 학교'

남한산초에서는 모든 구성원들이 '이 학교가 내 학교'라고 생각한다. 학구에는 이미 학령인구가 사라졌으므로 이곳은 언제라도 폐교될 수 있는 상황이다. 그래서 남한산초 구성원들은 온전히 교육의 실질적인 힘으로 버텨 가는 학교라는 사실을 절박하게 인식한다. 여기에 '남한산초'라는 이름이 상징하는 교육의 본질을 찾아서 제 발로 모인 교사와 학부모들의 열정과 자부심이 더해져, 저마다의 마음속에 강렬한 주인의식이 형성되었다. 초창기에는 남들이 가지 않은 길을 걸으며 '빨갱이 학교, 저희들만 아는 학교'라고 오해도 받았다. 누군가는 학교 철학을 논하자며 따지고 들었고, 누군가는 정선된 교육과정을 내놓아 보라고 요구했다. '학부모가 드세고 건방지다, 아이들이 싸가지 없다'는 말에 뒤돌아서서 소리 죽여 울기도 했다. 안팎의 무수한 어려움과 오해를 넘어서 스스로의 진실과 노력을 오롯이 이 학교에서 증명해 내야 했기에 남한산초 구성원들은 학교에 대한 애착과 자부심이 클 수밖에 없었다. 그 마음은 아직까지 굳건하다.

나아가 공교육의 테두리 안에 있는 어엿한 공립학교라는 사실, 또 학교를 이루고 살아가며 현재와 미래를 꾸려 가는 주체가 바로 우리라는 사실을 깊이 자각하고 있다. 국가와 도교육청, 교육지원청, 지역과 주변 학교를 근거와 배경으로 삼되 학교라는 삶과 배움의 공간을 일구고 살아가는 주인은 다른 누구도 아닌 나 자신임을 안다는 것이다. 그러므로 교육과정이나 프로그램, 예산과 시설 등 그 어떤 교육적 의미도 남한산초에서는 자신들만의 새로운 것으로 변모하는 과정을 거쳐야 한다. 그곳을 가장 잘 아는 학교의 주인들이 그들의 철학과 형편에 맞게 변용하기 때문이다. 그렇게 남한산초의 역사에는 수많은 실험과 새로운 시도가 새겨져 있고, 거기에서 뽑아낸 교육적 의미를 축적하고 공유하며 살아온 시간이 숨을 쉰다.

- 주지 교과 중심의 강의식 수업을 극복하고자 체험 중심 교육과정으로 학생의 삶과 함께하는 학교교육을 시도했다. 매주 교내·외

체험활동을 한 학기 단위로 계획하여 실시했는데, 그 주제와 형식에서 각 학년과 교사의 자율성을 중시함과 더불어, '순환수업제'를 통해 모든 교사가 모든 아이들과 수업하고 서로를 경험할 수 있도록 했다.

- 체험 중심 교육과정을 위해 공립학교 최초로 80분 블록제 수업을 도입했는데, 오전은 주지 교과, 오후는 예체능 교과를 중심으로 배치하여 학생의 신체 리듬과 학교의 학습 리듬을 살리고자 했다.

- 블록제 수업 사이에 충분한 쉼과 놀이 시간을 위해 30분의 '중간놀이'를 배치했고, 점심시간을 1시간 10분으로 넉넉하게 편성하여 충분한 식사와 휴식 시간을 확보했다.

- 블록제 수업을 진행하기 위해서 교과통합과 교재 재구성, 프로젝트 학습 등을 연구하며 실천했고, 체험 프로그램을 진행하기 위해 해당 교과와 창의적 체험활동을 분석하고 재구성했다.

- 작은 학교의 정체성을 살려 모든 교사가 모든 아이들과 수업하고 활동할 수 있는 '순환수업'을 실시하고, 무학년제를 기반으로 생활체험(여름), 예술체험(가을)을 주기집중형으로 경험하는 매 학기 24시간여의 '계절학교'를 실시했다.

- 학교가 위치해서 아이들이 살아가는 남한산성의 역사와 자연을 깊이 이해하기 위한 남한산성 역사 탐방과 문화 해설 수업, 남한산의 자연과 생태를 직접 체험하고 이해하는 생태 수업을 진행했다.

- 행정 중심의 학교 시스템을 교육 중심의 학교 시스템으로 바꾸는 노력을 시작했다. 학교의 첫 번째 우선순위를 업무와 보고 대

신 수업과 활동으로 정하여 수업 시간의 시작과 끝을 철저히 엄수하고, 수업 시간 중의 공문 보고, 업무 연락, 회람 등을 모두 금지했다. 그리하여 교사들은 아이들과 수업과 활동에만 전념하고, 그 밖의 학교 행정과 업무는 방과 후에 집중적으로 수행하는 문화를 정착시켰다.

• 학교의 교육철학에 기초해서 학생의 배움과 생활 이력을 총체적으로 기록할 수 있는 자체 통지표를 개발해 사용해 왔다. 2006년부터 시작하여 지금까지 총 두 차례의 개정을 거쳤고, 다시 현재의 실정에 맞는 통지표의 내용과 형식을 고민하는 중이다.

• 학생들의 책 읽기와 글쓰기를 무엇보다 중요하게 생각하여 자체적인 독서 공책과 독서 통장을 개발했고, 그 밖에 수학노트 등도 제작해 사용하고 있다.

• 학교 예산 사용의 기조를 교육과정 중심으로 확립하여 학생들의 활동과 학습을 보장하고 지원하는 예산을 확대하고, 전시성 사업이나 시설 확충에 소요되는 예산을 없애거나 최소화했다.

남한산초에는 항상 주인이 있다

흔히 학교의 주인을 학생이라고 한다. 그 말에 이의를 달 사람은 없겠으나, 학생은 주체임과 동시에 교육의 대상이라는 양면적 정체성을 지니고 있다. 더군다나 유년기를 보내는 초등학생들은 학교교육의 주체라는 이상적 함의와 함께 현실적 한계를 가질 수밖에 없다. 결국 또 다른 학교교육의 주체인 교사와 학부모가 단위학교 교육의 질을 결정하는 핵심이 된다. 이 지점에서 남한산초는 핵심이 되는 교사와 학부모가 언제나 학교의 주인으로 그 역할을 수행하고, 뒤에 오는 교사와

학부모에게 학교의 철학과 가치, 전통과 문화를 지속적으로 연계했다는 것이 다른 학교와 크게 다른 점이다.

우리나라 공립학교의 가장 큰 숙제는 과연 어떻게 해야 학교의 주인을 세울 수 있느냐는 것이다. 그 지역에 뿌리를 박고 오랜 시간 함께하며 '나의 학교, 우리의 학교'를 일굴 수 있는 방법은 무엇일까? 이는 현실적으로 우리나라 공립학교에서는 불가능에 가깝다. 단위학교 교육의 핵심 중의 핵심이라 할 수 있는 교사는 순환근무제에 묶여서 2~5년 사이, 학교장은 2년 내외면 학교를 옮기는 실정이다. 초빙교사제나 교장공모제를 활용해 단위학교의 근무 연수를 확보한다고 하더라도, 그 대상이 제한적이어서 교원의 안정적 학교혁신은 언제나 위기를 맞고는 한다. 학부모 역시 예외는 아니다. 예외적인 지역 일부를 제외한다면 우리나라의 지역민과 학부모는 학교가 뿌리내릴 수 있는 든든한 토양이라고 말하기 어렵다. 언제든, 누구라도 이사 가고 이사 오는 가변적인 지역성에 더해 학교를 졸업한 학부모나 졸업생은 더 이상 발언권이 없기 때문이다. 대부분의 혁신학교들이 몇 년간의 노력으로 일군 실천과 성과를 초기의 교사나 학부모 선도 그룹이 교체된 이후에는 결국 놓쳐 버리고, 다시 처음 혹은 처음 이전의 상황으로 돌아가는 수많은 사례가 이를 증명한다. 이는 결국 오랜 시간 꾸준하게 학교혁신의 실체와 총체성을 담보하는 주체, 그리고 그것을 이어받을 학교의 주인이 없기에 생길 수밖에 없는 문제이다. 현실적으로 많은 어려움과 한계가 있음에도 남한산초가 시도하고 경험한 방법들이 일정 부분 시사점을 줄 수 있을 것이다.

• 학교의 철학과 가치를 이해하고 함께 열심히 살고자 하는 교사를

찾는 노력을 일상적으로 해 왔다.

- 초빙교사제, 교사유임권한 등의 교원 인사 제도를 적극 활용하여 교사진의 유지와 연계에 힘을 쏟았다.
- 초창기부터 교사 공부모임을 운영하면서 근대 교육의 개념, 수업을 새롭게 바라보는 관점, 프로젝트 학습, 온작품 읽기 등을 함께 고민하며 실천했는데, 이를 통해 교사들이 철학을 공유하고 함께 배우고 성장하는 교사문화를 일구고자 했다.
- 학교 운영의 중심이 될 수 있는 교사 리더를 양성하고, 필요할 때에는 기존 교사의 재근무를 통해 교사 리더십이 이어질 수 있도록 했다.
- 학교의 철학과 시스템을 유지·발전시키는 역할을 맡고, 교사와 학부모가 중심이 되는 학교 전통에 대한 존중과 이해가 높은 학교장을 선출하기 위해 내부형 교장공모제를 적극 활용해 왔다 (2008년 이후 3회 연속 교장공모).
- 학부모회의 공식 기구화를 통해 학부모가 학교운영위원회와 더불어 학교교육의 실질적인 주체로 참여하는 것이 보장되고 장려되었다.
- 학부모는 매달 열리는 학급 학부모 모임(반모임)과 학부모대표단 회의, 학교 행사별 담당자 모임(계절학교, 한마당, 단오행사 등), 남한산아카데미 등을 통해 일상적으로 학교교육에 직간접적으로 참여하는 것과 동시에, 학부모 동아리(중창, 밴드, 대금, 해금, 바느질, 축구, 족구 등), 신입생 학부모 연수, 방학 중 학부모대표단 연수, 새학기 맞이 학부모 대청소, 송년회 등으로 학부모 역량을 키우고 교육 주체로서 학부모의 리더십을 연계하는 활동에 힘써 왔다.

- 졸업생은 물론이고 남한산초에 근무했던 선배 교사와 졸업생 학부모들은 남한산초에 대한 관심과 애정을 바탕으로, 후배 교사나 학부모의 요청이 있거나 학교에 주요 사안이 있을 때면 언제고 함께 모여 지혜를 모으고 필요한 지원을 아끼지 않고 도움을 주고 있다.
- 지역민과 학교 동문들 역시 폐교 위기를 딛고 새로운학교 역사를 써 내려가는 지금의 학교를 대견하게 여기며, 학교와 지역, 학교와 동문이 서로 협력하고 상생할 수 있는 방안을 모색하고 실천해 가고 있다.

공동체성

우리나라 공립학교의 이미지는 보수적이다. 이것은 기존 사회의 가치, 지식과 문화를 전수하고 체득한다는 교육의 본질적 특성에서 일정 부분 기인한다. 더불어 앞에서 언급한 주체성의 결여가 학교의 보수성을 오래도록 지지하는 중요한 역할을 하기도 했다. 또한 근대 교육 자체가 곧 국가주의 교육이었으며, 다른 어느 나라보다 중앙집권적이고 가부장적·관료적이었던 우리나라에서 학교가 보수적이지 않기란 불가능했을 것이다. 그동안의 학교는 대통령과 교육부를 정점으로 하는 공무원 조직의 가장 하부에 위치했고, 따라서 교육적 본질이 아닌 행정적 효율을 앞세우는 수직적이고 관료적인 행정기관으로서 그 정체성을 공고히 해 왔다. 그 결과 민주시민을 양성하겠노라 다짐하는 학교에서 정작 민주적 의사결정이나 수평적 학교문화는 찾아볼 수 없었고, 학생이 주인이라고 외치는 학교에서 학생의 의사나 권리는 등한시되었다.

학제와 교과서, 교육과정 운영과 교원 인사까지 모든 것을 국가와 상부가 결정하고 학교 현장과 교육 주체는 충실히 따르기만 해야 했던 역사를 100년 가까이 이어 온 공립학교에 '새로운 무엇'을 기대하기는 어려웠다. 연공서열과 보신주의, 외부의 비판에는 귀를 닫고, 내부적 결속에 몰두하는 구시대적 조직문화가 마지막까지 힘을 발휘하는 곳도 학교였다. 결국 우리의 학교는 사회와 시대에 동떨어진 채 스스로의 생존 문법만 되뇌는 '그들만의 학교'가 되어 버렸고, 학생과 학부모, 지역민을 포함한 교육 주체들이 함께할 공간은 될 수 없었다.

이렇듯 폐쇄적이고 정형화된 우리의 학교문화에서 '공동체'라는 말은 낯설다. 우리가 공동체라는 말을 본격적으로 사용하던 시점은 역설적으로 기존의 공동체가 해체되면서부터다. 혈연과 지연, 학연과 시험 등을 기반으로 한 상명하복의 위계질서 속에서 단일한 가치를 중심으로 구성되었던 과거의 공동체는 고도산업화와 민주화, 세계화의 흐름 속에서 기존의 의미와 결속력을 유지하지 못하고 빠른 속도로 해체되거나 변형되었다. 결국 우리는 '학교라는 공간에서 기존의 공동체는 어떻게 시대의 흐름에 조응할 수 있을 것인가, 또 과연 새로운 공동체가 어떤 모습으로 학교 안에 자리 잡을 수 있을 것인가' 하는 시대적 물음 앞에 서게 되었다. 이제 '공립학교에서 새로운 형태의 공동체성이 학교혁신의 동력이 될 수 있을 것인가'라는 물음에 대한 남한산초의 대답을 들어 보자.

'나보다 위대한 우리'

우리 아이들을 위한 교육공동체로서의 학교를 살아가는 경험은 한편으로 황홀할 만큼 행복하면서 동시에 지독한 고통이다. 따지고 보면 우리 모두 공동체의 개념이나 경험이 부족하고, 아이들을 바라보며 교육의 본질에만 충실한 학교의 경험도 없다. 이때 기댈 곳은 아이들을 위한 좋은 학교를 만들어 보자는 열망과 서로를 향한 진심뿐이다.

남한산초에서 교사들은 말 그대로 시도 때도 없이, 공적으로 사적으로 무수하게 만난다. 중간놀이나 점심시간이면 교무실이나 나무 그늘에 모여 차를 마시며 그날 아이들과 있었던 일들을 이야기하며 서로 조언을 주고받고, 새롭게 시도해 본 수업 방식과 아이들의 반응을 공유하곤 한다. 자연스럽게 아이들의 발달 단계별 성장과 그에 따른 교사로서의 행동 양식과 다양한 시도들을 고민하게 되고, 동시에 동료 교사의 교육철학과 삶의 방식을 이해할 수도 있다. 방과 후에는 각자의 교실과 교무실 등에서 행정업무와 수업 준비, 교사회의 등으로 바쁘지만, 틈날 때마나 궁금한 것을 묻고 배우며 협업하고 역량을 키운다. 그렇게 언제라도 필요한 도움을 주고받아 가며 모여서 의사결정을 하고 함께 문제를 해결해 가는 집단지성의 풍토가 여전히 튼튼하다. 간혹 누군가 힘들어 보이거나 같이 축하할 일이 생기면 언제라도 자리를 같이하고, 학교에 필요하거나 동료의 요청이 있다면 주말이고 방학이고 발걸음은 학교를 향한다. 소중하게 읽은 책들을 주고받으며 독서토론을 하고, 각자가 준비해 온 글을 나누며 서로의 생각을 벼리는 그 시간 속에 남한산초에는 또 다른 학교가 항상 숨을 쉬고 있다.

남한산초 학부모들은 더하다. 학교운영위원회와 학부모회, 학년별 학부모대표단, 아빠대표단, 남한산아카데미 운영위, 각 학부모 동아리 대표 등이 공식적인 학부모 참여 방법이다. 또 매달 열리는 학부모대표단 회의와 각 학년 학부모 모임인 반모임, 주요 학교 행사마다 꾸려지는 TF팀 회의, 방학별 학부모 연수, 봄과 가을의 개학 전 학교 대청소, 1·2학기 학부모 전체 상담 등만 해도 보통 학교와 비교가 되지 않는다. 여기에 학년별로 실시하는 행사와 모임, 학부모 동아리별로 진행하는 행사, 그리고 비공식적으로 이루어지는 각종 모임까지 참여한다. 학교를 중심으로 가정이 돌아간다고 했고, 아이가 학교를 다니는 건지 엄마 아빠가 학교를 다니는 건지 모르겠다고도 한다. 이제는 모든 가정이 학구에만 살다 보니 학교와 마을이 한 흐름으로 돌아가게 되어 이러한 성향이 더욱 강화되기도 했다. 그렇게 6, 7년을 아이와 함께 학교를 다니면서 학부모들은 더욱 넓어지고 깊어진다. 내 아이를 넘어서 우리 아이를 사고하기 시작하고, 교육의 의미와 학교의 정체성을 고민하게 되는 것이다. 나아가 지금의 사회와 문화를 비판적으로 사유하며 앞으로 살아가게 될 세상을 주체적으로 모색하고, 그 인식을 바탕으로 학교교육에 참여하여 힘을 보탠다. 그렇게 열심히 살다가 아이의 졸업과 함께 학교를 떠날 때쯤이면 아쉽고 고마운 마음을 담아 이렇게 말한다.

"남한산과 함께한 시간이 즐겁고도 치열했는데 떠난다고 뒤돌아보니 어느덧 많이 배우고 자라 있는 나를 발견하게 된다. 고맙다, 남한산!"

• 공적 기관으로서 행정적 의사결정은 법규와 규정에 근거해 담당하는 교직원이 처리하지만, 그 밖의 모든 의사결정은 해당 주체들의 논의와 합의를 통해 이루어진다. 교육과정 및 학사 운영 등 교사의 영역은 교사회의를 통해, 학부모 연수와 행사, 주요 사안에 대한 의견 수렴과 동아리 활동 등 학부모의 영역은 학부모회의를 통해, 학사 일정 조정이나 가을 운동회와 계절학교 운영 등 공동

의 영역은 교사·학부모 회의를 통해서 의견을 모아 결론을 이끌
어 낸다.

- 학년 담임 배정과 역할의 나눔에 따른 업무분장은 교장, 교감도
  함께 하는 교사회의에서 논의하고 결정한다.
- 교사들은 전문적학습공동체 운영을 통해서 수업, 교육과정, 평가,
  학교문화 등을 실제적으로 배우고 고민하며, 교사 공동 실천을
  계획하고 스스로 운영한다.
- 교사들은 여름과 겨울방학의 교육과정 워크숍, 숲속학교(1박 2일
  캠프)와 마을 밖 여행(수학여행)을 위한 사전 답사 등 모든 학교
  활동과 행사 준비에 함께 참여하여 최선의 방안을 논의하고 공
  동 실천의 힘을 키워 간다.
- 학부모들은 매월 1회 운영되는 '남한산아카데미'를 통해서 교육

과 학교, 사회와 문화에 대한 생각을 넓히고 문화를 공유하며 학
부모 역량을 높여 간다.

• 학부모들은 학교의 공식적 사안은 학교운영위원회와 학부모회의
를 통해서, 비공식적인 사안은 학년 학부모 모임과 학부모대표단
모임을 통해서 함께 논의하고 결정하는 학부모 문화를 확립해
간다.

• 교육과정 계획 수립 단계에서부터 전년도 교육과정 운영에 대한
학부모 평가를 반영한다. 겨울방학 동안 교사 워크숍을 통해서
마련된 새 학년도 교육과정을 1차적으로 학부모회 대표단과 공
유하며, 학사 일정과 교육과정의 방향과 기조 등에 대해 학부모
의 의견을 듣는다. 교육과정 수정안을 2월의 학부모대표단 연수
에서 발표하며 안내를 하고, 학부모의 질의와 의견을 합리적으로

수렴해 교육과정 최종안을 작성한다. 이를 통해 교육과정을 설계하고 운용하는 주체는 교사회이고, 학부모의 의견과 참여를 충분히 보장하는 학교의 전통을 세워 왔다.

- 신입생 학부모 오리엔테이션(2월), 남한산성 걷기순례(5월), 숲속학교(6월), 여름계절학교(7월), 남한산한마당(10월) 등 주요 행사마다 담당 교사와 담당 학년·학부모를 중심으로 한 TF팀을 구성하여, 학교와 교사가 준비하고 운영할 영역과 학부모가 주체가 될 영역을 협의해 준비하고 진행한다.

우리의 처음과 끝은 아이들

남한산초에서는 '우리 아이들'이 절대 기준으로 모든 것에 우선한다. 학교 울타리 안의 모든 일의 시작과 중간, 그 끝도 아이들이다. 그럴 수밖에 없는 이유가 수많은 어려움을 겪으면서도 끝까지 버티며 실천해 온 까닭이 바로 아이들이기 때문이다. 남한산초가 다른 곳과 구별되는 지점이며 학교혁신의 오랜 역사를 이어 올 수 있었던 결정적 힘은 교사와 학부모가 항상 '우리 아이들'을 생각과 행동의 준거로 삼는다는 것이다. 우리가 교육공동체라는 이름으로 모인 모든 의미가 '우리 아이들'에게 수렴됨을 잊지 않는다는 것이다.

"떳떳하게 선생 노릇 하며 아이들과 살고 싶다."

남한산초를 일구며 살아가는 교사들의 꿈은 이 한 문장에 담긴다. 이 땅의 공립학교 교사로 지내 오면서 한 번쯤은 꼭 살아 보고 싶었던 참된 교사로서의 삶을 남한산초에서 꿈꾸는 것이다. 어떠한 교육적 의미도 찾을 수 없는 전체 조회에 아이들을 끌고 나가며 언제까지 이 군대놀이를 해야 하나 우울했었던 안 선생님. 매주 열리다시피 하는 각종 교내외 대회와 행사를 치러 내는 것이 과연 얼마만큼이나 우리 아이들에게 도움이 되는지 이해하기 어려웠던 최 선생님. 아무 때나 울려 대는 전화와 업무 회람으로 수업의 흐름이 끊기고, 심지어 교무실에 불려가 업무를 처리하느라 아이들을 자습시킬 때마다 교사의 정체성을 자문하던 황 선생님. 관행과 상부의 지시라는 명분으로 행해지던 그 모든 비민주적이고 반교육적인 행태 앞에 분노하고 좌절하던 서 선생님. 우리는 그저 교사로서 양심을 침해당하지 않고 교육 전문가로서 자율성을 존중받으며 각자의 최선을 다해 배우고 실천하며 아이들과 함께 진실하게 살고 싶다는 바람을, 그리하여 그들의 배움과 성장에 정성을 다한다는 교사로서의 본질적 소명을 이곳 남한산에서 되살려 내었다.

학부모의 마음도 다르지 않았다. 내 아이가 특별 대접을 받고 남들보다 앞서고 주목받는 학교를 꿈꾸지 않았다. 그저 친구들과 다정하게 지내며 천천히 배우고 많이 뛰어놀 수 있는 학교였으면, 선생님 말씀을 신뢰하고 함께 대화하며 사람과 세상을 고민할 수 있는 학교였으면 했다. 성과와 효율에 갇히지 않고 새롭고 다양한 공부와 활동을 경험할 수 있는 학교였으면, 결국에는 학교 구성원 모두의 뜻을 모아 옳은 것을 실천하고 잘못된 것을 바꿀 수 있는 열린 구조의 학교였으면 하는 마음이었다. 그런 학교에서 나의 아이를 넘어 우리의 아이들로 함께 키우고자 노력할 때, 우리 아이들이 시대의 상식을 경험하고, 관계 속에서 성장하며, 자연과 예술을 맘껏 누리면서 지금의 삶을 긍정하는 힘으로 앞으로의 시간을 전망할 수 있기를 소망했다. 이렇듯 교사와 학부모의 생각과 마음이 시작하는 지점도 우리 아이들이었고, 멈추고 끝나서 되돌아오는 지점도 우리 아이들이었다. 하여 당신이 남한산초에서 이야기를 나눈다면 이렇게 물어야 할 것이다. "과연 이것이 진정으로 우리 아이들을 위한 것인가?"

- 통제와 지시에 기반을 둔 전교 조회를 없앴다. 대신 자율과 합의의 정신을 살리고자 공립학교 최초로 '다모임'을 실시하여 직접 민주주의를 경험하고 실천할 수 있는 장을 마련했다. 그 속에서 학교생활의 주요 정보를 공유하고 중요한 의사결정을 내리는 것과 동시에 서로 소통하고 격려하는 학교문화를 일구었다.
- 주번 활동, 시상제와 각종 교내 대회를 없앴다. 대신 각자의 생활공간과 영역에서는 저마다의 권한과 책임을 갖고 살아가는 연습을 시작했고, 보여 주기 위한 교육활동이나 경쟁 원리에 기반을 둔 활동 대신 새로운 주제와 다양한 방식의 체험을 시도했다. 초창기에는 매주 체험학습의 날 운영, 전교사의 순환수업제, 프로젝트 수업 등을 실시했고, 최근에는 학생 동아리 활동과 자치활동이 활발하고 그 밖에 텃밭 활동과 학급별 활동 등을 다양하게 진행하고 있다.
- 산골의 작은 학교라는 특성을 활용해 다양하고 넉넉한 놀이 시설과 쉼터를 마련했고, 학생의 생활 리듬과 동선을 고려한 교실과 학교 공간의 재구성에 지속적으로 노력을 기울여 왔다. 운동장을 수시로 정비하고 놀이터의 시설과 모래를 지속적으로 교체하며 관리하는 것, 불필요하거나 위험한 공간 요소를 대체하고 그때그때 필요한 공간과 시설을 교사와 학부모, 지역의 노력으로 마련했다.
- 아침 시간, 중간놀이 시간, 점심시간, 방과 후 시간을 충분히 확

보하여 학생들이 여유 있는 생활 리듬을 배우고 익히도록 했다. 더불어 이 시간들을 활용할 수 있는 교실, 운동장, 도서실, 뒷마당, 학교 숲 등을 잘 정비해서 개방하고, 다양한 활동을 안전하게 하기 위해서 인력과 물품을 배치하고, 각자의 의지대로 시간을 활용하면서 친구들과도 함께 어울릴 수 있도록 했다.

- 숲 산책과 차 마시기 등의 아침활동과 생태 수업, 국악 등의 방과후활동을 시행하며 자연 친화와 고유의 전통을 중시하는 학교문화를 일구었고, 학교 시설과 모든 활동에 순우리말을 사용하고자 시도했다.
- 무거운 책가방과 과제의 부담에서 학생들을 자유롭게 해 주고자 대부분의 필수 학습 준비물을 학교에 비치했고, 형식적이고 결과 위주의 과제 학습을 지양했다.

3. 남한산 정신이 살아 있는 학교를 소망하다

남한산초는 다시 새로운 꿈을 꾸어야 할 지점에 섰다. 지금까지 걸어온 길을 돌아보면서 지켜 가야 할 발걸음을 구분하고, 새롭게 바라봐야 할 이정표를 마련해야 할 때이다. 과연 앞으로도 시간을 이겨 내는 가치와 시대를 견인하는 희망을 아이들 속에서 구현해 내는 학교로 남을 수 있을 것인가? 주변을 돌아보면 사회적 환경이나 사람들의 인식이 그다지 우호적이지 않다. 오랜 시간의 익숙함에 젖었고 혁신의 피로감도 높다. 이 시대에 희망은 파편적이고 열정은 사유화되었다. 그럼에도 우리 곁에는 여전히 소중한 아이들이 있고 그들과 함께 가꾸어야 할 미래가 숨을 쉬고 있다. 남한산초가 새롭게 그려 갈 모습은 과거와 오늘을 이어 앞으로도 흘러야 할 '남한산의 정신' 위에 펼쳐질 것이다.

진실함을 지켜 가는 학교

"쉬운 것을 정성 들여 한다, 천천히 꼼꼼히 한다, 많은 것을 하지 않는다, 아이들의 개성과 속도를 존중한다, 긍정하고 지지하는 태도를 견지한다, 학교와 가정의 역할이 명확하다, 아이들이 순박하다, 겉치레가 없고 솔직하다, 학교 구성원들이 각자의 역할에 충실하다, 오래도록 소중한 나의 학교를 만들어 간다."

교육 선진국의 학교와 구성원들의 공통된 모습들이다. 우리는 이러한 학교가 가능한 그들의 사회 시스템과 시민의식을 고민해야 하고, 그들이 그랬던 것처럼 오랜 시간 모든 사회 구성원이 참여하는 토론과 타협, 투쟁의 역사를 준비해야 할 것이다. 남한산초에서 살아가는 사람들 모두 단순하고도 큰 꿈을 꾼다. 그저 이 학교가 '상식이 통하는 학교였으면 하는 꿈' 말이다. 그러나 오래지 않아 앞에서 언급한 교육 선진국의 학교들과 같은 상식적인 모습이 얼마나 힘든 일인지 깨닫게 된다. 시대가 흐를수록 상식은 어렵고 각자가 감당해야 하는 몫은 늘어나는데, 가장 힘든 일은 바로 스스로와 서로에게 진실해야 한다는 것이다. 촘촘한 관계망으로 얽힌 작은 학교에서 밤낮없이 모이고 부대끼는 아이들과 선생님, 학부모와 지역민들은 더는 감출 것도, 치장할 것도 없다. 그저 있는 그대로 최선을 다해 살아가는 수밖에 없는데, 이것이 역설적으로 좋은 학교를 만드는 큰 힘이 될 수 있다. 수업과 활동, 회의와 행사 준비, 준비물과 과제 챙기기, 책 읽고 토론하기,

협력해서 노동하기……. 모든 학교 구성원은 학교의 모든 일에 자신의 몫을 찾아서 저마다의 분량만큼 기여하면 되는데, 지금 부족한 것을 있는 그대로 인정하되 다만 더욱 배우고 열심히 준비해서 조금씩 나아지는 데 힘써야 하는 것이다.

또한 편하게 가는 길을 경계해야 한다. 지금까지 잘되었던 것, 익숙한 것에 머물러서는 오늘을 살아가는 학교 구성원의 삶을 담아낼 수 없다. 학교의 과거로부터 우리에게 주어진 것들을 지금의 시각으로 다시 살펴보는 노력과 우리에게 새롭게 필요한 것들을 찾아서 만들어 가는 정성이 항상 필요하다.

무엇보다 가시적인 성과를 내고자 하는 욕심을 내려놓아야 한다. 학교는 아이들을 위해 존재하는 곳이고, 이곳에 복무하고 참여하는 이유도 오직 그것 하나이다. 우리는 어른들의 필요와 욕망을 위해 학교와 교육의 본질이 훼손당하는 경우를 많이 보아 왔다. 아이들이 행복하고 그 속에서 점진적으로 성장하는 학교, 그 자체가 교육의 의미이고 성과라는 사실을 잊지 말아야 한다.

남한산초를 향한 다양한 비판이 있다. 부족한 부분을 과장한 것도 있고 노력해도 잘 고쳐지지 않는 약점도 많다. 그럼에도 남한산초는 끝끝내 놓지 않은 진실성을 갖고 있다. 우리 아이들의 행복한 유년을 위한 학교, 모든 학교 구성원이 함께 참여하며 성장하는 학교라는 이상을 어떻게든 발버둥 치며 지켜 온 이들의 진실성 말이다. 이 진실한 마음 위에라야 비로소 남한산초의 미래, 우리 공립학교의 또 다른 가능성이 열릴 수 있을 것이다.

공공성을 추구하는 학교

남한산초 교육과정에는 이런 약속이 실려 있다.

● 우리 학교에서 가정과 학교에서 교사와 부모가 함께 해 줄 일

1. 넉넉히 잘 시간을(9시간에서 10시간) 확보해 준다: 건강한 성장을 위한 회복, 온전한 학교생활과 수업에 집중

2. 알림장(자기시간 관리)을 보고 시간을 계획할 수 있도록 도움을 준다: 하루를 정리, 반성하며 시간의 중요성을 알고 내일을 온전히 준비

3. 텔레비전 시청, 컴퓨터 사용 및 게임, 손전화 사용 등은 엄격히 제한한다(부모님과 논의하여 꼭 필요할 경우는 인정).

4. 인스턴트식품이나 탄산음료 먹기를 자제한다.

5. 가정에서는 하루 한 시간 정도 스스로 보낼 수 있는 시간을 준다: 시간을 관리하고 자신을 돌아보며 스스로 배울 줄 아는 능력 키우기

6. 배움과 나눔을 실천하기 위해 다음 사항은 꼭 지킨다: 고운 말 쓰기(욕하기 않기)/ 친하게 지내기(때리지 않기)/ 정리하기(남을 생각하기)

이 약속은 10년 넘도록 교사와 학부모가 아이들의 삶을 고민하고 나누며 하나씩 정리한 것들을 모은 것이다. 남한산초는 지금도 100여 가정의 학생 150여 명이 다니는 작은 학교여서 아이들뿐만 아니라 모두의 삶의 모습이 드러나고 공유된다. 학교를 벗어나도 마을에서 만나는 생활이기에 어느 곳에서보다 관계 맺기가 중요하고, 생활과 관계의 기준으로서 공공성이 요구되는 곳이다. 남한산초 역시 갈수록 개인주의화하는 사회의 흐름에서 벗어나 있지 않고, 가치보다 욕망을 앞세우

는 시대에서 자유롭지 않다. 이것은 지금까지 가장 많은 논의가 이루어진 영역이 사교육과 학구 내 실거주 문제였다는 사실만 봐도 알 수 있다.

남한산초에서는 불필요한 사교육, 특히 주지 교과 중심의 선행 학습을 위한 사교육을 교사와 학부모 공동의 약속으로 오랫동안 지양해 왔다. 소수의 예외를 제외한다면 대부분의 가정에서 사교육 없이 초등학교 시절을 보내며 살아간다. 하지만 내 아이의 특성과 소질에 맞는 별도의 교육이 필요할 때나 부모의 가치관에 따라 학교 외의 교육이 요구될 때, 개인의 욕구와 공동체의 약속은 충돌할 수밖에 없다. 드문 경우이지만 학구 내 실거주 문제 역시 비슷한 어려움을 야기한다. 현재 남한산초는 학구 실거주자에 한해서 입·전학이 허용된다. 모든 공립학교와 동일한 방식이지만 남한산초를 선호하는 학부모가 많을수록 실거주의 문제는 매우 첨예해진다. 모두가 산골생활의 불편을 감내하며 학구 내 실거주 원칙을 지키는데, 누군가 이 원칙을 지키기 어려운 경우가 생겼을 때 학교 공동체는 원칙과 인정 사이에서 고민에 빠지게 된다.

이렇듯 저마다의 형편, 추구하는 가치관과 삶의 방식이 다를 수밖에 없고 시간이 흐를수록 그 스펙트럼은 넓어진다. 함께 살아가는 학교를 만들고자 하는 모두의 이념과 개인의 욕구 사이에 조율이 필요할 때, 우리는 공공성을 기준으로 이야기를 풀고 합의를 도출한다. 각자가 개인의 합목적적인 이기심과 욕망에 사로잡히는 순간 학교의 혁신도, 공동체의 건강함도 사라진다는 것을 누구보다 잘 알고 있기 때문이다. 그렇기에 항상 옆을 살피며 아이들의 눈으로 생각하고자 하는 노력을 기울이고, 이웃과 함께하는 나의 삶과 미래를 담보하는 지금의 실천을 소홀히 하지 않으려 애써야 한다.

시대와 호흡하는 학교

처음 시도해 보는 블록수업을 앞둔 남한산 교사들은 어떤 생각으로 무슨 준비를 했을까? 전교생이 모여 인사를 나누고 저마다의 의견을 발표하는 다모임 자리의 학생들은 어떤 심정이었을까? 선생님들과 함께 나무를 심고 학교 담장을 고치며 아이들의 삶과 성장을 이야기하던 학부모들의 심장은 얼마나 뜨겁게 고동쳤을까? 우리에게 전설처럼 살아 숨 쉬는 그 발걸음들을 떠올릴 때면 아직도 가슴이 뜨겁고 고개가 숙여진다.

남한산초에서 시작한 많은 것들이 우리나라 공립학교에서 처음으로 시도했던 것들이었다. 여기에는 남한산초에서 독자적으로 시도한 것들도 있고, 다른 나라의 학교나 대안교육 프로그램에서 배워 온 것도 있다. 개인의 경험과 상상력이 주변의 도움을 얻어 현실화되기도 했는데, 책과 논문을 통해 힌트를 얻었고 밤새워 가는 토론을 통해 아이디어를 도출했다. 학교의 철학에 공감하고 도움을 주셨던 많은 분들의 고마움 또한 빠뜨릴 수 없다.

남한산초가 새로운 길을 열고 무수한 어려움을 이겨 낼 수 있었던 큰 힘은 바로 시대정신과 호흡하는 데에서 나왔다. 더 이상 외형적이고 양적인 결과로 교육을 논할 수 없는 시대, 행정편의주의와 보신주의로 버텨 낼 수 없는 시대를 온몸으로 감지했다. 수평적이고 주체적인 문화의 시대, 생명과 감성의 시대, 효율과 성과를 넘어서 삶의 질과 관계의 건강성을 고민해야 하는 시대임을 남한산초의 교사와 학부모들은 철저하게 인식했다. 찬찬히 들여다보면 특별히 새로울 것 없는 상식적이고 조금 진보적인 견해 정도로 여겨지지만, 중요한 점은 이 인식들이 우리 사회의 가장 보수적인 영역인 공립초등학교에서 실체화되었다는 것이다. 그저 자연스러운 삶의 흐름이 학교 안에서도 흐르길 기대하며 각자의 역할을 묵묵히 수행했을 뿐인데, 결국에는 매우 본원적이고 진보적인 의제를 던진 셈이 되었다. 그야말로 가장 실제 삶과 밀착되어 있는 교육 공간인 한 초등학교의 실천이 한국 사회에 지금의 시대정신을 되묻는 것까지 나아가게 된 것이다.

예측이 힘들 만큼 급변하는 세상 속에서 우리의 교육과 학교는 끊임없이 도전에 직면할 것이고 그 속에서 아이들을 키워 내는 고난의 운명을 피할 수 없을 것이다. 속도는 갈수록 빨라지고 도전은 더욱 거세질 것인데, 익숙한 방식을 고수할수록 시대에서 멀어질 것이다. 편안함을 추구할수록 주인 없는 공간을 휘젓는 이기심이 추는 춤을 보게 될 것이다. 그럴 때일수록 교육의 본질을 추구하며 학교의 존재 의의가 학생에게 있음을 잊어서는 안 된다. 각자가 주인임을 자각하는 동시에 동료와 이웃의 숨결을 느낄 수 있어야 한다. 시대의 옳은 길을 찾아가는 외로움을 받아들이며 타협을 외면하는 용기를 서로가 북돋우는 수밖에 없다. 그렇게 남한산초는 여태까지 그래 왔듯이 시대를 읽어 내고, 그 속에 살아가는 사람들을 호흡하며 '오늘을 살아가는 우리의 학교'로 걸어갈 것이다.

2.

보통의 교사들이 만든
환대와 지지의 공동체

응곡중학교

" 학교 구성원은 서로를 믿고 존중하며,
학교교육을 위해 자기 책임을 다합니다. "

김미영

응곡중학교 선생님. 개교부터 지금까지 응곡중에 머물고 있다. 공립학교 교사 특성상 잠시 응곡중을 떠났다 다시 응곡중에 돌아와 보통의 학교에서 보통의 교사들이 꿈꾸고 실천하는 혁신학교를 실현하기 위해 동료들과 함께하고 있다. 지금은 새로운학교 경기네트워크 연수위원장의 역할을 하며 행복한 교육을 위한 실천을 이어 가고 있다.

응곡중은 2008년에 개교한 12년 차 학교이며, 혁신학교 8년 차 학교이다. 응곡중은 공모교장을 세운 것도 아니고, 대단한 혁신 리더가 있는 곳도 아니다. 또 혁신학교에 뜻을 두고 모인 교사들이 있는 곳도 아닌 학교이다. 발령받아 와 보니 혁신학교를 한다고 하고, 발령받아 와 보니 혁신학교인 학교이다. 대단한 신념과 의지로 똘똘 뭉친 그런 교사들이 모인 학교가 아니라 그냥 보통의 학교, 보통의 교사들이 우연히 모인 학교이다.

응곡중은 혁신학교를 시작한 후 세 번째 교장 선생님을 맞이했다. 응곡중에 부임하는 교장 선생님들은 한결같이 이렇게 말씀하신다.

"응곡중 선생님들은 연구 대상이다. 왜 이렇게들 열심히 하는지 모르겠다."

해마다 많게는 3분의 1의 교직원이 바뀌는 상황에서도 이러한 교사들이 계속 존재할 수 이유는 무엇일까? 응곡중에 발령받은 교사들은 따뜻한 공동체 문화를 경험하고 지금의 학교문화가 지속하기를 소망한다. 일상에서 매 순간 응곡중에 먼저 머문 자들과 함께하는 동료들에게 감사함을 표현한다. 이러한 학교문화를 만들어 온 학교의 역사를 궁금해하며 그 이야기를 듣고 싶어 한다. 그리고 기꺼이 그 발자취를 따르고자 하는 마음을 낸다. 이러한 학교가 될 수 있었던 과정과 그 안에서의 고민과 실천으로 깨달은 바를 나누어 학교혁신을 지향하는 이들에게 희망을 전하고 싶다. 보통의 교사들 보통의 학교에서 이룬 성과이기에 누구에게나 한 걸음 내디딜 수 있는 용기를 줄 수 있으리라 기대한다.

응곡중의 학교혁신은 다음의 질문에 대한 우리 나름의 길을 찾아가는 과정이었다. 우리는 지금도 그 길 위에 서 있다.

- 교사가 교사의 길을 사랑하고 지속할 수 있는 학교는 어떤 학교일까?
- 학교를 사랑하는 교사는 어떻게 만들어질까?
- 우리는 어떻게 우리가 될 수 있을까?
- 이 학교가 아닌 우리 학교는 어떻게 가능할까?
- 개별 교사의 에너지를 어떻게 충만하게 하여 학교의 에너지로 모아 갈 수 있을까?

지금 와서 생각해 보면 이 질문들에 대해 우리 스스로 답을 찾아가는 것이 학교문화와 공동체를 만들어 가는 과정이었다. 좋은 공동체와 학교문화는 교사들에게 '어떤 존재가 되어 갈 것인가?'를 고민하게 만든다. 학교문화를 만드는 것은 우리 학교, 우리 학교 교사들의 정체성을 함께 만들어 가는 과정이기 때문이다. 문화는 매일의 일상이 쌓여 만들어진다. 그리고 그 일상을 의미 있게 만드는 것은 사람과 사람 사이에서 일어나는 무형의 경험이다. 결국, 학교혁신은 학교생활 매일매일의 경험을 재구조화하는 것이라 하겠다. 그것은 삶의 방식을 바꿔 내는 지난한 경험 축적의 과정이다. 그 과정은 변화를 만들어 내고 문화와 공동체라는 이름으로 드러난다. 그렇게 만들어진 공동체 문화는 교사를 교사의 길에 계속 서게 하는 힘이 된다.

1. '우리'가 되지 못한 이들이 스스로 마음을 내기까지
신설 학교, 혁신교육지구 지정, 혁신학교 도전과 지정(2008년~2012년)

신설 학교에서 배운 것? 학교는 주인 없는 공간

2008년, 아무것도 결정된 것이 없는 상황에서 새로운학교를 만들어 가는 경험은 분명 교사로서 교육에 대해 성찰하고 도전할 기회였다. 하지만 우리는 당면한 업무에 둘러싸여 교육의 본질에 대해 의견을 나누지 못했다. 표준적인 다른 학교의 교육과정을 갖고 와 ctrl+c해서 연도와 학교 이름을 바꿔 ctrl+v하는 것이 다였다. 그것만 하기에도 신설 학교는 너무나 벅찬 곳이었다. 그런데 잠깐씩이지만 학교에 대해 꿈을 꿀 기회가 있었다. 그것은 교훈, 인간상을 정하고 교가를 만드는 자리였다. 찰나의 순간이었지만 우리 학교를 다닌 학생들이 어떤 사람이 되었으면 하는지에 대해 이야기를 나눴고 설렜다. 그 설렘이 교육과정 계획서와 함께 문서로 끝나 버리고 우리는 문제가 없으면 되는 학교의 길을 걷게 되었다. 문제가 없는 학교가 되기 위해서는 기존의 관습을 따라야 했고, 하던 대로 해야 했다. 복지부동 변하지 않는 게 문제의 빌미를 만들지 않는 것이므로 우리는 ctrl+c, ctrl+v 교육에 숨어 그렇게 의미를 잃어 갔다.

혁신학교 도전! 왜 동료 교사들은 혁신학교를 싫어했을까?

2010년, 우연한 기회에 어느 학교의 수업 공개와 연구회를 참관하게 되었다. 충격 그 자체였다. 그들은 서로 연결되어 있었고 함께 아이들과 수업을 고민하고 이야기하고 있었다. 지금까지 학교에서 접해 보지 못했던 장면이었다. 학교는 항상 모든 것을 혼자 해내야 하는 공간이라 생각했던 나에게 그들은 정말로 서로에게 교육적 동료로 보였다. 그때 깨달았다. 좋은 교사, 좋은 교육이라는 꿈을 이루게 도와줄 수 있는 사람은 오직 내 옆의 동료라는 것을. 그래서 몇 명의 선생님들과 함께 혁신학교를 공부하는 모임을 만들었고 함께 새로운학교를 꿈꿨다. 그리고 학교 밖의 혁신학교 연구모임에 참여하며 새로운학교를 디자인하는 경험을 하게 되었다. 상상이었지만 새로운학교의 업무분장, 새로운학교의 수업과 교육과정 등에 대해 함께 이야기하며 다른 교육, 다른 학교를 만들 수도 있다는 상상과 도전에 한껏 들떠 있었다.

그 무렵 혁신학교 신청 공문을 받게 되었다. 그것은 교사들이 주체이며 서로 동료가 되라는 신호를 보냈다. 혁신학교 공문을 보고 다시 학교에 대한 꿈을 꾸기 시작했고 혁신학교 신청을 제안했다. 하지만 대다수의 교사들은 혁신이라는 말 자체와 변화에 대한 두려움을 토로했다. 무엇보다 어린 교사가 절차를 따르지 않고 학교의 변화를 언급하자 불편함을 표했다. 전 교사 앞에서 혁신학교를 설명할 기회가 주어졌지만 소위 '라인'이라는 것이 있던 시절이었기에 홀로 온갖 비난을 감당해야 했다. 애당초 설득당하지 않을 마음으로 무장하고 만든 자리는 그 누구도 이 견고한 학교의 성을 깰 수 없다는 것을 확인시켜 주었고, 깊은 절망을 안겨 주었다. 그렇게 혁신학교 도전에 실패했다.

학교는 주인 없는 공간이었다. 교사가 학교의 주인 됨을 허락하지 않는 학교에서 교사들은 교육과 학교에 대해 더는 꿈꾸지 않는다. 그러한 경험이 축적되면 교사는 '교사의 꿈'을 접게 된다. 주인만이 그 공간에 대한 꿈을 꿀 수 있기 때문이다. 주인이 되고자 하는 마음을 내기에는 학교는 너무나도 화석화되어 있었다. 학교는 교육의 원래 목적을 잃어버린 채 원자화된 삶을 사는 게 일상이 되어 가고 있었다. 그리고 그 일상을 깨는 것을 금기시하고 있었다.

그동안의 학교문화는 무엇인가가 변화해 생긴 결과에 대한 책임을 오롯이 교사 개인의 몫으로 돌려 왔다. 권한과 결정권은 없으나 책임 질 것은 많은 그러한 경험의 축적은 교사들에게 학습된 좌절을 남겼고, 무엇을 시도하고 싶은 마음을 내고 싶지 않게 만들었다. 그리고 혁신하자는 말에서 오는 거부감, 즉 지금까지의 교사로서의 삶이 부정당한 듯한 도전에 교사들은 응하지 않았다. 지금 와서 생각해 보면 그 당시 학교문화에서는 당연한 결과였다.

혁신교육지구, 혁신 학년? 우리가 먼저 하면 함께할 줄 알았다

2011년 혁신교육지구 지정을 받고 함께 공부모임을 했던 선생님들(일부 교사는 2011 전입 교사)과 1학년만 소위 혁신 학년이란 것을 운영했다. 1학년만 혁신 학년으로 운영하며 수업과 교육과정의 변화를 시도하면서 다른 학년의 동료 교사들도 함께할 줄 알았다. 동료 교사들은 동참하려 하지 않고 1학년이 복도에서 뛰어도, 급식 새치기를 해도, 지각을 많이 해도 그 모든 원인이 이런 수업을 했기 때문이라는 비난을 했다. 학교 시스템과 문화가 변화하지 않은 채 운영된 혁신 학년은 6개월쯤 지나자 함께하던 교사들도, 동의하지 않지만 어쩔 수 없이 함께하고 있던 교사들도 모두 혁신이라는 것을 그만두고 싶다고 아우성을 치게 했다. 혁신 학년은 학교 안에 또 다른 그들만의 리그를 만드는 결과를 만들었고, 1학년 교사는 물론 아이들을 고립되게 만들었다. 혁신 학년은 왜곡된 협력을 만들어 낼 수 있는 빌미가 될 수 있음을 알게 되었다. 모두가 함께 방향을 공유하고 지속해야 변화는 가능한 것이었다. 교사들의 자발성은 나누어진 구역이 존재하는 곳에서는 일어나지 않음을 깨달았다. 변화는 모두 함께할 때 가능했다.

인근 학교는 혁신학교가 되어 학급당 인원을 적게 받는 혜택을 얻었다. 우리는 전입생을 포함한 나머지 모두를 감당해야 하는 학교가 되었다. 아무리 설득해도 소용없던 교사들은 학생 수가 늘고 어려움이 계속되자 혁신학교 신청에 동의했다. 사실 우리 학교 선생님들이 혁신학교 신청에 동의한 이유의 90%는 학급당 인원 감축이라는 혜택 때문이었다. 그리고 나서는 경험해 보지 못한 변화를 온몸으로 거부했다. 새로운 일은 모두 혁신학교를 신청한 사람이 하는 것으로 여겼고, 혁신은 담당 부서만의 일이 되어 갔다.

혁신이란 이름으로 해내야 할 일들이 학교에 펼쳐졌다. 새로운 일들이 밀려 들어왔고 문화와 시스템이 형성되지 못한 상황에서의 변화는 서로에게 일을 떠넘기거나 맡지 않기 위해 버티는 것으로 이어졌다. 무엇을 더 해내기에는 교사들은 너무 지쳐 있었고, 그동안 우리가 버리지 못하고 갖고 있던 일들이 너무 많이 쌓여 있었다. 선택과 집중이 필요했다.

그래서 제일 먼저 시작한 것이 업무 경감이었다. 처음에 업무경감협의회에 참석한 선생님들은 반신반의하며 의견을 냈다. 수용의 경험이 없던 교사들은 자신들의 의견이 설마 반영되겠느냐는 의구심을 가졌다. 그러나 4~5번의 업무경감협의회가 이어졌고 그 과정에서 나온 합의대로 없애고 줄여 갔다. 교사들은 자신들의 의견이 받아들여지는 경험을 하고 마음을 내기 시작했다. 우리 모두 처음이라서 없애고 줄이는 과정에 학교의 비전과 방향을 기준으로 삼지는 못했지만, 무언가를 모여서 협의하고 결정해 그 결과가 수용되는 경험은 교사들의 마음을 움직이게 했다. 이를 통해 변화는 수용으로부터 시작된다는 것을 알게 되었다.

혁신학교 지정, 우리는 여전히 ctrl+c, ctrl+v 중

2012년, 혁신학교 지정을 받자 우리는 수업의 변화를 가장 큰 목표로 삼았다. 스스로를 들여다볼 줄 몰랐던 우리는 신설 학교 시절과 같이 '벤치마킹'이라는 이름으로 다른 혁신학교를 ctrl+c, ctrl+v하기 시작했다. 서로의 수업을 공개하고 아이들을 보는 수업연구회를 운영했다. 우리는 어설프게 아이들의 성장을 이야기했고 그 안에서 서로가 연결되어 가고 있다고 느꼈다. 이 변화는 수업 공개에 대한 교사들의 인식을 전환시키는 계기가 되었다. 수업을 보는 관점과 연구회의 방식은 획기적으로 변화했다. 하지만 교사들은 '혁신학교=수업 공개하는 학교'로 여겼고, 여전히 수업 공개를 불편해하고 부담스러워했다. 수업을 보는 관점은 바뀌었지만 아무리 많은 지원을 해 주더라도 수업 공개는 수업 공개자만의 몫이었다. 여전히 교사의 성장은 개인의 몫으로 남겨져 있었다. 교사들을 서로 연결하고 서로를 진정한 동료로 느끼게 하는 학교문화 만들기는 수업 공개만으로는 한계가 있었다. 협력적인 수업을 지향했지만 우리는 협력할 줄을 몰랐다.

무엇보다 큰 걸림돌은 변화에 대한 교사들의 두려움이었다. 그 두려움을 어떻게 다루느냐는 학교 변화의 핵심이다. 서로에 대한 신뢰가 확보되지 않은 상황에서 학교는 안전한 장소가 아니었고, 안전하지 않은 그 장소를 흔들기까지 한다는 것은 두려움을 가중하는 일이었다. 그동안의 학교는 삶을 나누며 서로에게 영향을 주는 장소라기보다는 떠맡겨지는 일을 홀로 감당해야 하는 곳이었다. 학교에 다니면 다닐수록 우리는 그곳에 머물고 싶은 마음이 없어졌고 무언가를 시도할 용기마저 사그라들었다.

무엇이 우리를 이렇게 만들었을까? 학교는 교사에게 어떤 곳이었을까?

- 결정권과 권한은 없으나 책임질 것은 많은 곳
- 왜 하는지 의미를 찾지 않는 곳
- 변화로 인해 생긴 문제의 책임은 변화를 시도한 이의 몫인 곳
- 참여의 기회가 없이 결정된 것이 내려오는 곳
- 진정한 환대가 없는 곳
- 평교사로 사는 것이 초라해지는 곳
- 학교를 떠나기 위해 한 공부로 학교를 떠난 이가 권력을 갖고 돌아오는 곳

이러한 삶을 살아온 교사들의 삶을 이해하고 각자의 외로운 성에서 나오게 하려면 서로를 신뢰할 수 있는 공동체 문화가 필요하다. 학교 문화를 만드는 것은 서로에 대한 태도를 바꾸는 것이고, 삶의 양식을 바꾸는 것이며, 학교의 터전을 바꾸는 것이기에 고된 과정과 시간, 그리고 정성이 요구된다.

민주를 경험하다!

2013~2014년에 업무 경감 등 교육과정 중심의 학교 시스템은 틀이 잡혀 갔다. 이 시기 우리는 민주를 경험하게 되었다. 거의 모든 것을 교사들이 협의를 통해 결정했고, 그 결정 사항은 대부분 수용되었다. 혁신에 대한 온도 차가 컸던 시기였고, 함께 무언가를 논의하는 것에 서툴렀던 우리는 서로에게 때로 자신도 의도하지 못한 상처를 남겼고, 갈등이 깊어 갔다. 우리는 다름을 인정하고 차이를 환대하는 법을 그리고 함께 사는 법을 제대로 경험해 본 적이 없었기에 서로의 다름을 확인하는 순간순간이 버거웠고, 그로 인해 생기는 갈등이 모두 불편하기만 했다. 그래도 끊임없이 모여 이야기 나누기를 멈추지 않았다. 회의하다가 회의감을 느끼는 순간들도 있었지만, 우리에게 언제 이렇게 서로의 다름을 확인할 기회가 있었던가? 이 과정은 지금 와서 생각해 보면 민주적인 학교의 기반을 만드는 씨앗이 되었다. 하지만 교사마다 혁신의 온도 차가 컸고 모든 사람의 의견을 반영하는 시스템이 없던 시기였기에 많은 부분이 교사 편의 위주 또는 목소리 큰 사람의 의견으로 결정이 나곤 했다.

우리가 주로 논의한 것은 해야 할 것을 '어떻게 할 것인가'였다. 예를 들면 수업 공개는 몇 번을 어떻게 할 것인가? 아이들이 화장하는 것을 허용할 것인가? 5교시 수업을 만들 것인가? 이런 것들이었다. 우리는 방향에 대한 공유 없이 또다시 '어떻게'에만 매달렸다. 그리고 민주가 다수결인 줄 알았다. 그러나 진정한 민주는 숙의의 과정에서 생기는 것임을 오래 헤맨 후에 깨달았다. 우린 여전히 교육의 본질을 이야기하지 못했다. 혁신학교를 하면서도 여전히 '어떻게'에 매몰되어 있었고, 충분한 학습과 대화 없이 민주주의라는 명분 아래 다수결로 결

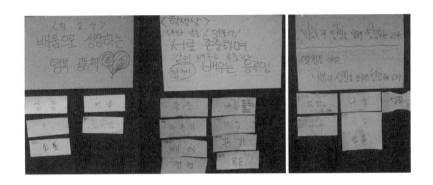

정하고 있었을 뿐이었다. 인식의 전환이 일어나는 성장이 없는 상황에서 논의는 늘 같은 자리를 맴돌았다. 차이를 어디까지 인정하고 어디까지 함께해야 하는지에 대한 합의가 없었다. 즉 우리 자신의 자발적인 이유, 함께 바라볼 지향점이 없었다.

2014년 2월 처음으로 우리는 지향점을 이야기하기 시작했다. 첫 단추는 2월 워크숍의 재구조화였다. 2014년에는 2월 워크숍을 비전 세우기로 운영했다. 지향점은 교육의 본질을 논의 주제로 만들었다. 우리 학교 아이들이 어떤 사람으로 성장했으면 좋겠는지, 우리 학교의 교사들은 어떠했으면 좋겠는지, 그리고 우리가 지향하는 학교와 교육은 무엇인지에 대해 함께 이야기하고 합의했다.

비전을 함께 만들었으나 우리는 그 비전이 어떻게 우리의 삶과 교육과정으로 연계되어야 하는지 몰랐다. 그러니 그 비전은 다시 문서 안으로 숨어 버렸다. 또다시 예쁜 말 만들기 이벤트로 끝나 버렸다.

진정한 환대는 나의 편안함의 해체, 하고 싶은 대로 하는 게 혁신인가?
우리는 4년여의 경험으로 서로와의 관계와 연결이 문화를 만들고 성장할 수 있음을 알게 되었다. 2월 워크숍을 환대와 관계 형성의 공간으로 만들기 위한 여러 노력이 시도되었다. 이때부터 시작된 전입교사 환영식은 지금도 응곡중의 전통으로 남아 있다. 하지만 노래와 박수로 환대를 받은 이후 이어지는 교과 협의와 업무 협의는 여전히 옛날 모습 그대로였다. 2월에 인상을 쓰며 끝까지 힘든 업무, 힘든 반을 맡지 않으면 1년이 편하다는 학교의 오래된 관습은 그대로 이어졌다. 그리고 여전히 전입한 교사들에게 어려운 업무, 힘든 학년이 맡겨졌다.

> 환대는 편안함의 해체이고, 해체는 타인에 대한 환대이다.
>
> -데리다

데리다가 말하는 진정한 환대는 현실에서 요원해 보였다. 2019년 지금 우리는 진정한 환대를 이루었다고, 모든 교사가 실천하고 있다고 할 수는 없지만, 자신의 편의를 내려놓고 학교 전체를 생각하는 교사들이 늘어난 것은 분명하다. 그러한 교사가 생겨난 것은 환대와 지지 경험의 축적으로 가능했다.

2015년 우리는 여전히 윤리성을 담보해 내지 못하고 있었다. 교육자로서 책임을 다한다는 것이 어떤 것인지에 대해 스스로 답을 찾지 못한 상황에서 교사들은 편의주의와 책임의식 사이에서 시소를 탔다. 관망하는 사람들은 그 시소에 이리저리 춤을 췄다. 관망하는 자들을 어느 시소 쪽으로 오게 할 것인지가 이 시기의 가장 큰 고민이었다. 응곡중은 교사 하기 좋은 학교, 편한 학교가 되어 갔다.

학교는 좋은 사람들의 모임이 아니며, 학교는 교육기관이고, 우리 교사는 책임을 지닌 교육자이다. 교육자로 책임을 다하는 삶을 산다는 것은 무엇인가? 교육은 현재와 미래의 삶과 사회를 창조하는 젊은 사람을 대상으로 하기에 늘 변화를 요구받는다. 교육자로서 책임을 다한다는 것은 '삶의 창조자를 기르기 위해 교사 자신을 끊임없이 재창조해 가는 것'을 의미한다. 즉 교사는 언제나 변화 성장해야 하는 존재인 것이다. 변화와 성장을 지속하는 삶을 산다는 것은 참으로 버거운 일이며 용기가 필요한 일이기도 하다.

> 젊은 사람들을 계속 만날 수 있다는 것은 교육의 특별한 매력이다. 하지만 새로운 만남을 계속해서 받아들이는 일은 분명 쉽지 않은 일이다. 올해의 성공적인 수업(또는 학급운영)이 내년으로 연결되지 않는다. 그래서 교사는 영원한 현역일 수밖에 없다. 이러한 교사의 숙명을 받아들이는 것은 분명 용기가 필요한 일이다. -파커 파머

교사는 매일 매 순간 용기를 내야 하는 직업이다. 그래도 우리는 매일 매 순간 용기를 내며 아이들 앞에 선다. 교사가 교사의 삶, 교사의 길을 사랑하고 그 길에 계속 설 수 있는 힘은 무엇일까? 그것은 내가 먼저 좋은 교사가 되어 교사의 길을 사랑하는 것이며, 그 길을 사랑하는 동료 옆에 서는 것이다. 동료가 된다는 것은 서로에게 의미 있는 타자가 되는 것이며, 서로에게 의미 공유자가 되는 것을 의미한다.

> 인간을 바꾸는 방법은 세 가지뿐이다. 시간을 달리 쓰는 것, 사는 곳을 바꾸는 것, 새로운 사람을 사귀는 것. 새로운

결심은 가장 무의미한 행위이다. -오마에 겐이치

교사가 서로에게 동료가 되는 것은 개별화되고 고립화된 학교를 공동체로 바꾸어 가는 과정이다. 그러기 위해서 학교를 사랑하는 교사가 늘어야 한다. 그 공간의 주인만이 그 공간을 사랑하고 그 공간에 대한 꿈을 꿀 수 있다. 그동안 학교는 주인 없는 공간이 아니었나 싶다. 학교는 각자의 꿈을 향해 하교 시간 또는 퇴근 시간만을 기다리며 견디는 그런 공간이 되어 가고 있었던 건 아닐까. 주인이 없는 공간에는 꿈이 차오를 수 없다. 학교는 꿈꾸는 이들의 보호소여야 하며, 다른 삶과 다른 세상을 꿈꿀 수 있는 곳이어야 한다.

우리는 어떻게 학교의 주인이 될 수 있을까? 학교를 사랑하는 교사는 어떻게 만들어지는가? 그 핵심은 꿈, 환대, 수용, 소통, 지지, 협력, 자율, 참여 경험의 축적에 있다. 이 단어들은 혼자는 실현될 수 없으며 사람과 사람 사이에 존재한다는 특징이 있다. 학교에서 회자되지 않고, 실천되지 않은 이 말들을 실천으로 살려 내서 공동체를 만들어 가는 것이 중요하다. 주인 된 삶을 사는 이들이 서로와 의미 있는 관계를 맺으며 학교에 대한 꿈을 함께 실천해 가는 공동체 문화를 만들어 가는 것이다.

일부 교사들 입에서 '우린 성장하지 못하고 있다'라는 성찰적 목소리가 나오기 시작했다. 삐거덕대며 가는 길이었지만 방향을 잃지 않고 우리의 걸음대로 걸어왔기에 깨어지는 경험을 통해 깨우치는 이들이 생기기 시작했고, 깨우친 선생님들은 이전의 삶으로 돌아가고 싶지 않다고 말씀하셨다. 사유하고 성찰하는 교사들이 생기기 시작했고, 그분들이 우리 학교 성장의 점이 되어 주었다. 점이 있어야 선이 되고 그

선들이 모여 면을 만들고 입체를 만든다. 점조차 존재하지 않았던 학교에 4년여의 실천으로 점이 생겼고, 2016년 겨울 우리는 그 점을 연결하기 위한 협의를 시작했다. 몇 명이었지만 그 점이 되는 선생님들이 학교 각 곳으로 흩어져 서로 연결되어 서로에게 큰 버팀목이 되어 주었다. 4년여 경험으로 끼리끼리 모이면 모두와 함께할 수 없다는 걸 깨달은 우리는 각 부서 각 학년으로 흩어졌다. 그리고 각자의 자리에서 교사의 삶을 온몸으로 온 마음으로 보여 주었다.

선한 영향력은 그렇게 보이지 않게 학교 곳곳에 스며들었다. 그것은 닮고 싶은 사람이 많은 학교를 만들어 가는 것이기도 했다. 그렇게 점이 된 선생님들은 자기 자리에서 또 다른 점을 만들고 그 점이 또 다른 점을 만들며 우리는 그렇게 연결되어 갔다. 그리고 서로 연결되어 있음을 확인하기 위한 연대의 자리는 전문적학습공동체 시간을 중심으로 운영되었다. 학교를 닮고 싶은 교사가 많은 곳으로 만드는 것! 그것이 교사가 교사의 길을 사랑하게 만드는 길임을 깨달았고, 그렇게 주인 된 교사들은 자발적으로 교육에 대한 책임을 다한다는 것을 알게 되었다.

우린 왜 4년여를 헤매었을까? 큰 목소리에 지나치게 주목했고, 그 의견에 휘둘렸다. 목소리를 내지 않는 교사들에게 더 주목하고 더 정성을 들였어야 했다. 그리고 시스템을 지속하지 못했다. 갈등이 두려운 우리는 다수결이라는 이름으로 우리의 성장 시스템을 수시로 바꿔 갔다. 시스템이 흔들리면서 하고 싶은 사람만 하는 현상이 벌어졌다. 하고 싶은 사람끼리 열심히 하며 참여하지 않는 교사들에게 섭섭해했다. 교사의 자발성은 그냥 만들어지는 것이 아니었다. 학교를 개선하는 교사에 나온 '옆구리를 쿡 찌르기'가 필요하다. 끼리끼리 문화는 학교 변화의 큰 걸림돌이 된다. 모두가 함께하는 공유지를 넓혀 가야 문화가 생긴다. 존재로서 동료를 만나 서로를 지지하고 가치 있는 나를 발견할 수 있는 다양한 공유의 장이 마련되어야 한다.

2. 차이를 환대하며 비전을 공유하는 공동체

4년여의 헤맴으로 깨달은 바를 실천으로

> 우리 자신을 가지고
> 꽃을 피울 수 있다면,
> 불완전한 것은 아무것도 없는 꽃을
> 불완전한 것조차 감추지 않는 꽃을
>
> -드니스 레버토프

2016년 우리는 성장 강박에 사로잡혀 서로를 격려하고 지지하는 공동체를 만들어 내지 못했다. 우리는 여전히 무엇을 해내는 존재로서만 서로의 세상을 만나고 있었다. 우리는 서로의 삶에 대해 특히 교사로서의 삶을 제대로 만나 본 적이 없었다. 있는 그대로의 나를 드러내도 되는 안전한 공간이 필요했다. 2016년 전문적학습공동체는 교사로서의 삶을 나누는 과정으로 채워졌다.

방향의 공유를 위해 우리가 함께 만든 비전을 살려 내서 교사들 사이에 회자되고 논의되게 했다. 이를 위해 좋은 연수보다는 함께 모여 이야기하는 것에 비중을 두었다. 교육 방법보다 그 본질을 이야기하는 것을 중시했다. 수업 공개보다는 공동연구에 무게를 두고, 절차 민주주의보다는 숙의민주주의에 가까운 논의를 하기 위해 노력했다. 2016년은 교육의 본질에 대해 함께 나누며 우리가 누구이고 학교와 교육은 무엇인가 등에 대해 함께 나누는 시간을 많이 확보했다.

함께하는 시간은 '우리는 누구인가? 우리는 무엇을 하는 자인가?, 우리는 무엇을 알아야 하고 실천해야 하는가?'에 대한 우리의 이유를 찾아가는 과정이었다. 수업 공개 중심에서 공동 연구 중심으로 전환하기 위해 공동 구상 과정을 확보하고, 수업 공개가 혼자만의 몫으로 남지 않게 구조화했다. 공동 구상 과정을 통해 공동의 수업을 함께 디자인하며 우리의 수업을 만들어 갔다. 이 공동 구상의 경험은 서로의 교육과정을 함께 고민하는 시간으로 채워졌다. 이 경험은 자연스럽게 교사로서의 삶을 드러나게 했고, 수업과 동료에 대한 관심과 호기심을 살려 냈다. 그리고 그 호기심과 관심은 일상적 수업 공개로 자연스럽게 이어졌다.

2019년 현재, 웅곡중은 수업 공개가 일상적으로 일어난다. 동료의 수업이 나의 성장에 도움이 된다는 것을 경험했기에 자발적으로 수업을 열고 참관한다. 그리고 서로 수업의 연결점을 찾아 통합교육과정을 만들어 간다. 처음 수업 공개 중심으로 시도했던 방향을 공동 연구의 방향으로 전환하면서 교사들의 자발성이 살아났다. 결국, 서로에 대한 호기심을 살려 내는 게 공동체를 만들어 가는 방향임을 알게 되었다. 그리고 공동체 문화가 만들어진 학교의 교사들이 만들어 내는 교육과정에는 교사의 진심이 담기고 그 진심이 모여 아이들의 성장을 지원할 수 있음을 깨달았다. 웅곡중은 누구의 학교가 아니라 우리의 학교이다. 우리는 우리를 이어 갈 그 누군가를 포함한 개념이다. 모두를 리더로 만드는 것! 공동 주인 의지를 자극하는 학교문화 조성이 중요하다. 하지만 여전히 교사 간, 학년 간 온도 차는 남아 있었다. 특히 생활교육에 대한 인식 및 지도 차이가 크게 나타났다. 교육과정 평가회를 통해 다음 해의 과제로 회복적 생활교육이라는 과제를 도출하고, 함께 다음 해의 해결 과제로 삼았다. 이제 학교를 진단하고 우리의 다음 과제를 함께 해결하는 것이 자연스러워졌다.

이제야 찾은 안정기

2017년부터 유휴 교실 덕분에 온전한 학년부 체제가 확보되었다. 학년부를 중심으로 회복적 생활교육이 적용되었다. 함께 배우고 배운 것을 실천하며 평가회를 통해 의견을 내고 개선하는 선순환이 자연스럽게 학교의 시스템으로 자리 잡았다. 그 시스템 속에서 시기에 맞는 고민을 담아 함께 나누며 그렇게 응곡중 교사들은 모두가 주인이 되어 갔다. 부장교사들의 솔선수범은 함께하고픈 마음을 지속하게 해 주었다. 응곡중에서 부장교사를 하는 이유는 자신의 영달을 위해서가 아니라 더 나은 교육을 실현하기 위해서이다. 선배 교사의 삶의 모습은 이 길을 가는 후배 교사에게 어떤 교사의 삶을 살아야 하는지를 보여 준다. 그러한 선배 교사를 대하는 관리자와 동료들의 태도는 후배 교사들에게 앞으로 어떤 교사의 삶을 살아야 하는지를 결정하게 해 준다. 좋은 교사를 만난 교사가 좋은 교사가 되어 있었다. 닮고 싶은 동료가 많은 학교를 만들어 가는 것은 교사가 교사의 길을 사랑하게 만드는 길이다.

"사람들은 옳은 사람의 말을 듣기보다는 자신이 좋아하는 사람의 말을 듣는다."

드라마 〈송곳〉에 나오는 말처럼 시스템이 만들어지니 교사들은 사람을 보고 변해 갔다. 교사에게도 보고 배울 자가 필요하다. 학교에 다니는 것만으로 더 나은 나를 꿈꿀 수 있고 그 길을 지속하고 싶은 마음이 드는 학교는 닮고 싶은 교사 좋은 교사가 많은 학교이다. 바로 내 옆 동료의 실천을 보며 자신을 성찰할 힘이 생기며 그 성찰은 사유로 이어져 스스로 성장하고 변화하게 한다. 그리고 동료들이 나를 보는 시선은 끊임없이 나를 돌아보게 하며 성장하게 한다. 사람은 타인의 시선에 반응하며 자신을 만들어 가기 때문이다.

솔선수범하는 교사들의 연대는 학교 변화의 중요한 기반이 된다. 특히, 중간 리더의 역할을 하는 부장교사의 성장과 연대는 더욱 중요하다. 리더는 방법을 가르쳐 주는 자가 아니라 방향을 제시하는 자이다. 리더가 방법을 가르쳐 주는 자로 살 경우, 그 리더에게 의존하게 되고 리더가 사라지면 학교는 무너지게 된다. 그래서 우리는 끊임없이 방향을 공유하고 모두가 리더가 되기 위해 서로를 연결하며, 어떤 대단한 리더가 이끄는 학교를 만들지 않으려 노력했다. 그 전략 중 하나가 2~3년 차 된 교사를 중심으로 세우는 것이었다. 응곡중은 혁신학교 8년 동안 4명의 혁신부장이 있었다. 다음으로 이어지기 위한 터전을 마련하기 위해 2~3년 차를 혁신부장으로 세우고 혁신부장은 담임, 학년부장, 학생인권 부장을 하며 서로 지원하며 도왔다. 많은 혁신학교가 리더가 떠난 후 무너지는 이유는 '누구의 학교였기 때문이 아니었을까?' 사람이 중요하지만, 사람에게만 의지하면 이어지기가 힘들다. 사람과 사람의 연결로 그 역사를 이어 가게 할 필요가 있다.

"선생님들의 이야기를 쭉 들으며 우리 학교에는 교장이 참 많다. 우

리가 꿈꾸는 학교를 만들어 갈 수 있겠다는 생각이 들었어요."

2019년 2월 워크숍의 마지막 날 서클을 하며 소감을 나누는 자리에서 모든 이의 이야기를 다 들은 후 마지막에 교장 선생님이 남긴 이 말은 우리에게 시사하는 바가 크다. 모두가 주인으로 살고 있음을 증명하는 말이기 때문이다. 이는 권한 위임이 어떻게 교사를 살아나게 하는지를 보여 주는 말이기도 하다. 자발성은 자율과 숙의의 결과이다. 자율성이 없이 자발성은 있을 수 없다.

함께 성장하는 공동체를 경험한 교사들은 응곡중의 이러한 공동체 문화가 무너지지 않았으면 좋겠다고 말한다. 그리고 이런 학교를 만든 역사를 궁금해한다. 그래서 가장 힘든 시기 응곡중에 머물렀던 선임 교장 선생님을 초대해 응곡중의 시행착오 과정을 함께 듣는 시간을 마련했다. 선임 교장 선생님의 이야기가 끝나자 현임 교장 선생님이 앞으로 나가서 선임 교장 선생님께 90도로 정중히 인사를 드렸다. 그리고 울먹이면서 이렇게 말씀하셨다.

"응곡중이 열 번째 학교인데, 제가 꿈꾸던 학교를 이제야 만났습니다. 응곡중에서는 아이들을 위해 참 많은 일이 곳곳에서 일어나는데, 우리 학교 선생님들께서는 놀랍게도 모두 협력하며 자발적으로 하십니다. 교장 선생님! 이런 학교를 만들어 주셔서 정말 감사드립니다."

이 말씀에 우리 모두 눈시울이 뜨거워졌다. 우리는 누구나 좋은 학교, 좋은 교육, 좋은 교사를 꿈꾼다. 다만 지금 여러 가지 이유로 그 꿈을 이루지 못하고 있을 뿐이었다.

응곡중은 '나를 따르라! 우리 학교는 이러니 따르라!'라고 말하지 않는다. 끊임없이 우리의 방향을 공유하고 함께하기를 기다린다. 하지만 우리가 약속한 최소한의 실천 약속은 꼭 함께 실천해야 한다는 암묵지가 존재한다. 그 암묵지를 실천하게 하는 힘은 동료와 함께하는 경험의 축적에 있다. 교사의 윤리성은 동료와의 연결됨에서 비롯되며 능동적 사유로 만들어진다. 교사가 서로에게 의미 있는 타자로서 존재하면 서로로 인해 깨달음의 순간이 생기게 된다. 그리고 "나의 수업은 옳은가? 나의 교육은 옳은가?"라는 사유의 질문을 자신에게 하게 된다. 스스로 사유하는 교사는 무너지지 않는다. 그리고 사유는 성장을 만들어 내며, 동료에게 선한 영향을 미친다.

무언가에 대한 첫 번째 생각은 생각이 아니라 반응이다. 그 반응을 다시 살펴보는 것이 생각이며, 그 생각이 옳은지를 다시 생각하는 것이 사유이다. 사유 후 일어난 실천은 반응으로 실천하는 것과는 차원이 다르다. 교사에게 사유가 일어나야 교육과정도, 수업도, 생활교육

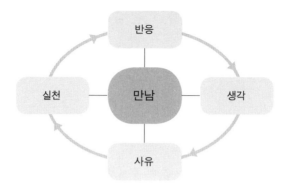

도, 학교문화도 변화할 수 있다. 그래서 학교에서 할 일은 이 선순환이 이루어지기 위해 교사에게 마음의 공간을 만들 기회를 주는 것이다. 깨달음의 순간순간이 모여 마음의 공간을 만든다. 그 깨달음은 많은 부분 사람과의 만남에서 비롯된다. 그래서 교사와 교사를 연결해 좋은 학교문화와 공동체를 만드는 것이 중요하다.

그런데 학교는 다양한 가치가 갈등을 빚는 곳이기에 그 연결이 쉽지 않다. 파커 파머는 '공동체란 각기 다른 개인이 모여 공동체 의식을 발현하여 공동의 목적을 이뤄가는 단체'라고 정의했다. 공동체는 공동의 목적을 성취하기 위해 내 것을 상대에게 주입하는 것이 아니라 다른 사람을 이해해 가며 함께 변해 가는 것이므로, 공동체를 형성하려면 개인과 개인 사이 간극과 차이를 조율하는 힘이 필요하다. 공동체는 차이에 대한 환대에서 비롯되며 공공선을 지향하는 인간의 본성에 대한 믿음과 다른 사람을 이해하며 함께 변해 가려는 태도로 실현될 수 있다. 차이를 환대하는 실천은 서로에게 마음을 주는 것이고, 상대에게 드는 생각을 다시 하는 힘을 갖는 것이며, 논쟁이 아닌 서로를 이해해 가는 대화를 끊임없이 이어 가는 것이다.

차이는 공존의 대상이 아니라
감사의 대상이어야 하고
학습의 교본이어야 하고
변화의 시작이어야 한다.

-신영복

서로의 개인성을 인정하고 함께 문제를 인식하며 실천해 갈 때 차이는 변화를 위한 시작의 역할을 할 수 있다. 모두가 모두에게 배우며 서로로 인해 사유하며 정체성을 만들어 가는 일련의 경험의 축적 속에 우리는 우리가 아이들을 만나 교육하는 이유를 찾을 수 있으며, 우리의 신념과 관점을 함께 공유할 수 있게 된다. 우리는 그것을 비전이라고 부르기도 한다. 학교는 좋은 사람들이 함께하는 단순한 모임이 아닌 공동의 비전을 세우고 함께해야 할 책임을 지닌 공동체이다. 그리고 문화는 여러 사람의 지속적인 실천으로 만들어진다. 그것은 공유지를 넓히는 일이며 서로의 이야기로 학교를 채워 가는 과정이며 역사 속의 존재가 되는 과정이다. 결국은 세상과 세상이 만나는 것이다.

어떤 경우에는
내가 이 세상 앞에서
그저 한 사람에 불과하지만

어떤 경우에는
내가 어느 한 사람에게

세상 전부가 될 때가 있다

어떤 경우에도
우리는 한 사람이고

한 세상이다

-이문재, 「어떤 경우」

따뜻한 공동체 안에서 우리는 자신도 모르는 새로운 자신을 발견하고 자신을 가치 있게 여기게 된다. 따뜻한 공동체는 어떻게 만들어지는가? 그것은 살아온 삶, 살아가는 삶, 살아갈 삶에 대한 환대와 지지로 가능하다. 우리가 잊어서는 안 되는 것은 학교는 사람의 공간이며, 사람이 오는 곳이며, 그 사람들의 삶으로 채워지는 공간이라는 사실이다. 교육은 사람과 사람의 일이기에 삶을 떠나서는 진심을 담기 어렵다. 그동안 우리는 해내야 하는 일에 정신이 팔려 내 앞의, 내 옆의 사람을 보지 못하고 있는 듯싶다.

그동안 우리는 어떤 대우를 받아 왔고 어떻게 서로를 대우해 왔는가? 사람은 언제 변화하는가? 의미 있는 타자를 만나는 것은 '나'의 정체성을 찾아가는 길이자 '우리 정체성'을 찾아가는 길이다. 어떻게 하면 '나'의 정체성이 '우리'의 정체성에 가닿을 수 있는가? 환대, 소통, 지지, 수용의 경험이 그것을 가능하게 한다. 다음은 환대, 소통, 지지, 수용의 경험이 응곡중의 전통이 된 것들이다.

• 환대의 시간: 전입, 신규 교사 환영회, 이벤트가 있는 환영회

- 살아갈 삶에 대한 지지: 신규 교사 100일 잔치, 1정 교사 연수 축하 잔치
- 살아 온 삶에 대한 지지: 교직 생애 나누기, 환갑잔치
- 살아가는 삶에 대한 지지: 모두가 함께하며 모두가 주인공인 따뜻한 전문적학습공동체(비전 공유와 음미, 교육과정 나눔, 수업 나눔, 일상의 수업 초대, 공동 구상, 전 교직원과 함께 하는 교육과정 평가회 등)

처음에는 교사가 행복하면 학교가 아이들이 행복하다고 생각했고, 그 행복이 편안함인 줄 알고 함께 교사 편의주의에 빠지기도 했다. 교사의 행복은 편안함이 아니라 기꺼이 교사의 일에 책임을 다하며 자신의 존재 이유를 찾아가는 것이었다. 많은 학교가 좋은 교사들의 모임에 머물고 있다. 그 좋은 교사들이 자기 역할을 기꺼이 하며, 책임을 다하는 학교를 만드는 것은 결국 집단적 사유로 본질과 정체성을 찾아가는 길이다.

교육의 원점은 교사이며 교사의 인격이 교육이라는 가치를 창조하는 근원이다. 교사 한 명 한 명이 교육과정이며 세상이다. 그리고 이 세상은 다른 사람의 삶에 긍정적이든 부정적이든 영향을 미친다. 교사는 학생뿐 아니라 동료에게도 영향을 끼친다. 교사들은 동료 교사에 대한 경험을 통해 자신을 성찰하며 자발적으로 변화·성장한다. 어떤 동료를 만나는가에 따라 교사의 성장과 변화가 좌우된다. 그러므로 더 많은 교사가 좋은 교사로 살 수 있는 문화를 지닌 공동체를 형성하는 것은 매우 중요한 의미를 지닌다.

선은 두 개의 점이 있어야 그릴 수 있다. 나부터 그런 삶을 실천하

는 교사로 사는 것은 하나의 점을 만드는 일이다. 그 점이 연결되어 선이 되고 면이 되고 입체가 될 수 있다. 학교혁신을 위해 전제되어야 할 많은 것들이 미비한 지금의 상황에서 우리가 할 수 있는 최선은 '나'라는 작은 점을 만들어 동료와 함께 교사 그 길을 사랑하며 함께 걷는 것이다. 학교혁신은 이러한 교사들의 평범한 결심의 지속적이고 진지한 실천의 연대로 서로로 인해 공명하며 그렇게 희망을 만들어 왔다.

내년 응곡중은 최대의 위기를 맞게 된다. 주변의 개발로 인해 1학기에는 3개 학급이 늘고, 2학기에는 7개 학급이 는다. 또 1년만 머물 교사들이 20여 명이 늘어난다. 특별실을 교실로 써야 하는 상황이다. 게다가 학교문화를 함께 만들어 간 교사들이 학교 만기로 대거 떠나야 하는 시기이다. 우리는 또다시 위기에 봉착하게 될 것이고, 또다시 서로의 차이로 인해 갈등할지 모른다. 하지만 이제 갈등을 피하려 하지 않을 것이다. 우리는 기꺼이 차이를 변화와 성장의 기회로 삼을 것이다. 학교는 가치 공동체이자 책임 공동체이기에 우리는 아프더라도 끊임없이 서로로 인해 진동해야 함을 오랜 경험으로 알고 있기 때문이다. 그리고 다시 우리는 교육, 교사, 학교의 본질에 대해 다시 이야기를 시작할 것이다. 그렇게 모든 교사는 좋은 교육, 좋은 교사를 꿈꾼다는 따뜻한 전제를 품고 모두를 성장에 초대하고 함께 정체성을 만들어 가며 서로에게 의미 있는 타자가 되어 진짜 동료가 되어 갈 것이다. 10여 년의 시행착오를 통해 깨달은 것들은 우리에게 등대가 되어 줄 것이다.

● 10여 년의 시행착오로 깨달은 것 10가지

1. 시스템 구축만이 전부는 아니지만 전제되어야 한다(필수).

2. 문화는 집단적으로 함께 지속할 때 만들어진다.

3. 방법이 아닌 방향과 거시적 전략이 있는 윤리적 리더가 필요하다 (보고 배울 자, 학교를 사랑하는 리더).

4. 교사와 교사 간의 수평적, 정서적 관계 형성에 바탕을 둔 공동체 형성이 중요하다.

5. 일상적인 협력 관계를 교육과정, 수업, 생활교육으로 연결되도록 해야 한다.

6. 사람을 키우는 일에 정성을 들여야 지속할 수 있다(2년 차를 주인 으로 세우는 일).

7. 지향하는 가치가 같은 사람끼리만 모이는 것은 다른 사람들에게 소외감을 준다(끼리끼리 문화 형성, 왜곡된 협력 우려).

8. 교사와 교사를 연결하기 위한 장기적 전략이 필요하다.

9. 함께 교육의 본질에 대해 사유하고 성찰하자(교사가 큰 질문의 주 인이 되도록).

10. 교사의 자발성이 정말 자발적으로 생길 거라는 믿음은 잠시 내려 놓자. '옆구리 쿡 찌르기'가 필요하다. '옆구리 쿡 찌르는 사람'을 늘 려 가야 한다.

학교가 모든 이에게 나의 존엄이 환대받는 곳, 서로로 인해 빛날 수 있는 곳, 나도 모르는 나를 발견하는 곳, 내가 가치 있는 사람임을 확 인받을 수 있는 곳이기를 기대한다. 이러한 학교는 모두가 모두로 인 해 사유하며 우리의 정체성을 만들어 갈 때 가능하다. 따뜻한 공동체를 경험한 사유하는 교사들이 만들어 가는 학교, 학급, 수업은 분명 다름을 우리는 이미 경험했다. 잠재적 교육과정을 포함한 모든 교육과 정은 교사들의 사유를 통해 실천될 때 진심이 담긴다. 그리고 교사의 그 진심들이 모였을 때 기적 같은 일들이 벌어진다.

성장

응곡중 학생회

응곡중학교에서 성장한다는 것은
공사 중인 계단을 오르는 것이다.
어느 곳은 잘 다듬어져 있지만
어느 곳은 울퉁불퉁한 그런 계단
우리는 함께 배움을 통해 울퉁불퉁한 계단을 다듬어 간다.

응곡중학교에서 성장한다는 것은 교정기와 같은 일이다.
치아와 교정기처럼 서로 잘 맞지 않은 상태에서 시작해 공
동체의 결과물을 만들어 내기 때문이다.
공동체란 결과물을 만들어 가는 과정은
다소 교정기를 끼었을 때의 아픔같이 힘들 수 있지만
그 과정이 있기에 우린 성장한다.
힘든 시간을 모두 겪고 난 후 뿌듯해하는
나의 모습을 보면 잘 성장했다는 생각이 든다.

나는 실패하는 것도 성장할 수 있다고 생각한다.
왜냐하면, 그에 대한 해결 방안을 찾음으로써

우리는 나중에 그 실패를 극복할 수 있다.
고난이 있으면 그 고난을 이겨 내면 성장하는 법이다.
그 고난도 하나의 경험이라고 생각하면 되지 않을까?

어렸을 때는 외국인과 말이 통할 거라고는
개미 발톱만큼도 상상하지 못했는데
학기 말 여행을 가면 외국인들과 말이 통한 것은 기적 같
았다.
나도 기적같이 사람들 앞에 서서 연극을 했다.
이처럼 상상치도 못한 기적 같은 일들이 일어날 때 성장
하는 것 같다.

우리는 울퉁불퉁한 계단을 다듬어 갈 때
교정기를 끼었을 때의 아픔을 통해 우리는 성장한다.
그렇다면 우리는 성장하고 있는 중일까?

위의 시는 학생들이 2월 워크숍 비전 음미하기 활동에서 '성장'을 키워드로 쓴 공동 시이다. 우리가 하는 일은 마치 콩나물시루에 물을 붓는 것과 같아서 모두 흘러내려 버리는 것 같을 때가 많다. 그래서 더 불안하고 때로는 허무할 때도 있다. 하지만 이렇게 아이들은 성장하고 있고, 그런 자신의 경험을 '기적 같다'라고 표현했다. 공동 시 발표를 들으며 응곡중 선생님들은 너도나도 눈물을 훔쳤다. 응곡중 교사들은 서로로 인해 많은 것을 깨달았다. 그리고 예전과는 다른 교사로 살아가고 있다.

> 깨달음이 그렇다. 깨닫기 전에는 인생이 편하다. 하지만 깨닫고 나면 걸리는 게 많아진다. 깨달았으니까 똑같이 살면 안 되는 것 같다. -김영학, 「곰탕」중에서

　우리는 예전으로 돌아가기를 원하지 않는다. 그리고 또 똑같이 살기를 원하지도 않는다. 서로로 인해 성장하기를 기대하며 교사로서의 내일의 내가 기대된다. 때로는 힘들고 때로는 헤맬 때도 있지만 우리는 함께 그 길을 갈 것이다. 우리 교사들은 가능해 보이는 일만 해 오지 않았다. 가능해서가 아니라 교사 우리가 해야 하는 일이기에 진심을 담아 왔다. 교사의 진심들이 모여야 역사를 만들고 뿌리 깊은 학교를 만들어 갈 수 있다.

　학교와 교육을 고민했던 그 모든 과정은 우리가 만나는 아이들을 사랑하는 과정이었으며, 아이들을 사랑하는 것은 결국 우리 자신을 사랑하는 것이었다. 이 글을 읽는 선생님들이 교사의 길을 사랑하시기를 그리고 그 길을 동료와 연대하며 걸어가시기를 기대한다. 우리의 지속적이고 진지한 실천들이 모여 발자취를 남기고 그 발자취는 누군가에게는 희망이 될 수 있기에, 그 희망이 모이면 어쩌면 우리 아이들이 살아갈 세상은 지금보다는 나은 세상일지 모르기에 어른으로서 책임을 다해 보는 것이다. 다음 세대의 세상을 걱정하고 꿈꿔야 하는 존재가 어른이기에 어른으로서 교사로서 이 길에 진심을 담아 본다. '교사로서 이 세상에 대한 선생님의 책임은 무엇인가?'라는 질문을 드리며 글을 마치고자 한다.

3.

희망으로 반짝이는
은여울 이야기

은여울중학교

" 학생은 자기존엄을 바탕으로
서로 인정하는 관계를 맺습니다. "

박창호

은여울중학교 교장 선생님. 가정에서 제대로 돌봄을 받지 못하는 아이들이 많았던 초임지에서 지식보다는 실천적인 삶의 교육이 더 중요하다는 것을 깨달았다. 수업 시간에 입시보다는 삶을 이야기하며, 공부로 지친 아이들에게 여백이 있는 시간을 만들려고 노력했다. Wee 프로젝트를 통해 안전한 교육환경을 만들기 위해 고심하였으며, 지금은 대안학교에서 아이들과 함께 살아가면서 아이들을 통해 삶을 더 깊게 배워 가고 있다.

여울은 물을 건강하게 하는 통로다.

여울에 사는 물고기는 늘상 몸을 움직이며 역동적으로 살아간다.

물살을 거슬러 올라가는 물고기들의 모습은 생생한 우리 아이들의
모습 그대로다.

은여울에 반짝이는 햇살처럼 모든 아이들의 눈망울이 희망으로 반
짝이는 학교

거센 물살 안에서도 희망을 키워 가는 학교

쉬었다 가도, 한눈팔아도, 다른 길로 가도

괜찮다 괜찮다 다독여 줄 수 있는 따스한 교육공동체로서의 학교,

바로 우리 은여울중학교가 지향하는 그런 학교다.

1. 새로운 시작

은여울중학교는 청명학생교육원에서 시작되었다. 청명학생교육원은
학교에 적응하지 못하는 아이들을 폭탄 돌리듯 다른 학교로 전학시키

지 말고, 직접 품고 가르쳐 보자는 큰 뜻으로 충북교육청이 설립한 대안교육기관이었다. 그런데 아무리 의도가 좋았어도, 교육을 받고자 하는 학생이 없다는 점이 문제였다.[1] '문제아 집합소'라는 부정적 이미지가 낙인으로 작용하지 않을까 하는 염려였으리라. 결국 존폐에 대한 고민과 함께 숱한 논의 끝에 대안학교로의 전환을 결정하였고, 그것이 은여울중학교다.

청명… 공립 대안교육기관이 가지는 한계

2000년대 들어 학교폭력 문제가 커다란 사회적 이슈로 대두되었다. 이에 따라 정부는 2008년부터 학교 안전망을 구축하기 위한 사업을 추진했다. 위(Wee) 프로젝트가 그것이다. 가족적 위기, 기질적 문제, 심리적 문제로부터 야기되는 학교 부적응 문제와 학업중단 문제를 제도적인 안전망 구축을 통해 해소하려 한 것이다.

청명학생교육원은 2008년 Wee 프로젝트의 시작과 함께 준비되어, 2010년에 Wee 스쿨로 만들어졌다. 그리고 학교를 그만 둘 위기에 놓인 학생들을 대상으로 위탁교육을 실시했다. 그렇지만 시일이 지나면서 청명학생교육원에 한계가 나타나기 시작하였고, 그 한계가 법적·제도적인 문제로부터 기인한 것이어서 극복조차도 쉽지가 않았다.

우선 가장 큰 문제는 교원의 재직 기간이 짧다는 점이었다.

청명에서 교사가 재직할 수 있는 기간은 1년이었다. 한 번 연장은 가능하니 최대 2년까지 재직할 수 있었다(이것은 법으로 규정된 것이다).

학교에서 재직 기간이 짧다는 것 자체가 문제일 수는 없지만, Wee

---

1. 2010년 설립될 당시에는 40명 정원에 36명의 학생이 교육을 받았으나, 해가 갈수록 그 숫자가 줄어 2016년에는 교육생이 10명 내외로 줄어들었다.

스쿨에선 이것이 치명적인 약점이 되었다. 왜냐하면 다양한 유형의 아이들을 만나야 하는 Wee 스쿨은 학문적 깊이보다는 축적되고 용해된 경험들이 오히려 더 큰 생명력을 가지는데, 그러한 경험을 축적할 시간이 충분하지 않았기 때문이다. 아이들과 만나면서 내면화된 경험은 교사에게 강력한 힘으로 작동한다. 그런데 겨우 아이들을 이해할 때쯤이면 교사는 떠나야 한다. 안타까운 것은 새로운 교사가 와서 똑같은 경험을 똑같이 되풀이한다는 점이다. 결국 청명에서의 경험은 교사에게 내면화되기도 전에 안타깝게도 그저 교사를 소진시키는 강렬한 불꽃으로 끝나 버린다. 이전 어느 학교에서도 쉽게 접하기 힘들었던 경험들이 새로운 생명력을 얻지 못하고 사라져 버리는 것이다. 그러므로 경험이 켜켜이 쌓여 교사의 성장으로 이어질 수 있도록 물리적 시간을 확보하는 것이 청명에서는 절실히 필요한 문제였다.

둘째, 청명이 안고 있는 또 하나의 문제는 관리자의 전문성 부족이었다.

청명은 교육청 직속기관이었으므로 교육적 경륜과 소신이 있는 분이 원장으로 임용되었다. 그렇지만 이러한 경륜과 소신이 곧 청명에서 필요로 하는 전문성으로 직결되는 것은 아니었다. 오히려 원장의 교육적 소신은 아이들을 한 방향에서만 바라보고 판단하는 오류를 낳기도 했다. 대표적인 것이 위탁 기간의 제한이었다.

아이들이 처한 상황과 기질에 따라서 아이들의 위기는 다 다르다. 그러므로 아이를 만나는 방법도 기간도 다 달라야 한다. 그런데 새로 부임한 원장이 여러 아이들에게 위탁의 기회를 골고루 주어야 한다는 명분으로 위탁 기간을 제한했다. 결국 골이 깊은 아이들은 상처가 미처 어루만져지지 못한 채 돌아가야 되었고, 급기야 교육 효과에 대한 회의와 실망으로 이어졌다. 더 많은 아이들에게 기회를 준다는 정책이 교육을 기피하는 원인으로 작용하면서 낙인효과만 부각시키는 결과로 이어졌다.

게다가 관리자의 잦은 교체도 안정된 환경을 만드는 데 걸림돌이 되었다. 6년 반 동안 7명의 원장 교체는 결과적으로 돌봄과 치유를 바탕으로 한 교육과정을 흔들어 대는 역할을 했다. 따라서 뿌리 깊은 나무처럼 버틸 수 있는 견고한 교육과정을 더욱 무성하게 자라게 할 수 있는 전문성을 갖춘 관리자가 절실히 요구되었다.

이러한 요인들을 극복하기 위한 제도적인 보완, 그것이 학교로의 전환이었다.

전환 이후

청명이 학교로 전환되면서 장기간 근무가 가능해졌고, 현장에서 아이들과 만나는 경험들이 고스란히 교사의 삶으로 녹아들 수 있는 여건이 만들어졌다. 어디서도 쉽게 만날 수 있는 경험들이 아니기에, 작은 경험, 심지어는 실패한 경험조차도 교사들에게는 의미 있는 경험들로 기억되며 축적되고 있다. 이러한 경험들이 켜켜이 쌓이면서 교사에게 내면화되어 더 강한 생명력을 지니게 될 것이다. 그리고 그 생명력이 아이들을 키울 것이고, 그것을 지켜보면서 교사도 함께 성장할 것이다.

학교로 전환된 후 놀라운 변화 중에 또 하나는 교직원들의 학습·연구 풍토가 살아나고 있다는 점이다. 다른 학교보다 더 힘든 근무 환경이라는 점을 염두에 둔다면 언뜻 이해가 되지 않는다. 그런데도 교사들은 수시로 연수하고 협의하는 시간을 가진다. 전문학습공동체가 크게 활성화되고 있는 것이다.[2] 이는 아마도 자신들이 만나는 경험에 대한 갈증을 해소해가는 과정으로 풀이된다. 자신이 직면한 경험과 그 경험의 의미가 무엇인지, 또 그러한 상황 속에서 어떻게 생각하고 어떻게 느끼고 어떻게 행동해야 할지 서로 이야기하면서, 경험에 생명력을 불어넣는 내면화 과정일 것이다.

관리자의 잦은 교체로 인한 전문성 문제도 해결되었다. 교장공모제 등을 통해 학교에서 필요로 하는 관리자를 임용할 수 있는 기반도 만들어졌다.

그렇지만 학교로 전환된 이후 모두 다 좋아진 것만은 아니다. 오히려 학교로 전환되어 생겨난 문제점들도 있다. 보편화된 학교가 아니다 보니 법률적으로 아직 미비한 점들이 많다. 법률적 미비점은 대안학교의 탄력적 교육과정 운영에 제약을 주거나, 교원의 복지에 제약을 줄 때가 있다. 교원 정원이나 인사도 일반 학교와는 많이 달라야 하지만, 아직 그 범주에서 벗어나지 못했다. 예산도 또한 그렇다. 교육활동의 특성을 감안하여 예산을 편성해야 하지만(청명 때는 그랬다), 전국적으로 표준화된 경비를 배부받아서 그 경비에 맞게 학교를 운영하고 교육활동을 구상해야 하기 때문에 어려움에 봉착할 때가 많다. 그렇지만 이러한 문제들은 수고로움이 따라서 그렇지, 노력하면 해결 가능하다는 점에서 희망적이라고 할 수 있다.

---

2. 2019년 현재 교육과정과 관련된 5개의 학습공동체가 매주 정기적으로 사례회의 및 연수를 진행하고 있으며, 독서토론반, 중창반 등 6개의 교직원 동아리가 조직되어 활발한 활동을 펼치고 있다.

2. 바탕 생각

은여울중학교 교육활동의 가장 밑바탕을 이루고 있는 생각이다.

모든 인간은 존엄하다

단순하고 자명한 명제이다. 누구라도 인간으로서의 존엄과 가치를 가진다. 당연히 그래야 한다. 그런데 현실에선 어떤가? 인간으로서의 존엄과 가치가 정말 존중되고 있는가? 다문화라고 놀림을 당하거나, 장애가 있다고 차별받고 있지는 않은가? ADHD라고 따돌림을 당하거나 화를 잘 낸다고 교실에서 소외되고 있지는 않은가?

행동이 부적절하다고 해서 존재 자체로서의 존엄성이 무시되어서는 안 된다. 학교 부적응, 학업 중도 포기가 대부분 다름을 인정하지 않는 학교문화에서 시작되고 있다는 것은 안타까운 일이다. 누구라도 외모나 성격, 국적, 학습 능력, 가정 형편 등이 다르다고 차별받아서는 안 된다. 모든 인간은 존엄하다.

위기는 과정일 뿐이다

누구나 다 성장 배경이 다르다. 서로 다른 배경 속에서 각자가 다른 삶의 방식과 가치관을 배운다. 사람과 사람이 만나는 것은 서로 다른 가치관과 서로 다른 삶의 방식, 서로 다른 문화가 만나는 것이다. 그런 만남 속에서 갈등은 어쩌면 당연할 수밖에 없다. 그 갈등이 해결책을 찾으면 성장이 되지만 해결책을 찾지 못할 때 위기가 된다. 따라서 위기란 그 자체로서 크기가 있는 것도 아니며, 그 자체로서 문제가 있는 것도 아니다. 아직 받아들이기 힘든 가치관, 살아 보지 못한 삶의 방식과 문화를 어떻게 감수해야 할지 겪는 필수적인 혼란 과정이다.

모든 삶을 살아 본 사람은 없다. 그래서 위기를 겪지 않는 사람도 없다. 중요한 것은 위기를 겪지 않는 것이 아니라 그 위기를 어떻게 극복하느냐다. 위기를 넘을 수 있다면 그것은 이미 위기가 아니다. 위기를 극복하고 나면 삶은 더욱 풍요로워진다. 새로운 가치관, 새로운 삶의 방식, 새로운 문화와 만나기 때문이다.

우리가 만나는 아이가 지금 위기를 겪고 있다면, 그건 이 아이가 문제아라서가 아니다. 이 아이는 지금 새로운 가치관, 새로운 삶의 방식, 새로운 문화와 만날 중대한 기로에 서 있다. 위기는 누구나 겪는다. 위기는 다만 과정일 뿐이다.

공동체는 변화의 주요한 도구이다

공동체에서는 각기 다른 가치관과 각기 다른 삶의 방식, 각기 다른 문화와 늘 마주해야 한다. 따라서 공동체는 자신이 다른 사람과 어떻게 다른지, 또 그 다름 속에서 어떻게 함께 살아갈 수 있는지를 가장 선명하게 보여 준다. 게다가 공동체는 '연대'가 가지고 있는 힘까지 있어 강력하기까지 하다. 그러므로 은여울에서 공동체는 변화과정의 맥락인 동시에 방법이다.

은여울은 학생들에게 변화를 강요하지 않는다. 다만 근본적으로 변화가 일어날 수 있도록 최적의 조건을 만들어 준다. 그리고 조금씩, 좀 더 천천히 공동체의 힘을 가해 들어간다. 은여울의 공동체가 다른 형태의 공동체와 구별되는 것은 공동체를 방법으로 사용한다는 점이다. 참여와 책임, 관계에 초점을 두고 치밀하게 구조화된 공동체는 긍정적 사회정체성 요소를 개발할 수 있는 기회와 맥락을 제공한다. 지위체계

속에서 지위를 올리고, 다른 사람을 위해 역할 모델이 되며, 공동체 안에서의 역할과 직업을 스스로 설정하고, 다른 사람들과 새로운 관계를 형성해 나간다. 자신이 공동체와 연결되어 있다는 인식을 통해 은여울에서 아이들은 심리적인 상처를 치유하고 태도와 가치, 행동을 변화시키며 배움에 마음을 일으켜 넓은 배움의 바다로 항해를 시작한다.

성장 지향적이어야 한다

은여울에서 지향하는 성장이란 곧 행복이다.

아이들은 교사가 하고 있는 말을 통해서 변화하는 것이 아니라, 교사가 하고 있는 행동을 지켜보면서 변화한다. 아이들이 성장하려면 교사가 성장해야 한다. 아이들이 행복하려면 교사가 행복해야 한다. 자신을 성장시키지 못하면 다른 사람도 성장시킬 수 없으며, 자신을 행복하게 하지 못하면 다른 사람도 행복하게 할 수 없다.

은여울에서 모든 활동은 아이들의 성장을 지향하고 견인해야 한다. 수시로 교육과정을 검토하고, 수정하고 공동체의 구조를 돌아보면서 되물어야 한다. 지금 이 모든 활동은 아이들의 성장을 견인하고 있는가? 아이들의 행복을 견인하고 있는가?

3. 교육 목표와 그리는 인간상

학교교육 목표

자아존중감 회복, 자아정체성 확립, 건강한 심신 단련,
창의융합력 발현, 공동체의식 함양

학교의 모든 교육활동은 학생들의 '자아존중감 회복', '자아정체성 확립', '건강한 심신 단련', '창의융합력 발현', '공동체의식 함양'을 목표로 하고 있다.

은여울인은 자아존중감을 회복하여 자기 자신을 소중하고 가치 있다고 여김으로써, 자신에게 맡겨진 일이나 닥친 일들을 회피하지 않고 최선을 다하면서 슬기롭게 헤쳐 나갈 것이다.

은여울인은 자아정체성을 확립하여 자신의 관심 분야와 성격, 취향, 가치관에 맞는 건전하고 건강한 인간관, 세계관, 미래관을 갖추어 갈 것이다.

은여울인은 위기 극복 프로그램이나 다양한 창의체험활동을 통해 건강한 심신을 단련하여 행복한 삶의 토대를 만들어 갈 것이다.

은여울인은 '왜?'라는 질문으로 늘 새롭게 생각하고자 노력하며, '어떻게'라는 질문과 고민을 통해서 새로움을 창출하는 힘을 키워 가면서 창의융합력을 발현시켜 갈 것이다.

은여울인은 공동체의식을 함양하여 '나만이 할 수 있지만, 나 혼자서는 할 수 없습니다'라는 생활철학으로 자신과 다른 사람들에게 더 좋은 사람이 되기 위하여 노력하고, 자신은 물론 다른 사람과 그들의 생각을 존중하며 함께 살아갈 것이다.

추구하는 인간상
바른 인성으로 배움을 즐기는 은여울인

우리 학교가 추구하는 인간상은 '바른 인성으로 배움을 즐기는 은여울인'이다. '바른 인성'이란 다른 사람에게는 물론이고 자신에게도 한 점 거짓 없고 부끄러움 없이 당당할 수 있다는 것, '배움을 즐긴다' 는 것은 언제 어디서나 배움에 마음을 열고 배움의 씨앗을 심으며 그 씨앗을 키워 가는 과정 속에서 참된 자신의 모습을 찾아간다는 것으로, '바른 인성으로 배움을 즐기는 은여울인'은 자신과 다른 사람들에게 더 좋은 사람이 되기 위하여 노력하는 사람을 말한다.

4. 세 개의 축

배움이란 사람과 사람 사이의 관계나 개인이 가지고 있는 내적 상처, 그 상처를 입힌 환경을 도외시하고는 일어날 수 없다. 그래서 우리 학교는 상담 및 심리치료를 통한 내적 치유를 기반으로 학교 부적응과 함께 수반되는 교과의 결핍을 채우고, 부적절한 대처 방식은 수정하고, 결핍된 대처 방식은 익힐 수 있도록 체계적인 교육과정을 편성하여 교수-학습 활동을 실시한다. 따라서 지식 중심의 교과로 구성된 일반 학교의 교육과정이나 교수-학습 활동과는 매우 다른 교육활동이 이루어진다. 이러한 교육활동은 다음과 같은 세 개의 큰 축을 중심으로 만들어지며, 이것이 은여울중학교를 구성하는 세 개의 축이다.

하나는 배움이 일어날 수 있도록 돕고 지원하는 환경의 축이며, 다른 두 개는 이 축을 토대로 세워진 배움의 축이다. 환경의 축은 '안정'을 모토로 하고, 배움의 축은 '비움'과 '채움'을 모토로 한다. 안정된 환경은 토양과 같고, 비움과 채움은 배움의 싹을 틔우고 키우는 습도와 온도 같다고 할 수 있다.

안정된 환경

우리 학교에서 가장 중요하게 여기는 것은 '안정된 환경'이다. 안정된 환경이란 건강한 대처 방식을 두려움 없이 배울 수 있는 더 좋은 돌봄의 환경을 말한다. 따라서 안정된 환경이란 물리적 환경을 의미하는 것이 아니다. '비움'과 '채움'의 순환 활동이 두려움 없이 일어날 수 있도록 격려하고 지지하고 지원하는 심리적 환경을 의미한다. 이러한 심리적인 환경을 유지하기 위하여 교사에게 요구되는 세 가지의 소양이 있다. 따뜻함과 명료함, 느긋함이 그것이다.

건강한 숲을 위하여 따사로운 햇살이 필요하듯, 안정된 환경을 위하여 교사는 아이들에게 따뜻하여야 한다. 늘 아이들의 감정을 살펴야 하며, 실수를 용인하고, 아픈 곳은 없는지, 밥은 먹었는지 관심을 가져야 한다. 따뜻함이란 교사가 지녀야 할 태도이며, 은여울의 교사의 가장 기본적인 소양이라고 할 수 있다.

둘째는 명료함이다. 햇살만 있으면 숲도 사막으로 변한다. 건강한 숲을 위해서는 바람도 불어야 하고, 비도 내려야 한다. 거센 태풍을 견디면서 나무들은 뿌리를 더 깊이 내리듯, 안정된 환경을 위하여 교사는 명료하여야 한다. 되는 것과 안 되는 것, 바른 것과 틀린 것을 분명하게 제시하여 경계를 바르게 쳐 주어야 한다. 명료함이란 내용의 문제이며, 은여울 교사가 갖춰야 할 중요한 소양이다.

셋째는 느긋함이다. 씨앗이 떨어졌다고 바로 싹이 돋는 게 아니다. 싹이 트고 꽃이 피어나기 위해서는 시간이 필요하고 기다림이 필요하다. 건강한 숲을 위해서는 싹이 돋아날 때까지, 꽃이 필 때까지 기다려야 하는 것처럼, 안정된 환경을 위해서 교사는 느긋해야 한다. 즉, 느긋함이란 변화와 성장에 대한 신념을 말한다. 이 아이가 언젠가는 변할 것이라는 신념, 지금 보여 주는 위기는 그저 지나가는 과정일 뿐이라는 신념, 그래서 은여울의 교사는 '널 믿어. 기다릴게.' 하고 기다릴 줄 아는 느긋함이 있어야 한다. 느긋함 역시 은여울 교사가 갖춰야 할 중요한 소양이다.

이러한 안정된 환경은 교사의 소양에 따라 크게 좌우되는 것이기에, 은여울에서는 교사의 역량을 강화하고, 교사가 소진되지 않고 성장할 수 있도록 지원하는 시스템을 갖추기 위하여 노력하고 있다. 학습연구년이나 학습 연구주간을 통해서 교사들이 더 깊은 연구를 진행하면서 충전할 수 있는 시간을 가질 수 있도록 하고, 국내외의 대안교육 현장을 탐방하는 기회를 통해서 견문을 넓히면서 교사가 성장할 수 있도록 지원한다. 또 은여울중학교에서 근무를 희망하는 교사들이 생소한 은여울의 생활교육 시스템에 당황하지 않도록 전입 전에 미리 '성장 공동체' 시스템을 경험하면서 익히는 교원연구동아리도 운영하고 있다.

비움

우리 학교는 학생들의 정서적·심리적 발달을 지원하는 상담 시스템을 더욱 체계적으로 구축하기 위해 노력하였고, 지금도 계속 그 노력을 이어 가고 있다. 우선 우리 학교에 입학하면 모든 학생들은 개인 상담자가 정해지는데, 그 상담자와 졸업할 때까지 매주 1회씩 정기적인 상담이 이루어진다. 전문상담교사, 보건교사, 상담심리사, 미술치료사 등 7~8명의 전문가로 구성된 상담지원부가 이 역할을 담당하고 있다. 학생 개인 상담을 담당하는 선생님은 정기적으로 외부 전문가를 초청하여 슈퍼비전을 받는다. 그리고 매주 열리는 사례 회의에서 학생을 지도하는 데 공유가 필요하다고 판단되는 내용들은 공유가 이루어진다.

상담지원부에서는 비단 학생 상담에 국한하지 않고, 필요할 경우에는 부모 상담도 병행한다. 뿐만 아니라 상담지원부에서 주관하여 매 학기당 10회기 이상의 전문적인 부모교육을 실시한다. 아들러 상담이론이나 부모역할훈련 같은 전문적이고 체계적인 교육을 통해 부모들도 성장의 기회를 가진다. 그리고 부모의 성장은 아이의 성장을 견인하는 가장 큰 동력으로 작용한다.

또 교과 속으로 상담 과목이 녹아 들어가 있기도 하다. 평화 세미나(비폭력, 공감, 소통), 상담 정규집단, 참만남 세미나 등이 그것이다. 문제가 도드라졌을 때에 실시하는 간헐적인 참도움도 개인의 문제를 직면하는 데 많은 도움을 준다.

채움

우리 학교는 일반 학교보다 교육과정 운영의 폭이 매우 넓다. 일반 학교에서는 생각하기도 어려운 과목들을 교과로 편성하여 운영하고 있다. 학교 설립의 근거가 각종학교이기 때문이다. 각종학교는 국어와 사회만 법정 시수의 2분의 1 이상을 편성하면 된다. 나머지는 학교장이 교육과정을 폭넓게 편성하여 운영할 수 있다.

교육과정은 대안 교과로 이루어진 생활교육과정과, 교과교육과정, 체험활동 교육과정으로 이루어져 있다.

학생의 '성장'과 '배움의 즐거움'에 초점을 맞춰 고민하다 보니, 대안 교과가 보통 교과의 3배, 창의적 체험활동이 1.3배에 달한다.

국어, 사회(역사 포함), 영어만 보통 교과로 편성하여 운영하고 있으며, 선택형 지필평가는 실시하지 않고 과정평가만 실시한다. 나머지 과목들은 융합 프로젝트를 구상하여 대안 교과로 운영하고 있다. 그리고 학생이 개별적으로 더 큰 배움을 원할 때에는 1:1로 교사와 배움을 이어 갈 수 있도록 개별 프로젝트 교육과정을 운영하고 있다.

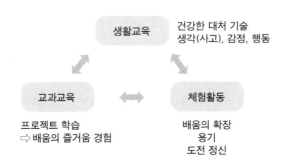

대안 교과는 아침모임, 프로젝트 학습, 세미나, 학급정규집단 등으로 구성하였으며, 이수 여부만 평가한다. 창의적 체험활동은 자율, 동아리, 봉사, 진로활동으로 편성하여 운영하고 있다.

5. 생활교육

아침모임

은여울중학교는 기숙학교이다. 공동체 생활을 통해서 건강한 대처 방식들을 더 빠르고 깊게 내면화시키기 위해서다. 치유와 회복, 성장을 지향하는 생활교육은 교육활동의 전 과정에서 일어난다. 그중 아침모임은 생활교육과정을 가장 밀도 있게 압축하여 구조화한 핵심 모형이다.

　매일 아침 1교시, 모든 학생과 교사가 모여 앉아 옆 사람의 따뜻한 손을 잡고 같은 호흡을 유지하면서 성장공동체 철학을 암송하며 아침 모임을 시작한다. 철학 암송이 끝나면 알림이 이어진다. 알림은 그날의 일과 진행에 대한 안내이다. 방문자, 수업 변경, 특별활동 등 하루 일과에 대한 자세한 알림은 불확실성으로 인한 불안감을 없애고 안정된 환경을 만드는 역할을 한다. 이어서 일깨우기와 칭찬하기가 진행되고, 그 주의 생활철학이나 경험학습에 대한 나눔이 이어진다. 나눔 다음에는 아나운서가 선정한 뉴스와 함께 기상 캐스터가 오늘의 날씨와 은여울 날씨를 전한다.

　"오늘은 집에 가는 금요일이어서 은여울 날씨는 쾌청하겠습니다. 그렇지만 집 간다고 너무 업되어 몰려오는 소나기구름도 있겠으니 잘 피하시기 바랍니다."

　가끔씩 톡톡 튀는 은여울 날씨를 듣는 재미도 보통 쏠쏠한 게 아니다.

　날씨가 끝나면 '신나요'가 진행된다. 하루를 즐겁게 시작하자는 의미에서 게임이나 장기자랑을 하는데, 진행자는 무작위로 선정된다. 모두에게 게임을 진행해 보는 경험을 통해 자신감을 갖게 하려는 의도 때문이다. '신나요'가 정리되면 마지막으로 그 주의 생활철학을 다 같이 제창하며 아침모임을 마친다.

#1. 성장공동체 철학[3]

성장공동체 철학은 안정된 환경과 배움, 성장을 주제로 구성되어 있다. 치유와 성장은 안정된 환경 속에서 시작된다. 불안정한 환경에서는 배움도, 성장도 쉽지 않다.

안정된 환경 속에서 무엇을 해야 할지에 대한 성찰로부터 철학은 시작된다. 그리고 배움에 마음을 일으키겠다는 다짐과 함께, 그 배움을 통해서 자신의 참된 모습을 찾아갈 것을 다짐한다. '참된 내 모습'이란 배움을 통해서 알게 되고, 알게 된 것을 행동하고 함께 나누면서 발견한 그대로의 자신의 모습이다. 그 '참된 내 모습'을 있는 그대로 똑바로 들여다볼 것이라고 다짐한다. 그러한 다짐은 자신을 더 이상 숨기거나 꾸미지 않고 존재하는 그대로의 모습으로 존중받고 싶다는 바람이기도 하다. 그리고 자신도 다른 사람을 있는 그대로의 모습으로 존중할 것이라는 다짐이기도 하다. 이러한 깨달음을 통해 자신이 더 이상 혼자가 아니라는 것을 알았기에, 다른 사람들과 함께 배우며 함께 행동하고 함께 살아갈 것을 다짐한다. 자신과 다른 사람에게 더 좋은 사람이 될 것을 다짐한다.

● 은여울 성장공동체 철학

나는 주위로부터 그리고 나로부터 안정된 환경 속에서 성장할 수 있도록 여기에 왔습니다. 나는 나를 사랑하고 다른 사람들을 사랑할

---

3. 성장공동체 철학의 역사는 치료공동체로 거슬러 올라간다. 치료공동체는 미국에서 약물 남용과 부적절한 생활 태도를 공동체 프로그램의 적극적 참여를 통해 해결하고자 했던 정신의학, 심리학, 의학에 바탕을 둔 것으로 구성원의 치료에 중점을 두고 있지만, 성장 공동체는 치료공동체의 철학과 도구들을 기초로 청소년들의 상처를 치유하면서 성장에 초점을 맞추어 은여울중학교에서 재구성한 것이다.

수 있어야 합니다. 나는 다른 사람들 앞에서 나를 똑바로 볼 수 있어야 합니다.

나는 배움의 씨앗을 심고 키워 갈 때 더 행복해질 수 있습니다. 내가 여기에서 배움에 마음을 열지 않는다면 다른 곳 어디에서도 할 수 없습니다. 우리가 이곳에서 함께 나눌 때 나는 있는 그대로 참된 내 모습을 똑바로 볼 수 있습니다.

나는 이곳에서 뿌리를 내리고 성장할 수 있습니다. 그러기에 이제 나는 더 이상 혼자가 아니며 내 자신과 다른 사람들에게 더 좋은 사람이 될 것입니다.

#2. 변화를 위한 긴장_ 일깨우기

"어제 다누리방으로 올라가는 계단에 침을 뱉으신 분은 정직하게 일어나 주시기 바랍니다."

이 순간 은여울 성장공동체 갑자기 엄숙해지며, 서로의 눈치를 보기도 하고, 자신에게 해당되는지 생각해 보기도 한다.

변화를 위한 긴장의 시간, 아침모임 중 일깨우기의 모습이다. 일깨우기는 정직성에 바탕을 두고 있다. 공동체 구성원이라면 누구나 일깨우기를 할 수 있다. 공동체 내에서 벌어진 일 중에서 수정되어야 할 것들을 찾아내서 비난하지 않고 정중한 방법으로 수정을 요청하는 방법이다. 지켜야 할 행동이나 태도를 성찰하게 만드는 강력한 도구이다.

"정직하게 일어나 주신 분께 감사드리며, 도움말을 드리겠습니다. 계단에 있는 침을 보면서 불쾌한 기분이 들었고 또 매우 불결해 보였습니다. 아무 곳에나 침을 뱉으면 다른 사람의 위생을 해칠 수도 있다고 생각됩니다. 그러니 다음부터 가래가 나올 때에는 화장실 변기에 뱉고 물을 내려 주시기 바랍니다."

하루에 보통 4~5개의 일깨우기가 나오며 공동체의 성장을 위한 도움말을 준다. 물론 모두가 매번 정직하게 일어나는 것은 아니다. 침을 뱉고도 침을 뱉었다는 사실조차 인지하지 못했거나, 아니면 알면서도 일어나지 않을 때가 있다. 침을 뱉은 사람이 그곳에 없을 수도 있다. 그렇지만 그때에도 똑같이 도움말을 준다.

"정직하게 일어나 주신 분은 없지만, 도움말을 드리겠습니다."

도움말을 직접 생각하고 발표한 학생에게는 그 순간이 이미 성장이며, 도움말을 듣고 있는 학생들 역시 공동체에서 지켜야 할 행동과 태도를 다시 생각하는 기회를 가지는 것이다.

일깨우기에는 중요한 원리가 숨어 있다. 비난 받을 것이라는 두려움이 있으면 일어설 수 없다. 그 두려움이 사라져야 일어선다. 일어서는 것이 이미 용기다. 일어나기 시작하면 정직의 가치를 중시하는 단계로 진입한 경우이다. 이 단계는 자신의 문제를 있는 그대로 보기 시작한 단계이기도 하며, 부적응 행동이 수정되기 시작하는 시점이기도 하다. 이 단계를 지나 다른 사람의 행동을 일깨우는 단계로 들어서면 그에게는 적어도 그 문제 행동은 사라졌다고 보면 된다. 그에게서 한 단계 성장이 일어난 것이다.

학기말로 갈수록 아이들의 도움말은 더욱 풍요로워진다. 화장지를 아껴 써야 하는 이유를 지구온난화로까지 연결시켜서 발표하기도 한다. 아이들은 그렇게 성장해 간다.

#3. 긍정의 파장_ 칭찬하기

"저는 우리 집 고양이 슈슈를 칭찬합니다. 왜냐하면 언니를 깨물어 주어 통쾌한 마음이 들었기 때문입니다."

월요일 아침모임에서 발표한 세란이의 칭찬으로 모두가 웃음을 터트렸다.

칭찬하기는 누군가에게 도움을 받았거나 고마움을 느꼈을 때 그 행동을 공동체 구성원들 앞에서 구체적으로 칭찬하는 활동이다.

"저는 지운이를 칭찬합니다. 왜냐하면 어제 방과 후 시간에 제가 지쳐 있을 때 제 가방을 들어 주어서 고마운 마음이 들었기 때문입니다."

"저는 강서형을 칭찬합니다. 어제 술래잡기를 했는데, 제가 잡힐 때 귓속말로 도망가라고 말해 주어서 고마운 마음이 들어 칭찬합니다."

"저는 주영이 누나를 칭찬합니다. 어제 동아리 시간에 제가 골을 엄청 먹어 짜증 나고 슬펐는데, 괜찮다고 위로해 주어서 다시 막을 수 있는 용기가 생겼습니다. 고마운 마음이 들어 칭찬합니다."

감사를 느끼게 했던 행동에 대한 이러한 구체적인 칭찬은, 칭찬을 받은 사람에게 자존감과 자아효능감을 향상시켜 주고 공동체에서 의미 있는 한 존재로서 자리매김할 수 있도록 돕는다. 또한 칭찬을 하는 사람에게도 누군가를 존중하고 인정하게 함으로써 가슴속에 겸손과 감사의 미덕을 심을 수 있도록 도와준다. 그리고 아무리 작은 행동이라도 누군가에게는 커다란 에너지가 될 수 있다는 것을 체험하면서 공동체 구성원들 간에 긍정적인 파장을 공유한다. 그리고 이러한 파장들은 학생들의 성장을 견인하는 중요한 에너지로 작동한다.

#4. 성장공동체 생활철학

우리 학교에는 15개의 생활철학이 있다. 이 생활철학은 좀 더 건강한 대처 방식을 체득하기 위한 덕목을 중심으로 만들어진 것이다. 은여울에서는 매주 하나씩 이 철학들을 암송하고 일깨우면서 생활 속에서 실천을 요구한다. 이 철학들은 은여울에서 모든 구성원들에게 자연스럽게 스며들며 신념과 가치 체계를 견고히 하는 바탕을 만들어 준다.

● 은여울 성장공동체 생활철학

1. 나는 정직하겠습니다.

2. 나는 내 것을 나누어 주겠습니다.

3. 나는 내 할 일을 다 하겠습니다.

4. 나는 받기보다 주기를 먼저 하겠습니다.

5. 나는 내가 한 만큼 받는다는 것을 기억하겠습니다.

6. 나는 모든 것이 좋아졌다고 생각하며 행동하겠습니다.

7. 나는 모든 것에 주의를 기울이겠습니다.

8. 나는 내 주위 환경을 믿겠습니다.

9. 나는 겉모습보다 속 모습을 중요시하겠습니다.

10. 나는 내가 받는 것들을 고맙게 여기겠습니다.

11. 나는 책임감을 가지고 배려하며 사랑하겠습니다.

12. 나는 이해받기보다는 이해하도록 노력하겠습니다.

13. 나는 요청할 때 한 번 더 생각하고 하겠습니다.

14. 내가 용서받았듯이 나도 용서하겠습니다.

15. 나만이 할 수 있지만 나 혼자서는 할 수 없습니다.

지위

생활교육의 또 다른 축으로 은여울 성장공동체에는 6단계로 이루어진 지위 체계가 있다. 지위는 계급과는 다르다. 고정된 것이 아니라 오르고 내리는 것이 가능하기 때문이다. 쉽게 태권도장의 품에 따른 색깔별 띠라고 이해하면 된다. 학생들은 새로미를 시작으로 배우미, 바르미, 도우미, 세우미를 거쳐 최고 지위인 이끄미에 이르게 된다. 지위는 학생의 요구에 따라 결정되는데, 공동체에서의 생활점수와 교사들에 의해 관찰된 성장 정도가 반영되어 결정된다. 그러나 항상 지위가 향상되는 것만은 아니다. 학생의 요구에 의해 이루어지는 지위 향상과는 달리 흔치는 않지만 교사의 요구에 의해 지위 하락도 이루어진다. 현재 지위의 유지가 학생에게 오히려 부정적인 영향을 미치고 있다고 판단될 때나, 지위의 하락이 학생에게 성장의 자극이 될 것이라는 판단이 설 때 등 학생의 성장을 중심에 놓고 지위 향상과 지위 하락의 심사가 이루어진다.

각 지위는 지위마다 특권이 있다. 이 특권은 공동체 활동 참여에 따른 보상의 의미를 지니며, 학생들의 성장을 견인하는 역할을 한다. 그렇지만 특권을 얻기 위해서는 공동체의 기본적인 도구들인 일깨우기, 칭찬하기, 도움말 주기, 참만남 요청하기 및 직무역할 수행 등에 적극적으로 참여해야 하므로 단순한 보상이라기보다는 치료적 성장을 위한 것이라고 할 수 있다.

이끄미 공동체를 이끌어 가는
세우미 공동체를 세우는
도우미 친구를 배려하고 도와주는
바르미 바른 마음으로 바르게 생활하는
배우미 배움에 마음을 연
새로미 은여울 성장공동체에서 생활을 시작한

안녕, 여러분.

바르미가 되기까지의 나눔을 하겠습니다.

저는 작년 3월 은여울중학교에서 배움의 씨앗을 심었습니다. 그리고 모두 놀라시겠지만 불과 입학 4주 만에 배우미로 올랐습니다. 그때 당시엔 현재 2학년 중엔 가장 빨리 올라간 거였기 때문에 너무 감격스러워, 이러다 이끄미까지 되겠구나 싶었습니다. 그런데 7개월 동안 배우미를 유지했습니다. 같이 올라간 애들은 벌써 도우미가 되었습니다. 눈앞이 캄캄했습니다. 하지만 전 계속해서 깝치고 다녔습니다. 그래서 결국 전 7개월 만에 지위가 강등되었습니다. 너무 슬펐습니다. 괴롭고 우울하고 힘들고 후회되었습니다.

전 이왕 새로미가 됐는데 이제는 제대로 놀자고 생각하며 본격적으로 놀았습니다. 저는 늘 선생님들의 미움을 받았습니다. 그런데 문득 이런 생각이 들었습니다. '이렇게 생활하다간 이 학교에서 국물도 없겠구나, 다시 열심히 해 보자.'

잘 생활한 것인지는 모르겠으나 제가 생각하기엔 잘 생활하여 7주 만에 다시 배우미로 지위가 상승했습니다. 하지만 기쁘지가 않았습니다. 별로 얻은 게 없는 거 같아 바르미가 되어야겠다고 생각하며 꾸준히 노력을 하였습니다. 하지만 쉽지가 않았습니다. 결국 멘토 방시훈 선생님과 약속을 하면서 4개월 만에 바르미가 되었습니다. 전 바르미가 되고 나서야 진정의 행복을 느꼈습니다. 드디어 핸드폰을 사용할 수 있게 되었지만 다시 앞이 깜깜해졌습니다. '도우미가 되어야지'라는 멘토 방시훈 선생님의 말씀에 갈 길이 태산이라는 말이 제 머릿속을 맴돌았습니다. 제가 도우미 시험을 보면 선생님들 저를 믿고 투표에 찬성해 주시기 바랍니다. 저 진짜 은여울을 위해 제 목숨을 바칠 수 있습니다. 한 번만 절 믿고 찬성해 주세요.

이상 나눔에 ○○○였습니다.

출처: 나눔글 모음철

그 밖의 생활교육 핵심 도구들

#1. 참도움

참도움은 공동체 안에서 부적절하게 행동한 구성원에 대해서 스스로 생각하고 변화해 갈 수 있도록 돕는 행동형성 관리도구이다. 참도움을 받고 싶은 학생 자신이나 동료 학생, 또는 교사들의 신청에 의해 진행된다. 처음에는 담임교사와 도우미 이상의 지위자들이 중심이 되어 도움말을 주지만, 부정적인 행동이 거듭되어 단계가 올라갈수록 상담자와 더 많은 사람들이 참여하여 도움말을 준다. 단계에 관계없이 학생이 보이는 문제가 심각하다고 판단될 때에도 참도움을 실시한다.

참도움에서는 자신의 잘못에 대하여 인식하고 책임을 질 수 있도록 경험학습을 내릴 수 있으며, 학교장의 허가를 얻어 일시정지를 내릴 수도 있다.

#2. 경험학습

경험학습은 흡연이나 음주, 절도, 폭언, 공공기물 파손, 수업 방해

등 공동체의 기대를 지속적으로 불이행하는 경우에 참도움을 통해 내려지는 과제이다. 문제의 초점이 된 행동이나 태도에서 긍정적인 변화를 이끌어 내기 위해 부과된다. 경험의 주제는 행동의 자각을 높이기 위해 '2인용 자전거로 초평호 다녀오기', '걸어서 농다리 다녀오기' 같은 고통을 수반하는 힘든 활동이 주를 이룬다. 그렇지만 육체적으로는 힘들지라도 학생의 자존감에 상처가 나지 않도록 세심하게 주의를 기울인다. 경험학습의 핵심이 그 경험을 통해서 배움을 일으키도록 하는 것이기 때문이다. 그래서 경험학습은 선생님과 함께 2인 1조로 이루어진다. 교사와 함께 경험학습을 수행하면서 경험의 의미와 가치를 되새기고 자기 자신을 더 좋은 자신으로 만들어 간다. 경험학습을 마치면 경험학습을 통해서 얻은 배움의 내용을 정리하여 다음 날 아침모임 시간에 발표한다.

"저의 흡연으로 인해 김훈보 선생님께서도 고생을 하셨습니다. 김훈보 선생님께 감사드리고 죄송합니다. 다시는 나를 위해 그리고 다른 사람들을 위해 담배를 피우지 않도록 노력하겠습니다."

경험학습을 다녀온 학생의 나눔에는 미안함과 고마움, 그리고 성장을 위한 다짐이 촉촉이 녹아 있다.

저는 2018년 11월 26일인 이번 주 월요일에 학교에서 무단이탈을 하였습니다. 저는 그 당시 들킬까 겁이 나기도 하고 학교를 벗어났다는 생각에 기쁘기도 하였습니다. 그리고 학교 간판 바로 아래에서 은여울중학교가 유명 테러 단체인 IS에 테러를 당하길 빌었습니다.

조금 걸은 후 가석리 정류장에 갔습니다. 그 버스는 매우 특별하였습니다. 6시에 오는 막차였기 때문입니다. 버스를 타고 진천으로 나가, 진천 터미널에서 청주로 가는 버스를 탔습니다. 청주에서 버스를 환승하려 하였지만 잔액이 부족하여 시내에서 집까지 걸어갔습니다. 1시간이면 될 줄 알았는데 은근히 멀었습니다. 3시간이나 걸렸습니다. 그래서 감기에 걸리게 되었습니다.

집에 가니 어머니께서 저의 행동을 꾸짖지 않으시고, 저의 행동에 대하여 거울처럼 비추어 주셨습니다. 어머니의 말씀을 들으니 별거 아닌 것 같은 제 행동으로 인하여 애꿎게 선생님이나 학생들이 걱정을 많이 했겠다는 생각이 들어 너무 죄송하고 한편으로 감사했습니다. 다음 날인 27일 제가 최초로 탈출하여 집에 갔다는 말을 듣고 아무나 쉽게 할 수 있지만 아무도 안 했다는 것은 제가 조금 나쁜 행동을 한 것 같다는 생각이 들었습니다. 이렇게 개인적으론 착하고 싶었지만, 나쁜 인상을 남기게 되어 제 마음도 좋지만은 않았습니다. 선생님들께서 제게 갑자기 왜 그러느냐고 물어보시는 등 걱정이 많아 보이셨습니다. 그래서 현재의 인상으로는 좋지 않겠지만 끝 인상으로는 다르게 책임지고 바꿔 보겠습니다.

출처: 2018 은여울중 문집

#3. 참만남 집단

참만남 집단은 공동체 구성원에게 보복에 대한 두려움 없이 타인을 향한 적대감이나 분노, 좌절감 및 기타 부정적인 감정을 언어로 표현할 수 있도록 돕는 행동형성 관리도구이다. 정기적인 참만남은 참만남 세미나 시간에 진행하며, 시급히 해결해야 할 참만남 신청이 있을 경우 별도의 시간을 마련하여 진행한다.

참만남을 신청한 학생과 참만남 대상자가 마주 보며 앉고, 그 주위로 도움말을 줄 학생과 교사가 10~20명 정도 모여 집단을 이룬다. 진행자(교사)가 참만남 규칙을 모두에게 상기시킨 후 집단을 진행한다.

참만남 집단의 목적은 부정적 행동과 사고 그리고 태도를 바꿀 수 있게 하는 것이다. 따라서 격한 감정에 초점을 맞추어 이를 표현할 수 있도록 하며, 안전한 방식으로 분노나 격분을 표현할 수 있도록 한다. 이러한 과정을 통해 수용과 규율의 훈련, 책임성과 성취 등에 도전하도록 한다. 개인적 논쟁거리나 성별 간 충돌, 그리고 직무 수행에서 발생한 갈등을 드러내고 해결할 수 있도록 하는 것이다. 이때 동료들이 주는 강력한 직면을 통해 자신의 문제에 대한 통찰을 얻게 된다. 도움말이나 직면을 통하여 통찰이 이루어지고 나면 혹시 부정적인 감정이 해소되지 않았는지 확인하고 부정적 감정이 모두 해소되었다고 판단되면 가벼운 포옹과 악수 등을 하고 친밀감을 형성하는 시간을 가지며 참만남 집단을 종료한다.

#4. 전체 세미나

전체 세미나는 공동체 구성원 전체가 모여서 함께 토론하며 과제를 수행하는 세미나이다. 제시된 정보에 주의를 기울이면서 듣고 말하는 과정을 통해 자신의 의사를 정확하게 표현하는 법을 배운다. 의사결정을 위한 다양한 시도들을 통해 민주사회를 배우고 준비하는 과정이기도 하다.

1주 차는 정서적 활력을 불러일으키고자 공동체가 함께 하는 활동을 통해 상식을 넓히고 창의성을 기르며 상상력을 이끌어 내기 위한 신나는 세미나로 진행한다. 2주 차는 구성원들이 제시한 이슈를 함께 공유하며 공감대를 형성해 가는 이슈 세미나로 진행한다. 3주 차는 전체 또는 그룹별 토론을 통해 공동체가 직면한 문제의 해결 방안을 모색하는 토의 세미나를 진행한다. 마지막 4주 차는 토의 결과에 따른 실행 정도를 발표하고 소감을 나누는 활동을 통해 성장공동체가 상호 존중을 바탕으로 진정한 평등과 공정성을 체험하도록 하는 스토리 세미나를 진행한다.

이러한 전체 세미나를 통해서 학생들은 자신과 타인의 의견을 적극적으로 경청하고 존중하는 자세를 기르게 된다. 또한 사람과 사회에 대한 이해와 개념의 폭을 확장시키면서 민주시민으로서의 소양을 키우게 된다.

6. 교과교육

교육 방침
 1. 융합적 교육과정   2. 긍정적 교육 내용
 3. 경험적 교육 방법 4. 일치적 교육 방식

우리 학교의 교육 방침은 네 가지로 요약된다. 학생들이 즐겁게 배우면서 교과의 핵심 원리를 이해하고 터득할 수 있도록 교육과정을 융합적으로 구성하는 것, 은여울에서 이루어지는 모든 교육활동은 자아 존중감을 회복하고 건강한 자아 정체성을 확립할 수 있도록 교육 내용을 긍정적으로 구성하는 것, 교육은 보고 만지고 듣고 체험하면서 스스로 터득해 갈 수 있도록 교육 방법을 경험적으로 구성하는 것, 그리고 학생은 자신이 배우고 이해한 것을 그대로 행동으로 옮길 수 있도록 교사는 자신이 가르친 것을 삶으로 실천하는 일치적인 교육 방식이어야 한다는 것이다. 일치적인 교육 방식이야말로 아이들에게 건강한 삶을 가르치는 단순하면서도 강력한 방식이 될 것이기 때문이다.

융합 프로젝트

국어와 사회, 영어를 제외하고 다른 모든 교과는 각 교과의 핵심 원리를 중심으로 교사들이 협의하여 융합 프로젝트 교육과정을 구성한다. 학생들은 교과가 융합된 프로젝트를 수행하는 과정에서 토론과 협업을 통해 배움뿐만 아니라 가르침의 즐거움을 경험함으로써 학습에 대한 자신감을 향상시켜 가게 된다.

3월에는 학교사랑 프로젝트를 진행하며, 4월에는 지역사랑 국토사랑 프로젝트, 그리고 5월 이후에는 무지개 프로젝트라고 하여 다양한 빛깔의 주제를 선정하여 프로젝트를 구성한다. 그리고 정해진 프로젝트가 끝나면 그 결과를 다 같이 공유하고 성찰하는 시간을 갖는다.

무지개 프로젝트는 학생들이 무궁무진한 지식과 지혜의 세계를 개척해 가는 프로젝트라는 의미로 지어졌다. 학생들은 각자 관심 있는 분야의 주제를 제시하고, 비슷한 주제를 제시한 친구들과 연합하여 함께 탐구해 가는 팀을 자발적으로 구성했다. 이렇게 구성된 팀은 다음과 같다.

바다 사랑팀은 통영 바다를 중심으로 해양동물이나 바다의 생태계를 탐구하며, 특히 이순신 장군의 기개를 연구하는 학생들로 구성되어 있다.

여가 사랑팀은 놀이의 중요성을 인식하고, 우리에게 주어진 여가를 잘 보낼 수 있는 방법들을 개발하여 바람직한 여가 보내기를 연구하는 학생들로 구성되어 있다.

독도 사랑팀은 우리 국민들의 사랑을 한 몸에 받고 있는 독도를 탐구하고, 지극히 한국적인 요리를 개발하여 독도 홍보용 애니메이션 제작 등을 연구하는 학생들로 구성되어 있다.

행복 추구팀은 뚜렷한 자신의 개성을 살리면서 주변 사람들에게 행복한 삶을 알려 줄 수 있는 방법을 연구하는 학생들로 구성되어 있다.

역사 사랑팀은 자신들의 관심 분야인 전쟁과 법을 역사에 잘 녹여서 탐구하고, 이를 다른 친구들에게 역사 지식과 함께 전달하고자 연구하는 학생들로 구성되어 있다.

동물 사랑팀은 애완동물을 돌보는 방법과 동물의 습성 등을 탐구하고, 동물과 관련된 다큐멘터리를 만드는 등 동물 친화적인 삶의 방식을 연구하는 학생들로 구성되어 있다.

개별 프로젝트

개별 프로젝트는 철저하게 학생의 소질과 적성, 흥미 등을 고려하여 교사와 학생이 1:1로 학기별 교육과정을 구성한다. 한 학기 동안 학생은 멘토 교사의 조언을 받으면서 스스로 학습을 진행한다. 학기말에는 개별 프로젝트 발표회를 가지며, 평가는 학생의 성장을 관찰하여 서술로 기록한다.

올해 처음 교육과정에 도입하여 지난 7월 첫 발표회를 가졌다. 지난해 몇 차례의 벤치마킹과 몇 번의 교사회의를 거쳐서 교육과정으로 도입을 했지만, 모두가 실질적인 지도 경험은 없던 상태여서 실수를 경험하면서 배우는 것을 목표로 시작했다.

3월에 학생들의 멘토 교사를 정하고, 정해진 멘토와 함께 학생들은 자신이 수행할 개별 과제를 결정했다. 그리고 멘토 교사의 조언을 받으면서 과제를 수행하는 과정에서 때론 좌절하기도 하고 때론 잠자고 있는 내면의 재능을 일깨우기도 했다.

방학을 앞두고 학생들은 모두 자신의 기량만큼 발표회 준비도 마쳤다. 그리고 마침내 발표회가 시작되었다. 부모님들도 초대되었다. 모두가 발표회를 자신이 계획하고 생각한 만큼 성공적으로 마친 것은 아니었다. 가슴이 터질 것 같은 울렁증으로 끝내 발표를 하지 못한 아이도 있었고, 도망 다니다가 겨우 발표를 마친 아이도 있었다.

그렇지만 한 학기 동안 읽은 책을 정리하여 발표한 아이의 이야기를 들으면서, 평소에는 거의 말을 들을 수 없던 아이로부터 4편의 뮤지컬을 감상하고 그 뮤지컬에 관한 소개를 들으면서, 이른 새벽부터 감성을 깨우기 위해 은여울을 산책하며 그림을 그려 간 아이의 작품과 그 뒷이야기를 들으면서, 또 은여울 위로 떠오른 달을 보고 은여울 아이들이 꽃으로 피어나는 상상 속에서 서정적이고 몽환적인 피아노 곡을 작곡하고 직접 연주하는 모습을 지켜보면서 발표회장은 점점 또 다른 공간으로 탈바꿈하고 있었다. 단순한 발표의 장을 넘어서서 또 하나의 배움이 일어나는 장! 누군가의 수행과정을 듣고 공유하는 것 자체가 다른 구성원들에게 새로운 상상력, 새로운 시각을 깨워 주었던 것이다.

7. 체험활동

체험활동은 창의적 체험활동인 자율활동, 동아리활동, 봉사활동, 진로활동과 함께 융합교과 체험활동, 지위성장 체험활동, 위기극복 체험활동이 교육과정 속에서 용해되어 이루어진다.

역할 수행

은여울에서 학생들은 하루 종일 바쁘게 움직인다. 모든 일정을 통해 한 단계씩 앞으로 나아가도록 고안되어 있기 때문이다. 그 중심에는 역할 수행이 있다. 학생들은 자신이 맡은 역할을 수행하는 기술을 익히고 그 역할을 수행하면서 만족감을 느낀다. 은여울에서의 역할수행이 삶에서 최초의 경험인 경우들도 많다.

역할 수행은 행사관리, 위생관리, 일정관리, 환경관리로 나뉜다. 기본적으로 지위가 낮고 스스로 변화와 성장에 대한 요구가 적은 학생들에게는 낮은 수준의 역할이 맡겨진다. 역할은 지위와 보상이라는 간단한 체계로 작동한다. 학생들이 한 단계 한 단계 차근차근 역할 수행에 대한 성공의 경험을 쌓으면서 학생들의 태도도 긍정적인 방향으로 변해 간다.

은여울 화폐와 창업

은여울에서 진로활동은 요리조리반, 바리스타반, 목공예반, 제과·제빵반, 창의원예반으로 운영된다. 재미있는 것은 수업 시간에 이루어지는 진로활동을 바탕으로 개인의 소질을 살려서 창업활동으로 이어질 수 있도록 지도한다는 점이다. 창업을 지원하기 위해 은여울에서는 화폐도 발행하고 있다. 화폐의 명칭은 '여울'이다.

교사들에게 매월 정량의 여울이 지급되며, 교사들은 이 여울을 다시 학생들에게 나눠 준다. 물론 여울을 주는 기준은 교사가 정하므로 여울을 얻고 싶은 학생들은 각각 그 방법을 터득해야 한다. 그렇지만 학생들이 여울을 얻는 방법은 그 한 가지 방법만 있는 것은 아니다. 우선 창업을 하면 직접 여울을 벌 수 있다. 카페를 운영하거나, 매점을 운영하거나, 은행원이 된다거나, 택배 배달원이 된다거나, 자신의 취향이나 능력에 따라 창업을 하면 된다. 간판을 제작하는 창업자는 의뢰인이 많아 제법 많은 여울을 벌고 있다. 또 학교에서는 지위에 따라 매월 정량의 여울을 지급한다. 또 지위가 상승하면 특별 여울을 받는다. 정해진 과제를 잘 수행해도 여울을 벌 수 있다. 이처럼 은여울에서 생활하면서 여울을 벌 수 있는 기회는 다양하다.

학생들을 자신이 받은 여울을 이용하여 매점이나 카페 등에서 생필품을 사거나 간식 또는 음료 등을 사 먹을 수 있다. 그렇지만 받은 여울을 바로 사용할 수 있는 것은 아니다. 받는 여울과 사용할 수 있는 여울에는 구별이 있다. 이러한 구별은 임의적이거나 불법적인 여울의 이전을 차단하여 여울을 받은 사람이 사용할 수 있도록 하기 위함이다. 그래야 여울이 개인에게 공정한 보상 방법으로 자리매김할 수 있기 때문이다.

개인이 받은 여울은 일단 자신의 이름으로 은행에 저금을 해야 한다. 그리고 매점이나 카페에서 뭔가를 사 먹고 싶으면 은행에서 사용 가능한 여울로 인출해야 한다. 물론 자신이 받은 여울을 모두 다 소비해야만 하는 것은 아니다. 사용하지 않고 저축을 해 두면 나중에 장학금 등으로 전환도 가능하다.

8. 교직원회의

학교의 철학이 살아 있는 교직원회의

우리 학교에서는 월요일 아침 교직원들이 둘러앉아 함께 손을 잡고 호흡을 고르면서 성장공동체 철학을 암송하는 것으로 교직원회의를 시작한다. 선생님들과 함께 파장을 맞춰 철학을 암송하다 보면 그날의 기분에 따라 더 생생하게 다가오는 단어들이 있다.

학교가 가지고 있는 철학을 교직원회의에서 함께 암송하는 의식은 철학을 생활 속에서 늘 살아 있게 만든다. 학교의 철학이 구성원 모두에게 생생하게 살아 있다는 것, 그것은 공동체 구성원 각자가 밝고 선명한 등대를 가슴속에 품고 있다는 것을 의미한다. 살아 있는 철학은 학교 교육활동 전반에 깊이 스미면서 교직원 연수와 전문적학습공동체를 세우는 힘으로 작용하고, 이런 과정을 통해서 학교에 집단지성이 힘을 키우기도 한다.

체온이 담긴 이야기가 오가는 교직원회의

성장공동체 철학 암송이 끝나면 모든 구성원들이 돌아가면서 주말생활에 대하여 나누는 서클을 진행한다. 이 서클을 통해 교직원들은 주말 동안의 사적인 이야기를 풀어놓는다. 자식 이야기, 남편 이야기, 여행 이야기, 콘서트 이야기… 주말 동안의 다양한 문화가 한자리에 펼쳐진다.

이처럼 교직원회의에서 사적인 이야기를 나누는 분위기는 동료 간에 유대관계를 깊게 하는 역할을 하며 구성원 간의 공감지수를 크게 향상시킨다. 동료 간에 형성된 깊은 유대관계는 학생과의 관계를 개선하거나 유대를 깊게 하는 데 도움을 주며, 이는 회복적인 생활교육이 가능하도록 학교의 문화를 따뜻하게 만들어 준다.

교직원회의에서 공동체 구성원들의 체온이 느껴지는 일상의 이야기가 살아난다면 학교 구성원의 감성지수가 크게 올라갈 것이다. 교직원회의에서 사소한 일상의 이야기를 나눈다는 것은 얼핏 공동체 구성원의 소중한 시간을 낭비하는 헛된 일처럼 느껴질 수도 있다. 또는 그런 사소한 이야기는 사적 모임에서나 어울리는 것이지, 교직원회의와 같은 공적인 모임에서는 적절해 보이지 않을 수도 있다. 게다가 자신의 사적 이야기를 대중 앞에서 드러내는 것이 불편하거나 어색한 구성원도 있어 이러한 진행에 자칫 반감을 가질 수도 있다.

그렇지만 공적인 자리에서 공식적으로 사적 이야기를 나누는 일은 실은 어마어마한 일이다. 이것은 벽을 허무는 일이다. 구성원 각자가 둘러치고 있던 높고 견고한 심리적 담장을 걷어내는 일이다. 교직원회의에서의 개인적 경험에 대한 나눔은 직원 사이의 담장을 낮춰 서로가 같은 길을 가고 있는 동지라는 점을 확인시켜 준다. 사적 경험에 대한 나눔을 통해서 자신과 상대가 어떻게 다른지, 또는 어떻게 같은지를 이해할 수 있게 해 준다.

9. 글을 맺으며

결핍이나 상실, 박탈 등으로 인해 실패하기 쉬운 학생들조차도 실패하기 위해서 학교에 오는 것은 아니다. 그런데 오늘날 학교는 어떤가? 성공의 가능성이 매우 높은 학생들에게조차 끊임없이 실패를 확인시켜 주는 일을 반복하고 있는 것은 아닐까?

실패가 두렵지 않고 실패가 성장의 디딤돌이 될 때 학생들에게 성장이 일어나고 그 성장을 지켜보면서 교사도 함께 성장할 것이다. 모든 학교가 실패를 다독일 수 있는 것은 아니지만, 실패를 다독일 수 있는 학교는 모든 학생들에게 좋은 학교일 테니까 말이다.

실수나 실패를 다독여 줄 수 있는 따뜻한 교육공동체로서의 학교, 바로 우리 은여울중학교가 지향하는 학교이다.

4.

우리 학교는
나에게 힘을 준다

함성중학교

> **"**학생은 교육의 장 어디에서나 안전하게 생활할 수 있어야 하며
> 어떠한 이유로든 차별받지 않아야 합니다.**"**

안병찬

함성중학교 선생님. 다 함께 성장하는 함성중학교에서 사회를 가르치고 있다. 수업혁신을 위해 많은 노력을 하고 있으며, 교사의 성장에 도움을 주기 위해 '교사성장학교', 'PBL 지원 센터', '교실연구소', '신규 교사 캠프'를 운영하는 비영리재단 '구름학교'에 참여하고 있다.

"선생님, 세월호 추모 행사할 건데요, 1교시와 2교시를 창체 시간으로 바꾸어 주시면 안 될까요?"

우리 교사들은 전혀 생각하지 못했다. 세월호 5주기가 되는 날이라는 것은 알았지만 행사에 대해서는 전혀 고려하지 못했고 논의도 하지 못했다.

"그러면 우린 어떻게 도와줄까?"

"9시까지 도서관에 와 주시면 돼요."

우리 학교 교무실에는 쉬는 시간에 대개 교사보다 학생 수가 많다. 간식이 필요해서 오거나, 프린트 출력, 피곤하니 보건실에서 잠시 쉬겠다고 오는 녀석, 친구들 때문에 마음 상해서 오기도 하고, 수업에 관한 질문을 하러 오기도 한다. 교장실은 학생들의 최고의 휴식 공간이자 자기들끼리의 소통 공간이다. 점심시간에는 항상 가득 차 있다.

"무엇을 도와줄까?"

언제부터인지 이 말은 교사들이 교무실에 오는 학생들에게 가장 많이 하는 말이 되었다.

"김○○이 때문에 힘들어요. 그 애랑 이야기하고 싶은데 도와주세요."

그럴 때면 교사 휴게실이나 상담실에서 학생들 간에 서로의 감정과 욕구, 느낌을 이야기하게 한다.

지금 우리 학교에서 볼 수 있는 학생들 생활 모습의 일부이다. 교장을 포함한 교사 9명, 행정실장을 비롯한 교육지원팀 5명, 전교생 49명임에도 학교는 늘 부산하다. 우리는 이것을 우리 학교가 가지고 있는 좋은 문화라고 생각한다. 학생들이 학교가 행복하고 안전한 공간임을 믿고 있음을 알 수 있기 때문이다.

구성원들이 소중하게 생각하고 지지하는 공동체의 문화가 뚝딱 형성될 리 없다. 많은 부침과 시행착오, 갈등, 적나라한 반성과 성찰이 있었다. 현재 우리 학교의 문화, 공동체 구성원들 간의 관계, 배움과 수업, 지역사회와의 소통과 참여가 정착되는 과정도 그랬다.

1. 바뀌어야 생존할 수 있다

함성중학교는 2000년 이후로 학생 수가 격감하기 시작했다. 2007년 전후로 재학생 수가 60명 이하인 학교는 폐교와 통합이 전국에서 시행되고 있었다. 이는 사립학교 교직원으로서는 생존의 문제였고, 지역으로서는 온전한 공동체 유지에 관한 문제였다. 대책으로는 물리적 방법으로 우선 학생 수를 늘리는 것이 있었다. 그래서 여자 축구부를 창단했다. 다행히 창단과 동시에 전교생이 85명으로 늘어났다. 2013년까지 7년 동안 운영한 여자 축구부는 학생 수를 유지하는 데에는 도움이 되었다. 하지만 학교 교육의 가치를 실현하는 것은 더 어려워졌다. 무엇보다 수업 분위기가 좋지 않았고, 선수 수급 때문에 스카우트

비가 많이 들면서 학교 재정이 어려워졌다. 이는 선수가 아닌 지역의 학생들에게는 큰 역차별로 이어졌다. 그러니 지역의 학부모들이 피하는 학교가 될 수밖에 없었다. 학교 구성원의 논의로 2014년에 축구부를 해체하기로 했고, 그 후 학생 수는 23명에 그쳤으며 2015년도 입학 예정 학생은 5명에 불과했다.

다음으로 찾은 대안은 교육복지와 교육 서비스 확대였다. 외부 지역으로부터 학생을 유치하고, 다른 지역의 학교와 차별되는 경쟁력을 확보하기 위해 축구부 학생들이 쓰던 생활관을 이용해 기숙형 학교를 운영했다. 동시에 학생들의 등하교를 지원하는 대책을 마련했다. 10명 정도의 학생을 확보해 기숙사를 운영했지만 2년을 넘기지 못했다. 2년 동안 전 교사가 돌아가면서 사감을 맡았고, 교직원들의 자가용으로 학생들의 등하교를 맡았다. 성적 향상을 위해 야간에 학력 향상 프로그램도 운영했다.

그러나 지역의 학부모와 외부 지역 학부모 간의 이해 충돌 및 복지와 편의에 대한 학부모들의 요구는 학교의 인력으로서는 감당하기 힘들 만큼 점점 더 많아졌다. 무엇보다 성적과 고등학교 진학 문제에서 학부모의 신뢰를 충족시키기에 역부족이었다. 학교 이미지는 좀처럼 개선되지 않았고 학생 수도 늘지 않았다. 게다가 근무 시간 연장으로 교직원들의 개인적인 일상이 없어지고, 자존감도 바닥나기 시작했다.

이 과정에서 학교 내 구성원들 간의 갈등이 극으로 치달았다. 우선 행정실과의 문제였다. 행정실장은 교사들을 예산과 절차를 빌미로 감시, 통제하려 했고 교사들은 행정실장의 재정 운영에 대하여 신뢰하지 않았다. 교장과 행정실장과의 언성 높은 마찰도 많았다. 교사들과 교장의 관계에서도 신뢰가 부족했다. 서로가 상대를 답답하게 여겼다.

교장은 학교 경영에 대한 자신의 철학과 가치를 교사들과 공유하는 데 실패했고, 교사들 간에도 사안을 대하는 온도 차이와 문제해결을 위한 실천적 행동 차이가 컸다. 갈등은 분명히 보였지만, 외면하고 묻어 두었다. 사립학교인 탓에 각자의 퇴임까지 같이 근무해야 하는 환경에서 인간관계에 문제가 생기길 원하지 않았기 때문이었을 것이다.

실패 원인은 다양했다. 그중에 수업이 가장 큰 문제였다. 학교교육의 근간은 수업이고 교사의 정체성도 수업인데, 그동안 이 부분을 외면했다. 그러다가 수업 개선을 통해 학교 교육의 가치를 실현하자는 논의가 시작되었다. 하지만 금방 벽에 부딪혔다. 당시 학교 시스템은 교육과정 중심이 아니라 업무 중심이었고, 학교와 교사는 거기에서 벗어날 수 없었다. 업무 때문에 교사가 수업 시간에 늦게 들어가기도 하고 퇴근이 늦어질 때도 많았다. 수업보다 업무가 우선이었고 업무로 교사를 평가하는 시기였다.

그런 상황에서도 교사들은 각자 열심히 수업을 준비했지만, 기대했던 학생들의 변화는 미비했다. 특히 수업 개선에 관한 부분이 담당 교과 교사 개인의 역량과 문제로만 한정됐다. 게다가 우리 학교는 소규모 학교라 같은 교과의 교사가 한 명밖에 없다. 교사들은 점점 지쳐 갔다. 원인과 해결 방법을 찾았지만 추진할 내부 동력이 없었고, 학교 교육환경은 바뀌지 않았다. 무엇보다 학교문화의 개선 방향에 대한 고민이 없었던 탓이다.

이러던 중에 2015 개정 교육과정의 가치 키워드인 '핵심역량' 성장이란 부분에 동의한 교사들은 수업을 고민하다가 혁신학교라는 학교 교육의 흐름에 뛰어들었다. 망설임도 없었다. 그만큼 교사들이 힘들었고 절박했다. 혁신학교의 철학과 가치와 방법 제시는 지친 교사들에게 실천할 수 있는 방향과 에너지를 주었다.

혁신학교의 가치는 학교문화의 혁신이다. 혁명이라고 할 만큼의 변화를 요구하며 수업도 교사 개인의 문제가 아니라고 선언하고 있었다. 학교의 모든 역량을 집중시켜야 하는 것이 수업이었다. 교사들의 정체성인 수업에 대한 전문성 향상을 목적으로 한 전문적학습공동체와 그것을 가능하게 하는 민주적 학교문화 조성은 혁신의 내부 동력이 되었고, 우리 학교의 교사들에게는 커다란 힘을 얻는 계기가 되었다.

함성중학교는 2017년 혁신학교 준비기인 '행복맞이학교'를 거쳐 2018년부터 경남형 혁신학교인 '행복학교'를 운영하고 있다. 지금 우리 학교의 교육공동체가 확신하는 것은 작은 학교가 혁신학교의 철학과 가치를 실현하는 데 최적화된 학교라는 점이다. 혁신에 대한 가치를 알고 실천할 수 있는 사립학교이자 소규모 학교로서 지속가능한 발전과 탄력적인 운영에 최적화되어 있기 때문이다.

2. 시행착오가 반복되었지만 성장하는 과정이었다

우리 학교는 이미 행복학교이다. 2017년 혁신학교 준비기인 '행복맞이학교'를 처음 접할 때 들었던 생각이다. 왜냐하면 우리 학교는 학생의 두발과 교복이 자율이었고 등교 시간은 9시까지였으며, 학교폭력이 없었기 때문이다. 그리고 방과 후를 비롯한 체험학습 등 각종 교육 활동에 대한 수익자 부담이 없었다. 입학식, 졸업식, 학교축제, 체육대회 등의 행사들은 학생회 위주로 운영해서 학생 자치활동이 활성화되어 있었고, 학부모 민원도 없었다. 그래서 '행복맞이학교'를 쉽게 운영할 수 있으리라 생각했다. 하지만 착각이었다. '행복'이라는 단어가 만든 프레임에 갇혀 '혁신'에 주목하지 않았고 만만하게 보았다.

'행복맞이학교 운영비로 더 많은 혜택을 주면 학생 수가 증가하고 학교 홍보 효과가 있을 것이다'라는 단순한 기대가 깨지는 데는 시간이 얼마 걸리지 않았다. 학교 비전 세우기는 좋은 말을 정리하는 데 그쳐 버렸다. 운영은 담당자 위주였고, 수업 개선도 담당 교사 각자 알아서 연수 등으로 해결했다. 수업 공개는 여전히 부담스러웠고, 협의회는 교사의 성장에 도움이 되지 못했다. 혁신학교의 가치가 우리 학교의 실정에 적합한 것인가에 대한 의문마저 제기되는 상황이었다.

2017년은 드러나지 않았던 문제, 우리가 외면했던 불편한 문제와 상황을 직면하는 시기였다. 갈등이 표출되었으며, 기대했던 만큼의 성과가 없어 실망하고 자신감이 꺾였다. 시행착오의 반복이었지만 멈출 수는 없었다. 하지만 이전과 다른 문제(민주적 학교문화, 수업)에 대한 구체적 고민과 변화를 위한 노력과 실패, 소기의 성과의 반복이었다. 이제 문제가 무엇인지 알았으니 해결해야 했고, 우리에게도 해결할 힘을 갖기 위한 연습과 노력할 수 있는 시간과 기회가 필요했다. 그리하여 2018년부터 경남형 혁신학교인 '행복학교'를 선택했다.

돌이켜 보면 2017년부터 현재(2019년)에 이르기까지 새로운학교를 위한 노력과 도전은 시행착오의 반복이었지만, 분명히 차이가 있었고 그것이 성장하는 과정이었다.

3. 문화는 시스템의 한계를 유연하게 한다

과제 중에 '민주적인 학교문화 조성'에 대한 오해에서 비롯된 문제가 있었다. 우리 학교는 다른 학교에 비해서 이미 민주적인 학교라고 생각했다. 소규모 학교라 교장과 교직원들의 의사소통이 자유롭다고 여겼다. 또 이즈음부터 행정실과의 소통에도 문제가 없어지기 시작해서 다른 학교에 비해 꽤 민주적이라고 생각했으며, 우리 학교에서는 이 과제를 쉽게 적용할 수 있으리라 기대했다. 즉 민주적인 문화를 대수롭게 여기지 않고 그 중요성에 대해 공감하지 못했다. 그래서 문화 개선보다는 수업 개선에 더 중점을 두었는데, 그 속도는 예상보다 더 뎠다.

학교에서는 자신이 맡은 행정업무를 잘 수행하고, 담임을 맡은 학생들이 문제를 일으키지 않는 한 그 교사를 유능하다고 여긴다. 행정업무의 미숙련과 실수, 담임 반의 학생들이 문제를 일으켰을 때의 상황을 두고 교사를 평가하는 일은 옳은가? 평가보다는 도움을 줄 수는 없는 것일까?

학교 행사를 학생이 주도하는 것만으로 학생자치가 활성화되었다고 할 수 있을까? 학교 환경과 동료 학생, 교사를 존중하는 학생 문화가 학생자치의 진정한 의미가 아닐까?

학생들의 예상 밖의 반응에 교사는 그 학생을 예단하지 않고, 학생의 행동과 말이 교사 개인의 가치와 성향과 맞지 않더라도 학생과 소통에 걸림이 되지 않을 수는 없을까?

수업 개선을 위한 수업 공개와 협의회는 교사에겐 여전히 부담스럽고 스트레스다. 같은 교과가 없는 소규모 학교에서 전문적학습공동체라니······. 막연하고 변화와 혁신에 대한 두려움까지 생긴다.

이것들을 해결하는 데 반드시 전제되어야 할 것이 민주적인 학교 문화라는 생각을 하지 못했다. 우리는 민주적인 학교문화를 의사결정 절차에만 한정했다. 그것마저 의사결정에 대한 논의보다는 전달이었고, 결정은 다수결이었다. 교직원회의를 하고 나면 부담감과 피로감이 더 컸다.

우리는 처음으로 돌아가 다시 시작했다. 비전을 세우고, 선진 학교의 사례를 복사하듯이 적용하고, 강사 초빙과 연수, 워크숍, 수업 공개와 협의회를 계속해 나갔다. 반복이었지만 차이가 있었다. 혁신의 가치를 실현하기 위한 연습과 노력이 반복되면서 교사로서의 개인적인 욕구와 가치를 공동체의 가치에 담아내기 시작했다. 공동체의 가치 실현은 나의 희생이 아니라 나의 가치와 욕구를 실현하고, 나의 성장에 도움이 되는 것이 공동체의 진정한 가치 실현임을 경험하기 시작했다. 우리 공동체에 대한 신뢰가 생기면서 구성원들은 각 개인이 추구하는 가치와 욕구를 이해할 필요성을 인식하기 시작했고, 어느새 타인이 추구하는 가치와 욕구를 존중하게 되었다. 반복 속에 차이를 경험하면서 어느덧 우리만의 공동체 문화가 형성되어 있었다.

무엇보다 독서와 소통의 역할이 컸다. 함께 책을 읽고 이야기하는 과정에서 서로를 연결할 수 있었고 동료임을 확인할 수 있었다. 지금도 본교의 교사들은 학교 안과 밖의 교사들 그리고 우리 학교 학부모들과 계속 독서모임을 하고 있다. 함성중학교 학부모 모임도 책이 중심이다. 교실과 수업에 관한 내용을 담은 책뿐만 아니라 나를 치유하는 힘을 길러 주는 책, 세상을 해석하고 세상과 나를 연결할 수 있는 인문학, 힐링 그림책 읽기로 넓혀 갔다.

수업과 교실에 대한 철학, 심리, 나의 욕구와 가치를 나누는 독서

우리는 다음과 같은 문화의 개념과 중요성에 동의하고, 문화의 힘을 경험하고 있다.

"문화란 공동체의 생활양식으로서 공동체의 가치관, 행동 양식, 공존 법을 아우르는 개념으로 성장과 발전을 뜻한다. 가장 바람직한 학교상은 학습과 발전이라는 공통적 모험으로 뭉친 개개인들의 살아 있는 공동체다. 살아 있는 공동체로서 학교는 환경에 적응하면서 성장한다. 원활한 성장이 이뤄지려면 참신한 아이디어와 새로운 방법을 시도하려는 의지가 지속적으로 이루어져야 한다. 조화롭고 지속가능한 세계를 만들기 위해 용감하고 혁신적인 사고를 할 줄 아는, 창의적이고 즐겁고 온정적인 학습자들의 공동체 육성이 중요하며, 이를 위해 민주적인 학교문화가 조성되어야 한다."

제도나 시스템의 변화 혹은 혁신은 한 번에, 위로부터 이루어지지 않는다. 때로는 변화에 대한 요구를 수용하지 않을뿐더러 가로막기도 한다. 그러나 제도, 시스템의 혁신은 항상 밑에서 몇몇 개인의 실천적 노력으로부터 시작되었다. 학교교육도 마찬가지다. 학교교육의 변화를 가장 잘 수행할 수 있는 주체는 교사다. 교사들이 성장하고 자신의 가치 욕구를 실현할 수 있는 공동체 문화는 움직이지 않으려는 시스템을 유연하게 하고 변화를 촉진한다.

4. 교사의 존재 이유를 인식하다

이전에는 훌륭한 교사 혹은 모범적인 교사의 이미지는 이타심이 많고 자기희생적인 사람이었다. 타 직종과 비교해 책무성과 도덕적 잣대도 이중적이고 감시적이다. 그 결과 교사를 위축시키고 자기검열을 하게 만들어 창의성과 열정을 스스로 제한했고, 교사의 철학, 가치, 욕구 특히 욕구 실현은 교사가 가져서 안 될 목록이라고 생각했었다.

이러한 인식을 깨고 교사로서의 욕구를 실천하는 힘을 준 곳은 비영리재단 '구름학교'였다. 교사의 성장에 도움을 주기 위해 '교사성장학교', 'PBL 지원센터', '교실연구소', '신규 교사 캠프' 등을 운영하고 있다. 강사, 진행, 재정 등 모든 것들이 교사들의 힘으로 이루어지는 곳이다. 구름학교 참여 조건은 교사의 욕구와 자발성이다. 특히 구름학교의 '교사성장학교'는 매월 2회 토요일 출석해야 하는 1년간 과정이다. 교사의 욕구가 없으면 힘든 과정이다. 내년쯤이면 교사의 절반 이상이 과정을 수료하게 된다.

이제는 '함성중학교라는 교육공동체가 교사인 나에게 어떤 의미인가?'라는 물음에 앞서 '교사'라는 점을 빼고 자연인인 '나는 무엇을 '욕구'하는가?', '나는 무엇을 위해 사는가?', '나는 타인의 시선과 인정으로부터 자유로운가?' 등의 질문을 동료 교사와 나눌 수 있게 되었다. 한 인간으로서 교사의 삶을 마주하고 나의 욕구를 실현하고 싶었다. 나에게 교실과 수업이 가지는 의미를 다시 이해하고, 교사로서의 존재 이유를 인식하게 되었다.

수업과 교실에서 나의 철학과 가치, 욕구를 실현하기 시작했다. 한 번에 잘되리라는 기대는 하지 않는다. 이미 연습하고 실패하는 과정의 반복이 왜 중요한지 알기 때문이다. 교무실에서는 업무보다 자기의 연수 경험, 수업, 학생에 관한 것이 주된 이야깃거리다. 교실에서도 학생들에게 내가 원하는 것을 분명하게 말하고, 이 수업을 왜 하는지 그 목적도 학생들에게 설득한다. 그 결과로 가장 큰 변화는 수업이었다.

나와 우리는 왜 이 수업을 해야 하는가?	주제 : 살아가는데 도움이 된다.
짝 및 모둠 토론공식 : 왜 그렇게 생각해? 네 생각은?, 더 좋은 생각은?, 다른 생각은?, 최상의 생각은?, 더 나은 생각은?	

우리나라 언제기후에 속해있으니 우리나라가 속해있는 언제기후에 대해서는 잘 알아야하고 언제기후에서도 철에 따른 생활모습이 있는데 잘 알지못하면 그 생활모습을 이상하게 생각하고 이해하지 못할수 있으니 이해해야한다. 그리고 살아가는데 물이 필요하니 언제기후에 따라 재배하는 작물 등을 알아야한다.
소통을 해야 갈등이 생기지 않고 서로를 이해하고 존중하며 행복할 수 있다

1학년 사회 수업. 교사는 학생에게 수업과 자기의 삶을 연결하기를 원했다.

5. 함성중학교 학생은
   서로의 '욕구'를 존중하고 갈등을 통해 성장한다

학생자치 활동 활성화에서, 학생자치회의 자율성을 보장하고 학생 스스로 계획하고 실천해 갈 수 있도록 가능한 한 교사는 개입하지 않

고 관심을 갖고 지원만 하면 잘될 줄 알았다.

2학년 1반 아이들이 체육대회 반티 종류를 결정하는 회의를 했다.

"선생님 저희 반티가 네 개예요. 네 개! 내 참 기가 차서. 어쩌죠?"

반장이 푸념한다.

"응? 왜 조금 더 회의를 진행해 보지 그래?"

"세 번이나 했다니까요!"

"그래 넌 어떻게 하면 좋겠니?"

"그냥 네 개로 하기로 했어요."

그중에 한 종류는 한 아이만 입는다고 했다. 그때 2학년 1반 학생 수는 16명이었다. 처음에는 이해가 가지 않았다. 반티의 의미를 모르는 건가? 타인의 의견을 수용하지 못하는 것인가? 얼마 전 우리 교실의 공동체 약속까지 정했는데……. 허탈했다. 하지만 아이들은 체육대회를 즐겼고, 통일되지 못한 반티에 대한 책임을 묻거나 비난하지 않았다. 아이들의 욕구를 우리 반 아이들은 어쩔 수 없이 인정했지만 나는 아니었다.

이를 계기로 학생들의 자율성 보장, 관심과 지원도 분명 중요하지만, 학생들의 개인적 욕구를 먼저 인정하고 존중해야 함을 알았다. 교사의 욕구와 학생들의 욕구, 학생들 간의 욕구가 충돌하는 과정이 자연스러워질 때 존중과 배려 문화가 형성되고 교실은 안전하고 평화로운 공간이 될 수 있다. 이를 위해 학교와 교사는 지속적인 노력과 함께 기다려 주고 갈등을 허용해야 한다. 일상의 삶에서 민주주의를 실현하는 학생자치가 되기 위해서는 자기의 욕구와 타인의 욕구를 인정하고 수용하는 바탕에서 서로 존중하고 협력하며 삶의 주체로서 민주주의를 실천하고 성장할 수 있는 문화를 조성해야 한다. 이것도 반복적인 연습이 필요하며 그 속에서 차이를 발견할 수 있어야 한다. 이것을 전제하지 않는 학생자치는 학생들의 성장을 도모하기가 힘들며, 즐겁지 않고 창의적인 자발성도 기대할 수 없다.

존중과 배려의 공동체 약속

모둠을 짤 때가 제일 힘들다. 모둠을 짠 후 바꾸어 달라는 학생도 많다. 그래도 수업에서 소통과 참여는 활발하다. 이것은 역시 교사와 학생 간의 욕구를 서로 이야기하고 학생들에게 선택권을 주었기 때문이다.

옆의 표는 학생들이 수업에서 타인에게 기여할 수 있는 것, 타인에게 도움받고 싶은 것, 내가 좋아하는 언행과 태도, 수업에서 내가 힘들어하는 것을 적게 해서, 그 기준으로 모둠을 구성한 것이다. 협업 수업을 할 때 이것을 모둠원들이 볼 수 있는 곳에 붙였다.

아울러 모둠 서약서도 만들어서 붙였다.

모둠원	내가 수업에서 타인에게 기여할 수 있는 것	내가 수업에서 타인에게 도움을 받고 싶은 것
김○○	• 경청을 잘할 수 있다.	• 모르는 것이 있다면 친절하게 알려 주 었으면
정○○	• 다양한 아이디어 내는 것 • 발표 자료 꾸미기 및 만들기	• 발표와 자료 찾기
조○○	• 이해하고 정리하기 • 발표 준비와 PPT 만들기 • 사람들 이해시키기	• 나에게 어려운 것들을 알려 주기 • 내가 모를 때 소리 지르지 않고 천천히 알려 주기
홍○○	• 정보 수집 및 정리	• 꾸미기 손재주가 필요한 것들

모둠원	수업 활동에서 내가 좋아하는 행동과 언어, 태도	수업 활동에서 내가 싫어하는 행동과 언어, 태도
김○○	• 나의 말에 경청해 주고 말할 때 끼어들 지 않는 것	• 나의 말을 경청하지 않고 말하는 중간 에 끼어드는 것
정○○	• 발표나 수업을 재밌게 바꾸어 진행하는 것	• 갑작스럽게 큰 소리를 내는 것 • 말을 끊는 행위 • 같이 해야 하는 것을 안 할 때
조○○	• 발표하는 것 • PPT 만드는 것	• 자기 혼자서만 하며 나에게는 눈곱만큼 도 알려 주지 않는 행위 • 내가 모른다고 짜증 내는 것
홍○○	• 텍스트를 읽고 충분한 시간에 주제에 대해 토론하는 것	• 모둠 활동 때 아무것도 하지 않고 피해 만 주는 친구들 • 강의식 수업

6. 수업과 평가에 대한 교사의 철학과 가치를 수립하다

독서 모임과 연수, 초청 강의 그리고 교사의 경험과 수업 및 평가에 대한 지속적인 논의와 공유를 통해서 우리 교육공동체의 수업과 평가에 대한 철학을 정리했다. 이는 함성중학교의 수업과 평가가 추구하는 철학과 가치에 대한 선언적인 의미이기도 하다. 배움과 돌봄의 책임 교육공동체, 학생의 참여와 협력, 성장과 발달을 위한 수업과 평가, 교

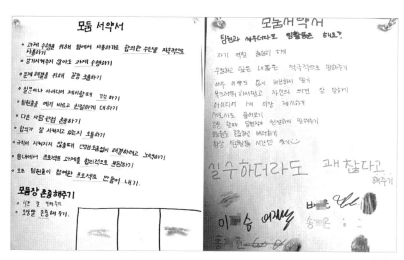

모둠 서약서

실과 학생 차원에서 구현된 교육과정을 지향하는 함성중학교 교육공동체의 수업과 평가 지향점이다.

학생들과 공유하는 수업과 평가의 목적

함성중학교의 수업과 평가는 왜 함께 배워야 하는지, 수업과 평가를 왜 하는지에 대해 안내와 소통을 통해 학생들이 스스로 목표를 설정할 수 있게 한다. 수업 시작 전에, '이 수업이 학생들이 살아가는 데 어떤 힘이 될까?'에 대해 각 수업 단원 혹은 수업 주제의 목표를 학생과 교사가 명확히 인식하는 시간을 가진다. 그래서 수업과 평가에서 학생 개인의 어떤 역량이 성장할 수 있는지를 알게 되고, 성장을 위해서 교사와 학생이 무엇을 연습해야 하는지 공유한다. 이 과정에서 학생들 자신이 수업과 평가에 의미를 부여하여 배움의 힘을 유지한다.

함께 성장하는 배움

함성중학교의 수업은 교사와 학생 간의 배움뿐만 아니라 학생과 학생의 배움이 있는 수업이다. 교사도 학생에게 배운다. 그래서 수업 과정에서 관계가 개선되고, 수업에서 단 한 사람도 포기하지 않아 소외되는 학생이 없다.

개개인의 속도에 맞추는 배움과 평가

배움에 도달하는 속도는 학생마다 차이가 있으므로 교사의 수업 코칭도 학생마다 다양하게 한다. 지식을 전수하는 가르침에서 벗어나 역량 성장을 위해 협업하고 소통하고 서로 연습하는 것이 함성중학교의 수업이다. 수업에서 교사가 중요하게 생각하는 역할은 개별 학생에게 적절하고 도움이 되는 피드백이다. 교사와 학생, 학생과 학생 간의 피드백이 활발하게 이루어지느냐의 여부를 성공한 수업의 기준으로 삼는다.

성공적인 개인의 삶과 건강한 사회의 유지를 위한 역량을 키우는 수업

지금의 학생들이 성인이 되어 필요한 미래의 성공역량은 무엇일까. OECD 및 세계적 교육기관과 기업들은 그 답을 '협업', '의사소통', '자기관리', '창의력', '비판적 사고력(문제해결력)'이라고 제시하고 있다. 이제 교사 주도의 수업은 성공역량을 키워 줄 수 없다. 함성중학교의 수업은 개인의 책임감을 바탕으로 팀과 협동하고, 소통하고, 표현하고, 주장하고, 경청하면서 문제를 해결하는 수업을 지향한다.

학교와 지역사회가 소통하며 서로 기여하는 수업

함성중학교의 수업은 지역의 다양한 주체와 소통하는 수업이다. 지역사회에 참여하는 교육과정 편성, 지역사회의 환경과 인프라를 학교교육과 유기적으로 결합시켜 지역사회도 학교교육에 참여한다. 그리고 수업 과정과 결과를 지역사회에 공개하고 피드백을 받는다. 이 과정에서 학생들은 문제해결 능력을 키우고 이바지할 줄 아는 시민의 소양을 기른다. 예를 들어 학교교육과정과 지역사회 인적 자원과 인프라를 활용한 수업(마을학교, 방과후수업, 프로젝트 수업, 학부모 참여) 과정과 수업 결과물을 공개한다.

학생 개개인의 성장을 돕는 평가

함성중학교의 평가는 과정 중심 평가이다. 수업과 평가를 분리하지 않는다. 평가의 목적은 변별이 아니라 학생의 성장이다. 그래서 수업에서 무엇이 성장했는지를 평가한다. 따라서 성취 속도를 평가하지 않고, 학생 수준, 성향, 사정 등을 고려해 기다린다. 그 과정에서 핵심은 친절하고 구체적이고 도움이 되는 교사의 피드백이다. 피드백은 학생들이 재도전할 수 있게 하여 과정 중심 평가가 실제로 학생 개개인의 성장을 도울 수 있게 한다.

이를 바탕으로 수업과 평가에 교사 개인의 철학과 가치 욕구를 반영하고, 교육과정과 성취기준에 대한 재해석을 통해 각 교과의 수업과 평가의 가치, 목적, 실현 방법에 대해 교사마다 정리하고 공유했다.

국어 수업과 평가

국어과의 수업과 평가에서 기대하는 학생들의 성장은 문해력 향상이다. '문해력'이란 텍스트를 이해하고 평가한 뒤 이를 활용할 수 있는 능력이다. 이는 단순히 단어와 문장을 해독하는 것을 넘어 복잡한 텍스트를 읽고 해석하며 평가하는 능력까지 아우른다.

그래서 국어 수업과 평가는 기본적으로 남의 글을 읽고 자기의 생각을 글로 표현할 수 있는 능력 향상에 중점을 두고 있다. 텍스트와 같은 인쇄 매체뿐만 아니라 다양한 정보 매체, 즉 인터넷 디지털 문해력 신장을 기대한다. 지식기반사회에서 문해력은 가장 중요한 의사소통 능력이기 때문이다.

이러한 교사의 가치에 따라 수업 내용은 제대로 꾸준히 읽기, 읽은 내용을 자기 언어로 표현하는 글쓰기를 기본으로 하고 있다. 수업은 주로 비경쟁 독서 토론, 슬로리딩, 토론, 토의로 이루어진다. 이 수업에서 자기의 생각을 표현하고 주장하고 설득하는 능력, 타인의 입장과 의견, 주장을 공감하고 수용하는 역량을 기르고자 한다. 평가는 이 수업의 과정을 평가한다. 평가에는 교사만 참여하는 것이 아니라 동료 평가와 자기 평가도 이루어진다. 그 속에 학생들의 자기관리역량 향상을 기대한다. 결과적으로 '문해력' 향상 면에서, 학생이 모든 과목의 문제를 이해하고 해결할 수 있는 역량이 향상되고, 처음 직면한 과제와 문제 해결에 대해 머뭇거림이 줄어들고 자신감을 지니게 되었다.

영어 수업과 평가

영어과의 수업과 평가에서 교사의 중요시하는 철학과 가치는 학생의 삶과 관련성이며 소외 없는 학생이다. 교과서 텍스트에서 벗어나 지금 일어나고 있는 상황, 학생들의 삶과 관련 있는 것, 뉴스, 관심 부분의 텍스트를 수용해 성취기준을 새롭게 해석하여 교육과정을 재구성했다.

영어 문해력 향상에 중점을 두고 수업하면서 학생들에게 텍스트를 고를 수 있는 자율성을 부여하고 있다. 그래서 자기의 수준을 이해하고 개인별로 성취할 수 있는 다양한 기준을 제시한다. 또한 과정 중심 평가에서 교사의 적극적인 피드백으로 언제나 재도전할 기회를 주며, 모든 학생이 성공의 경험을 할 수 있는 수업을 목표로 하고 있다.

다음은 텍스트를 활용한 영어 문해력 향상과 실제의 삶과 관련한 수업 계획의 하나로서, 주제는 '안전한 스마트폰 사용 홍보'이다. 우선 다양한 텍스트를 교사와 학생이 준비한다. 선택은 학생이 한다. 각 국가의 스마트폰 사용으로 인한 위험성에 대한 인식과 그 대처 방안을 알아보고, 비교·분석하여 스마트폰의 안전한 사용법에 대한 아이디어를 구상한다. 자신의 일상과 공간에서 더욱 안전한 스마트폰 사용법을 홍보하고 실천하는 것을 목표로 하고 있다.

영어 수업의 주 모형은 직소 수업이다. 영어는 기능 과목이다. 특히 영어로 표현할 수 있게 익숙해지도록 연습이 필요하다. 직소 수업의 장점은 학생의 다양한 수준에서도 모두가 표현하고 참여할 수 있어 적절하다. 그리고 협업과 기여, 소통 능력도 향상된다.

평가 부분에서 특이할 만한 것은 EBS 주관의 듣기 평가 반영을 축소하거나 실시하지 않을 계획이다. 'EBS 듣기 평가'는 학생들의 수준을 고려하지 않은 평가이다. 수업과 관련성도 없다. 그저 변별만을 위한 평가이기 때문에 학생들의 성장에 도움이 되지 않기 때문이다.

기술·가정 수업과 평가

기술·가정 교사가 중요하게 생각하는 수업과 평가의 목표는 사회 변화에 적응할 수 있는 역량 성장이다. 성취기준을 해석하고 재구성하여 주제별로 탐구 과제를 제시한다. 주로 사회 변환에 적응할 수 있는 주제와 실생활에 적용할 수 있는 주제를 설정한다. 아이디어를 구상할 수 있는 능력과 생각하는 힘을 기르게 하고 발표와 토론을 통해서 공유하는 것이 수업의 기본 흐름이다. 수업 모형은 실습을 통한 협업 활동이다.

그 예로 '기술 변천의 역사와 미래의 기술'이란 주제로 매체를 활용해 기술 변천이 당시 사회에 어떤 영향을 미치는 알아보고, 미래 기술이 우리 사회를 어떻게 변화시키는지에 대한 탐구 수업을 들 수 있다. 기술의 변화가 개인의 삶에 미치는 영향을 알고, 그 사회가 요구하는 역량과 그 역량 향상을 위해 자기에게 필요한 구체적인 노력을 알게 하는 것이 목적이다. 진로 탐색과 연계했다.

평가는 수행평가로만 이루어진다. 한 주제, 한 과정마다 평가가 이루어지고 평가의 주체도 동료 평가와 학생 스스로가 평가한다. 성장 과정과 성찰을 중요시한 평가이다.

과학 수업과 평가

과학 수업에서 교사가 학생들에게 기대하는 성장은 현상과 문제에 대한 해석과 해결 능력이다. 수업에서 중요하게 여기는 가치는 학생 주도성이다. 이것이 수업 주제에 대해 학생들이 의미를 부여하며 삶과 연관시키는 동력이라고 생각하고 있다.

이러한 견지에서 학생의 질문 생성으로부터 수업을 시작한다. 꼬리 있는 질문 활동을 통해 생각의 근력을 키우고, 그 과정의 결과로 핵심 질문 만들고, 그것이 학습 주제가 된다. 즉 학습의 주도성을 학생이 갖게 되어 학생이 참여하는 수업이 이루어진다. 교사는 생각과 질문에 머뭇거리는 학생을 기다리고 기회를 주는 수업 환경을 만들고자 노력한다. 그 결과 자기의 욕구조차 표현하기 힘들어하는 학생도 질문을 위해 다르게 생각할 줄 알고, 질문을 해결하는 과정에 적극적으로 참여하게 되었다. 학생의 수업 성찰에 나온 결과이다.

평가를 실제 일어나는 자연 현상의 과학적 탐구와 발견이라는 목표 아래 시행했다. 그 예로 한 달 동안 달을 관찰하여 사진을 찍는 탐구 활동을 했다. 익숙하게 여기는 자연 현상을 낯설게 보고, 다시 발견하게 함으로써 자연 현상에서 과학적인 원리를 찾아내게 했다. 여기서 교사가 중요하게 여긴 또 다른 가치는 자기관리 능력이다.

사회 수업과 평가

사회 수업에서 교사가 추구하는 철학은 '세상을 해석하는 능력과 세상과 나를 연결하는 시민의 자질 향상'이다. 이를 바탕으로 한 사회 수업의 중요 가치는 공감과 해석으로 세상과 타인과 나를 연결하기 위한 소통 능력 향상, 공감과 공존, 실천적 연대이다.

이제 우리는 세상을 해석하고 타인, 공동체와 소통하는 압도적인 매체가 유튜브, 인터넷 뉴스, SNS인 현실에서 허위 정보, 기술 오용, 정보 편식, 개인정보 유출 등의 문제에 직면하게 되었다. 그래서 디지털 문해력 향상은 사회 교사의 새로운 고민 지점이다.

사회 수업의 주요 모형은 프로젝트 기반 수업이다. 이를 위해서는 우선 교육과정과 성취기준의 해석을 통한 교육과정 재구성이 필요하다. 또한 교사가 중요하게 여긴 것은 성찰을 통한 평가다.

DQ. 평화, 인권 공감 제주 여행을 시민에게 어떻게 알릴 것인가?

실천 과제	제주 관광객에게 제주 4·3사건 관련 유적지 방문 유도하기
목 적	제주 4·3사건을 사람들이 기억할 수 있게 하고, 그와 같은 일이 되풀이되지않게 하기위함이다.

구체적 방법 및 실시 계획

실시 방법 (구체적으로 작성)	① 제주 4·3사건 팜플렛 제작 후 배부하기 (팜플렛 내용) 제주 4·3사건을 기억해야하는 이유가 담긴 글과 제주관련 영상 QR코드 붙이기 제주 4·3사건 주요유적지 정보와 지도에 그 주변 관광지를 써서 관광지를 들린 김에 주요유적지 방문 유도하기 ② 제주 관광객 대상으로 4·3사건 진연 설명하기 1) 4·3 원인 2) 4·3 주요사건 - 연대기 3) 4·3 희망사(띠케사) 수 4) 희발 방법 (4·3 사건 아픔에대한 공감 유도하기) ③ 제주 4·3사건 관련 설문조사 (새롭) 4·3사건자리 / 관광유적지 유도
실시 장소	제주 여객선 내부 및 제주도 지역 내에 사람들
대 상	제주 관광객
실시 시기	2019. 10. 21 (월) ~ 2019. 10. 25 (금)
필요 자원	① 팜플릿 ② 설문조사서 ③ 클립보드 (설문조사지에 끼워들며며 활동)
시민들에게 어떻게 설득하고 알릴 것인가? & 시나리오	시나리오 안녕하세요. 저희는 ○○에 위치한 함덕중학교 3학년 입니다. 혹시 시간되시나요? 저희가 이번에 제주도 프로젝트를 하면서 관광객 분들께 제주 4·3건을 살리는 활동을 하게 되었는데요. 평소에 제주 4·3사건에 대해서 알고 계셨나요? 제주 4·3사건에 대해 저희가 알려드릴게요. 제주 4·3건은 광복 이후 미군정기인 1945년 3·1절 기념행사에서 발생한 경찰의 발포사건으로 시작되었습니다. 이후 제주도민에 대한 경찰과 서북청년회의 탄압이 이어졌고 제주도민은 그에 저항했습니다. 그와 함께 단독 선거·단독정부 반대를 외쳐었고요. 1948년 4월 3일, 남로당 제주도당을 중심으로 한 무장대가 봉기하였고, 그에 대응해 제주 4·3사건이라 합니다. 4월 3일 이후 제주도민이 일어나 무장대와 토벌대 간의 무력 충돌, 그리고 토벌대의 진압과정에서 무차 찾간여름, 당시 제주도민의 10%가 희생당하였습니다. 이때 제주도대부분 애하 나무에 매달아 놓고 대검과 죽창으로 찔러 죽이는 등 가지가 잔혹한 방법으로 희방당하였다고 합니다. 무관한 제주도민이 참혹하게 희방당했던 제주 4·3사건을 꼭 기억해주시면 좋겠습니다. 제주도 여행 하실 때 관련 유적지도 한 번씩 방문해주세요. 방문이 4·3기념관이나 제주 4·3 평화·기념관, 그리고 생가들은 등 제주 곳에 있습니다. 저희가 나눠드린 자료에 지도도 있니 참고하셔서 집이 시나리면 예정과 곳과 가까운 곳에 돌르시면 좋을 거 같습니다. 저희가 맞춤 드릴 ○○ 이기가고요. 설문지 작성해주시면 감사하겠습니다.

제주 4·3사건 (홍범 내용 정리)
1948년 4월, 대한민국은 찬란한 봄이었습니다. 그러나 그해, 제주에 붉은 이념의 광기가 골목마다 짓밟히고, 무고한 제주도민이 희생당했습니다. 제주 4·3사건은 3만 여명의 민간인 희생자가 발생한 대한민국의 참혹한 현대사입니다. 그러나 아직까지도 '빨갱이가 일으킨 폭동'으로 알고 있는 사람이 많습니다. 우리가 기억하지않는다면 4·3사건은 잊혀지고, 희생자·유가족들의 고통, 그리고 4·3 진상규명을 위해 힘쓴 분들의 노력이 역사에서 잊혀지게 됩니다. 또한 미래에 이와 같은 일이 계속 되풀이될 것 입니다. 대한민국의 평화를 위해, 모두의 인권을 위해 4·3사건의 진실을 알고 기억합시다.

(아래 도표 주석) 4·3사건 이름에대한 공감유도하기 <희발방법>
(아래 도표 주석) 주요유적지 방문유도하기

역사 수업과 평가

역사 수업의 목표는 다음과 같이 규정했다. 과거에 있었던 인류의 다양한 삶을 이해하고, 이를 바탕으로 현재 우리의 삶을 과거와 연관 지어 살펴봄으로써 인간과 그 삶에 관한 폭넓은 안목을 기른다. 이를 통해 현재를 사는 자신과 역사를 연결하고, 역사적 사실에 대한 성찰을 통해 민주시민으로 성장하기를 기대했다.

수업의 내용 흐름은 첫 번째 역사적 개념과 사실을 바탕으로 인과관계 파악하기다. 다음은 당시 시대와 인물에 대한 감정이입(역사 공감력)으로 역사를 자기 문제로 인식한다. 그리고 역사와 현재를 연결하여 현실을 이해하는 과정으로 이루어져 있다. 이 과정을 통해 인권, 평화, 민주주의의 가치를 내면화하고 배양하고자 했다.

이를 위해 수업 내용이 학생의 삶과 연결되도록 디자인하고자 했다. 방법으로는 슬로리딩, 하브루타, 협동, 소크라테틱, PBL 등 개별 학습 선행 혹은 병행을 바탕으로 협력 학습의 나눔을 추구했다. 질문을 유도하고 연대기 이해력, 역사적 탐구력, 역사적 상상력, 역사적 판단력 등 역사적 사고력이 신장될 수 있도록 수업을 진행했다.

수업과 평가에서 교사의 역할은 수업과 평가의 목표를 학생들에게 명료하게 밝히는 것, 수업 환경을 구성하는 것, 수업 중 성장할 학생들이 마주치게 될 벽을 딛고 올라서 학생들이 성장할 수 있는 계

역사, 슬로리딩 & 하브루타 수업

단을 만들게 하는 비계 제공과 구체적인 도움이 되는 피드백이다. 평가도 피드백을 통해서 재도전할 기회를 주었다.

도덕 수업과 평가

도덕적 민감성과 도덕적 실천 수업을 독서 수업으로 진행했다. 교사의 고민은 '수업에서 아이들에게 무엇을 배우게 할 것인가?'라는 질문에서 출발하여 '수업에서 아이들에게 무엇을 배우게 하고 연습시킬 것인가?', '삶의 주인으로 살기 위해 무엇을 도와줄 것인가?'라는 구체적 질문으로 좁혀 보았다. 교과서에 배우는 지식이 자신의 삶과 이 세계와 어떻게 관계를 맺고 있는지를 의미화하는 것이 교사의 역할이라고 생각했다.

그 과정에서 윤리적 사고의 기본기는 현실 인식이다. 독서는 '현실 인식' 시야를 넓혀 준다. 수업과 연관된 독서는 자신의 세계와 분리된 것이 아닌 생생한 개념을 형성하고, 기여하면서 살아가는 미래에 대해 구체적으로 생각하는 힘을 준다. "교육은 변화다"라는 명제에서 학생들이 좋은 쪽으로. 버티는 힘을 가지도록, 자기 시각으로 세상을 해석할 수 있도록, 기여하며 살아갈 수 있도록, 교사는 학생들에게 자신의 삶과 세계를 관련지어 살아갈 수 있도록 도와주는 수업을 해야 한다는 철학과 가치를 두었다.

그래서 『Heal The World』라는 책으로 독서 수업을 진행했다. '세상의 고통을 왜 나누어 짊어져야 하는가?'라는 질문에 답을 하고, 학생들이 내가 생존할 수 있는 것은 나만의 의지, 힘, 노력만으로 가능한 것이 아님을 알게 하고, 구체적 실천으로 이어지는 수업을 했다. 이런 도덕적 민감성을 바탕으로 한 연대가 미래를 살아가는 핵심역량이다.

Heal The World	학년	나	짝
	1	( )번 이름: ( )	( )번 이름: ( ) / ( )번 이름: ( )

주제 : 우리뭐 우가위

memo '무엇에 관한 메모인지, 기호(? ! X ＊ ★)로 표시하여 적어 주세요   일자 2018 년 11 월 28 일

? 제약 회사들은 '복제약을 사용한다면 에이즈 퇴치 기금을 원조 하지 않겠다. 특허권이 보장되지 않으면 경우 신약 개발은 더이상 없다'라고 한다. 그렇다면 돈이 목숨보다 중요하다고 선택 한것이다. 그럼 나는 여기서 과연 제약 회사원들의 가족이였더라면 사장의 지인 이였더라면 어떨까? 과연 아프리카 사람들에게 했던 던거 처럼 無관심 하다고 넘어 갈 수 있을까?

↓ 지금 현재로써는 아프리카에만 거의 존재하고 있는 에이즈. 제약 회사들이 이미 선진국에서 '에이즈'라는 병이 발견 되는 때 부터 약을 만들어 팔고있다. 하지만 아직 에이즈는 남아 있다. 왜냐고? 그건 아프리카같이 후진국 들은 약의 본돈이 부족 하다. 국민의 1인당 소득의 30~40배 나 되니까. 그래서 정품의 2~3% 가격인 복제 약품을 인도나 태국 으로 부터 들어 오게된다. 하지만 제약 회사들은 '복제약'을 사용하지 말라고 한다. 예를 들어 제약회사의 정말 친한 친구가 에이즈가 걸렸는데 돈이 없다. 그럼 과연 이렇게 외면을 할까? 아마도 외면하지 못할것이다. 하지만 아프리카 사람들에게 외면 하는 이유는 뭘까? 아마도 돈을 벌어야 한다는 생각 때문 일것이다. 선진국들 한테 장사를 다 한후 이제 팔 사람이 없으니 아프리카 사람들 에게라도 돈을 벌어야 한다는 것이다. 그래서 제약회사 들이 이렇게 무관심 하기 보다는 약을 70%~80% 라도 할인을 해주어 팔면 좋을것 같다. 또한 에이즈에 걸린 사람들이 자기 가족이라고 생각하면서 좋으라 주면 좋겠다.

★ 아직 에이즈 가 있는 나라를 외면 하지 말고 자기 가족, 지인 처럼 챙겨주면 주었으면 좋겠다.

도덕, 힐더월드 독서 수업 1

7. 세상과 나를 연결하는 수업은 교사와 학생을 성장시킨다

2018년도에 4차례의 교과 융합 프로젝트를 실시했고, 2019년에는 그간의 성과와 경험을 토대로 새로운 도전을 했다. '한라에서 백두까지 프로젝트 1'이다. 주제-탐구-표현으로 이어지는 교육과정, 교과의 경계를 넘나드는 통합교육과정, 학생의 삶과 연계된 교육과정의 구체

적 실현이었다. 교사들에게는 큰 도전이었다.

수업뿐만 아니라 '우리 교육 공동체의 문화가 현장에서 어떤 긍정적인 역할을 해낼 수 있을까?'라는 검증의 기회이기도 했다. 4박 5일의 제주에서의 활동에만 매몰되는 것을 방지하기 위해 사전 수업, 사후 수업에 이어 평가까지 전 교과가 고민했다. 이전에 없는 융합 프로젝트 수업이다

평화, 인권 공감 제주 프로젝트: 역사 PBL 실제성-제주 시민을 대상으로 일제 잔재 언어 청산 활동을 위해 학생들이 제작한 홍보물

보니 교육과정을 재구성하기 위해 교육과정과 성취기준에 대한 치밀한 문해력이 필요했고 그 과정도 지난했다.

전 교과를 아우르는 사전 교실 수업-현장 수업-사후 교실 수업을 위한 디자인을 40페이지가 넘는 워크북 형태로 만들었다. 각 교사의 철학과 가치 그리고 학생들의 노력이 녹아 있는 완성된 워크북을 보니 교사와 학생의 성장이 보인다.

평화, 인권, 생태, 공감 제주 Project
'한라에서 백두까지 프로젝트 1'의 가치는 삶과 배움이 분리되지 않는 교육과 수업 속에서 학생과 교사의 성장입니다.
이번 프로젝트 수업을 위해 교사는 교육과정과 성취기준에 대한 교사의 해석을 바탕으로 교육과정을 다시 구성했습니다.
학생들은 자율성을 바탕으로 협업과 공감으로 자기의 삶

과 연결하는 수업을 했습니다. 제주 프로젝트는 수업과 분리
된 체험학습이 아닙니다. 교실로부터 시작해서 제주, 다시 교
실로 이어지는 수업이며, 그 과정을 통해 세상과 자신을 연
결하는 수업입니다.

내년에 이어질 '한라에서 백두까지 프로젝트 2'에서도 공
감과 실천으로 삶을 배우는 수업이 되기를 기대합니다.

자신에게 이르는 가장 빠른 길은 세상을 둘러보는 길입
니다. -헤르만 카이저링, 『한 철학자의 여행일기』에서

8. 학부모는 우리 학교를 어떻게 바라볼까

다음은 학부모회가 학부모 대상으로 인터뷰한 내용이다. 질문은
'학부모가 바라보는 함성중학교'이다.

"행복을 꿈꾸며 실천하는 공동체."
"아이들이 행복하며 선생님과 소통을 잘하는 학교."
"내가 보고 듣고 느끼고 실천하는 학교."
"아이들이 자유롭고 행복한 학교, 아이들이 만들어 가는 학교, 내
가 다니고 싶은 학교."
"꿈을 그리는 학교! 모두가 저마다 다른 꿈을 꾸며 서투르지만 밑그
림부터 그려 나아가고 있는 학교."
"아이들이 즐겁고 행복하고 신나고 매일매일 가고 싶어 하는 학교,

자신을 믿고 할 수 있는 모든 활동을 할 수 있는 학교."

"함성중학교는 봄, 여름, 가을, 겨울이다. 다른 계절처럼 개성이 다른 아이들의 다양성을 인정해 주고 계절마다 꽃피는 시가 다르듯이 저마다의 꽃을 피울 수 있도록 해 주는 학교."

2019년도에는 함성중학교를 바라보는 학부모들의 시선이 많이 달라졌다. 부정적인 시각도 분명히 존재하겠지만, 이런 반응은 우리 교사에게 생소하고도 감사하고 기분 좋은 경험이다. 왜 그럴까. 이것도 문화의 힘인 것 같다. 기존의 학부모 모임과 다른 점은 학교의 공식적인 의사결정 때에만 모이는 게 아니라 학부모의 요구가 있다면 언제든지 모인다는 점이다. 독서 모임도 지속적이다. 때로는 학년별 학부모 번개 모임을 열기도 한다.

아이들의 행복한 학교생활에 제일 중요한 것은 '관계'와 '성장'이기에 내 아이의 친구도 소중하다. 그래서 학부모들 간의 소통과 교육공동체 운영에 참여가 필요하고, 아이의 성장뿐만 아니라 학부모의 성장에도 도움이 된다. 이것이 함성중학교 학부모회의 필요성이고 존재의 의미가 되었다.

9. 지속가능한 전문적학습공동체 정착은 여전히 어렵다

우리 교육공동체는 전문적학습공동체의 문제점을 다음과 같이 진단하고 해결을 위해 노력하고 있다. 앞으로도 시간과 연습이 더 많이 필요할 것 같다.

3학급의 소규모 학교에서 교과 중심의 전문적학습공동체 운영은 쉽지 않다. 수업 나눔 과정과 컨설팅 매칭에 대한 교사의 부담감이 많이 없어지기는 했지만, 여전히 어렵다. 학교와 교사 개개인이 처한 현실과 욕구(가치, 철학)를 담아내지 못한 정형화된 전문적학습공동체는 교사 개인의 실질적인 성장과 관계가 먼 협의회로 전락할 수 있다. 또한 교사 개인의 욕구와 분리된 채 수업(교수 방법의 기술)만 잘하기 위한 학습공동체는 교과, 교사, 교수 방법, 학교문화 등 다양한 요소로 인해 지속이 힘들다. 그리고 수업 관찰 및 평가에 대한 전문적 지식이 아직 부족하여 교사에게 도움이 되는 평가 및 피드백을 기대하기 힘들다.

혁신학교 2년 차 학교로서 좀 더 성장하는 교육과정을 위해 전문적학습공동체는 굉장히 중요한 역할을 했다. 무엇보다 교사로서 자부심이 높아지고 교과목별 수업에 대한 방법과 철학이 확고해졌다.

2018년 전문적학습공동체 운영에서 최우선으로 노력한 것은 교직원 간의 문화뿐만 아니라 교사와 학생 간의 민주적 문화 정착이었다. 이러한 학교문화의 기반 위에서 학생 개개인에 대한 이해를 바탕으로 학생의 꿈과 재능을 위해 소통하고, 노력하고, 연습하는 수업과 교실을 위해 전문적학습공동체를 운영했다.

본교 교사들은 매주 목요일 6교시 수업 나눔 수업을 하고, 7교시에 컨설턴트와 함께 협의회를 했다. 이를 통해 교사의 수업을 평가하는 것이 아니라 교사에게 도움을 주고 성장할 수 있는 수업 나눔과 컨설팅을 정례화했다.

매월 마지막 주 화요일은 지역 초·중등 희망 교사들과 행복학교연구회 모임을 실시했다. 교육과 관련된 다양한 주제의 독서 토론을 통해 교사의 성장을 도모했다. 무엇보다 교장 선생님의 철학, 리더십 그리고 교사와의 격의 없는 토론 등에서 보여 주는 교사에 대한 신뢰와 지지가 이러한 활동들을 운영하는 데 큰 힘이 되었다.

연수와 컨설팅의 경험과 지식을 수업혁신을 위해 지속적인 연습과 구체적인 노력으로 연결하는 교사, 학생과 학부모에 대한 신뢰뿐만 아니라 교사로서의 욕구와 철학을 실현하려는 교사들이 소통하고 연습하고 노력하는 곳이 우리가 추구하는 지속가능한 전문적학습공동체이다. 그것이 바로 지금 우리가 시급히 정착해야 하는 학교문화이다.

교육은 학생과 교사의 관계가 핵심이라는 명제를 다시 확인하고, 우리 교육공동체와 교사의 성장을 위한 지속가능한 전문적학습공동체의 지향점과 목적을 다음과 같이 정리했다.

함성중학교의 전문적학습공동체는 교실과 수업에서 교사의 성장을 도모해야 한다. 그리고 학교라는 공통의 생활공간에서 교사와 학생이 상호작용하는 연결고리를 마련하고 학생들의 성장과 변화를 돕는 존재로서 교사의 존재 이유를 인식하는 공간이 되어야 한다. 또한 한 인간으로서 교사의 성장을 위해 교실과 수업을 매개로 함께 배우고 연습하고 실천하는 장을 제공해야 하며, 학생들이 세상을 해석하는 힘과 살아가는 힘을 기를 수 있는 수업과 교실을 위한 교사들의 연습과 실천을 공유하는 곳이 전문적학습공동체이다.

10. 도전은 계속될 것이다

혁신의 과정에서 반복된 시행착오와 그 속에서 생겨난 차이들이 문화로 정착되고, 문화가 주는 힘을 구성원들이 경험하기 시작했다. 혁신은 여전히 진행 중이며 당연히 어려움과 도전에 직면하는 상황이 반복될 것이다. 하지만 이것이 우리가 성장하는 기회라는 것도 알고 있다. 학교 비전인 '다 함께 성장하는 행복한 교육공동체'에서 '다 함께 성장'은 똑같이 성장하는 것이 아니다. 성장의 속도를 강요하지 않고 다양한 성장을 도와주고 환경을 제공하는 것이다. 이것이 우리 교육공동체의 문화이다.

다음은 2019학년도에 도시 지역에서 전학 온 학부모와 학생들이 함성중학교에 관해 이야기한 내용이다. 이를 소개하는 것은 혁신에 대한 노력이 가져온 학교문화가 어떤 작용을 하는지 말하기 위해서다.

"전에 다니는 학교에서는 자신이 존중받지 못한다는 마음에 힘들어했습니다. 그러다 보니 주말만 기다리고 일요일 저녁에는 한숨을 쉬곤 했습니다. 동생들에게 짜증을 내는 모습을 보는 것은 부모로서도 참 힘든 일이었습니다. 지금은 학교 가는 것을 즐거워합니다."

"우리 아이가 이제는 등교할 때 예전처럼 노래를 흥얼거리며 현관문을 나섭니다. 그것을 지켜보는 것만큼 부모로서 행복한 건 없습니다."

"학급의 학생 수가 적다 보니 사이가 참 좋았습니다. 큰 학교 같으면 한 모둠 정도의 인원이 한 학급이다 보니 서로 친하게 지낼 수밖에 없는 것 같습니다."

"함성중학교에서 큰 변화는 아이보다는 우리 부부입니다. 큰아들이 중학교 다닐 때는 3년 동안 3학년 때 교과 설명 때와 졸업식 때 두번 갔습니다. 당시는 학교에 방문하는 것이 선생님들한테 오히려 부담을 주는 것 같았습니다. 그런데 아이가 함성중학교로 전학 온 이후 거의 매달 1~2회 정도 방문하고 있습니다. 학부모의 역할이 무엇인지 조금씩 배워 가고 있습니다."

"학부모회의 내실화입니다. 학부모님들과 한 달에 한 번 모여서 독서모임을 하는 과정에서 학교의 세세한 사정들을 자연스럽게 알게 되었고, 문제가 있으면 학부모들이 연대해서 함께 해결해 갈 수 있겠다는 가능성을 발견했습니다. 저와 유사한 교육관을 가진 부모님들이 많아서 마음이 잘 통했습니다."

"함성중학교에서는 선생님들의 진심 어린 열정을 느낍니다. 지난번 야간 행사 때 함께하는 선생님들의 얼굴을 보며 아이를 진심으로 사랑한다는 느낌을 듬뿍 가졌습니다. 이렇게 좋은 선생님들이 함께하니 어찌 아이들이 행복하지 않을 수 있겠습니까?"

다음은 전학 온 학생이 이야기하는 함성중학교이다.

"자기계발 프로그램, 꿈 찾기 프로그램, 자아 성찰 프로그램으로 학생이 발전할 수 있는 프로그램이 다양하다."

"학생들의 의견을 반영해 준다."

"교사와 학생의 관계가 아름답다."

"우리의 개성을 존중해 준다."

"학교 프로그램을 우리가 주도적으로 운영할 수 있다."

"도시는 선후배 관계가 강제적이고 강압적이지만 우리 학교는 선후배의 관계가 좋다."

"우리 학교는 다양한 체험학습이 가능합니다. 스쿨버스가 있으니

기동성이 좋기 때문입니다. 한 학년이 스쿨버스를 타고 인근 산으로 가서 과학 수업을 할 수 있고 치킨을 몇 마리 먹고 남은 뼛조각을 가지고 닭의 생체 구조도 탐구할 수 있습니다. 체육 시간에는 버스를 타고 가까이에 있는 수영장과 승마장에서 운동할 수 있습니다. 이전 학교에서는 과학 시간에 돌 이름과 특징을 계속 외웠던 일이 생각납니다. 암기도 필요한 것이지만, 우리 학교는 체험을 통해 자연스럽게 이해할 수 있기에 과도한 암기로 인한 스트레스는 없습니다. 그리고 큰 학교에서는 무리 지어 노는데 우리 학교에서는 한 학년 모두가 친하게 지내고 따돌림 같은 나쁜 행동을 하는 친구가 없습니다. 또 토론 수업을 자주 하고 발표할 기회가 많으니 자신감이 이전보다 많이 생겼습니다."

함성중학교는 그동안 힘든 과정을 여러 번 거쳤지만, 노력 끝에 본교의 구성원들은 더 학교다운 학교가 어떤 학교인지 깨닫게 되었다. 더 교사다운 교사가 되어 자긍심도 갖게 되었다. 현재의 제도와 시스템에만 책임을 돌리며 외면하지 않고, 교육공동체가 성장할 수 있는 문화가 조성되기 시작했다. 이제는 이루어 낸 혁신을 바탕으로 지속 가능한 전문적학습공동체 문화 조성으로 혁신의 가치를 이어 갈 것이다. 그리고 지역과 서로 소통하고 참여하며 기여하는 지역사회의 학교로 자리매김하는 데 노력할 것이다.

5.

천천히 나아가지만
거꾸로 가지 않는다

양평고등학교

" 학교는 삶을 가꾸고 나누는 교육공동체입니다. **"**

정문희

청운고등학교 선생님. 아이들을 조현초등학교에 보내기 위해 양평에 이사 온 지 10년이 되었다. 2011년부터 7년 동안 양평고등학교에 근무하면서 마지막 4년은 연구혁신부장으로 양평고의 혁신과정에 함께 참여했다. 지금은 학생 수 70명 내외의 작은 시골 학교인 청운고등학교에서 생명과학과 통합과학을 가르치고 있다.

1. 양평고등학교는 천천히 혁신하자

양평군은 고교 입시 비평준화 지역이다. 7개의 일반계 고등학교 중 5개는 면 소재지에 하나씩 있고, 양평 읍내에 2개(공립 1, 사립 1)가 있다. 등하교가 편리한 읍내 일반계 고등학교에 진학하려면 중학교 내신 성적이 중상위권이어야 가능하다. 그래서 읍내에 위치한 두 학교는 서로 우수한 학생을 유치하기 위한 경쟁 관계에 놓이게 되었다. 이런 환경이 고등학교에서 '혁신'이라는 단어를 먼 나라의 이야기처럼 만들었을 것이다. 그러다 보니 혁신 초등학교를 졸업한 아이들은 환경이 사뭇 다른 일반 중학교로 진학을 하거나 아예 초등학교 고학년 때 원래 살던 지역으로 돌아가는 안타까운 일들이 발생했다.

2010년 양평고등학교로 발령받아 왔을 때, 초등의 경우 조현초등학교를 중심으로 혁신 초등학교의 확대와 혁신 교육과정을 견고히 하기 위한 노력들이 있었다. 그에 비해 중등은 혁신교육이 매우 열악한 환경이었다. 특히 고등학교에서 혁신이라는 단어는 실현 불가능한 일로 치부되는 분위기였다.

이전에도 양평고등학교는 학교문화를 바꾸기 위한 움직임들이 여러 차례 있었다고 한다. 그러나 소수의 선생님만으로는 큰 물결을 만들기 어려웠다. 지역적으로 워낙 외곽에 위치하다 보니 그들만의 문화가 끈끈해져 있었기 때문이다. 관외에서 새로 들어온 선생님들이 몇 년 동안 시도를 하다가 실패하고 다시 돌아가 버리는 상황이 반복되자, 기존의 선생님들은 아예 관외에서 들어오는 선생님들이 무엇을 하려고 시도하는 것에 거부감을 느끼게 되었고, 그러다 보니 그들만의 문화는 더욱 견고해졌다.

양평고등학교에서 근무했던 첫해에 수업에 대한 고민을 먼저 시작했던 선생님을 중심으로 알음알음 젊은 선생님들이 모여 교사 수업 동아리가 만들어졌다. 이우학교 연구부장과 정기적으로 만나 수업이란 무엇이며 어떠해야 하는지에 대해 이야기했다. 이우학교의 수업 사례를 들으면서 부러워하기도 하고, 어떻게 변형시켜야 우리 학교에 실행할 수 있는지를 토의했다. 수업 관련 서적과 자료집을 읽고, 서로 수업을 참관하면서 어떤 관점으로 수업을 바라보아야 하는가를 고민하고 토의하면서 서로에 대한 격려와 지지도 이어졌다. 양평고등학교 혁신은 자발적으로 시작했던 이 수업 동아리에서 시작되었을 것이다. 그러나 다른 선생님들이 이 모임을 '또 학교를 시끄럽게 할 사람들'이라는 시각으로 바라보고 있는지 그 당시 우리들은 몰랐다.

정기적인 공부모임이 1년 정도 되어 갈 무렵 우리는 수업 동아리의 회원을 확대하기로 했고, 먼저 우리의 고민이 들어간 수업을 보여 주기로 했다. 주변 선생님들을 동참시키기 위해 따뜻한 만남으로 다가갔다. 점심 식사를 하면서 요즘 힘든 일은 없는지를 묻고, 전달 내용이 주로 이루어지던 교과협의회 시간에는 공동 수업 이야기를 꺼냈으며, 공강 시간에 같은 교무실의 옆자리 선생님께는 수업 시간에 학생들이 어떻게 참여하는지에 대한 이야기를 건넸다.

선생님들 대부분은 최근 몇 년 동안 해를 거듭할수록 인근에 있는 사립 고등학교에 비해 신입생의 입학 성적이 떨어져 수업하기가 점점 힘들어진다는 고민을 토로했다. 성적이 상위권인 학생과 그 학부모들이 주말에도 자율학습 지도가 이루어지는 인근 사립학교를 선호하게 된 것이다. 이런 상황에서 기존의 수업 방식으로는 학생들의 수업 진행이 힘들 수밖에 없었기 때문에 수업 동아리에서 함께 고민을 나누고 해결책을 찾아보려는 움직임이 조금씩 확대되었다. 그러나 회원이 많아지고 모임이 진행될수록 수업이 힘들어지는 현상이 내년에도 그 이후에도 계속되리라는 불안과 걱정이 더욱 커졌고, 이 문제는 단순히 몇몇 교사가 수업을 바꾸는 노력으로는 감당할 수 없을 것이라는 생각이 퍼져 나갔다. 지금까지 해 오던 방식의 수업뿐만 아니라 학교 운영 방식, 교육과정까지 바꿔 보자는 의견들이 서서히 나오게 되었고, 이러한 고민은 혁신학교 준비교 신청까지 이어졌다.

그러나 모든 문제의 해결책을 제시해 줄 줄 알았던 혁신학교는 출발부터 삐걱거리기 시작했다. 혁신학교를 중심에 놓고 선생님들의 동상이몽이 시작된 것이다. 어떤 선생님들은 혁신학교 신청 시 나오는 지원금으로 수능 과목 중심의 방과후수업을 개설해서 소수의 우수한 학생들에게 많은 혜택을 주어 입시 결과가 대박이 나길 원했고, 어떤 선생님들은 이번 기회에 학생들이 서로 협력하는 학습을 통해 자발성을 키우고 나아가 학생들이 학교 경영에 참여할 수 있도록 학교 시스템을 완전 재구성하기를 원했다. 또 어떤 선생님들은 학급당 학생 수가 줄어서 수업이 좀 편해지기를 원했으며, 대부분 선생님들은 그저 자신의 업무가 늘어나지 않기를 바랐다.

2. 변화가 시작되다

혁신학교로서의 면모를 갖추게 된 시기는 아무래도 내부형 공모교장 선생님과 교감 선생님이 동시에 발령을 받아 온 해인 2013년 이후라고 할 수 있다. 2011년 혁신학교 준비교를 거쳐 2012년 혁신학교로 지정되긴 했지만, 내부형 공모교장 선생님이 오기 전까지 밖에서는 지역사회와 동문들이 내부형 공모교장을 반대하고 나아가 혁신학교까지 취소하려는 압력이 계속되었고, 안에서는 혁신에 대해 서로 다른 꿈을 꾸는 선생님들끼리 반목하며 서로 협조하지 않는 시기가 이어졌다. 그러나 서로에게 상처만 주던 선생님들의 속마음에는 양평고등학교가 날로 발전하길 바라고 학생들이 행복해하는 학교를 만들었으면 좋겠다는 염원이 있었다. 우리는 같은 방향을 바라보고 있었지만, 그곳에 다가가는 방법이 서로 달랐고 또 자기가 생각하는 길만이 옳은 길이라고 고집하고 있었다. 또 우리는 서로 자기가 받은 상처가 제일 크다고 생각했기에 서로의 속마음을 꿰뚫어 볼 수 없었다.

변화의 물꼬를 튼 것은 교장, 교감 선생님이었다. 기존의 시스템은 변화시키지 않으면서 우선 교사들을 만나기 시작했다. 교장 선생님은 교무실마다 날짜를 달리해서 간담회를 열었고, 아침 조회와 점심시간을 이용해 학생들도 면담했다. 교감 선생님은 의견이 다른 선생님들과 따로 만남의 자리를 만들어 이야기를 들어 주기 시작했다. 처음에는 같은 복도를 오가도 서로 쳐다보지 않던 교사들이 교장, 교감 선생님과 함께 하는 술자리에서는 그동안 서로에게 서운했던 마음들을 쏟아 내었다. 그러다 다시 목소리가 커지고 자기 방식이 옳다고 고집하면 교장, 교감 선생님은 선생님들에게 당신들이 원하는 학교의 모습에 대해 각자 이야기해 보라고 했다. 그러면 커졌던 목소리가 다시 묵직해졌다. 이런 날들이 꽤 오랜 시간 이어졌다. 그리고 그 시간만큼 서로 가까워지고 있었다. 교장 선생님은 학교 관사에 사셨기 때문에 관사에 거주하는 교사들의 모임도 챙기셨다. 교감 선생님은 그해 1년 치 대리기사 비용을 모았으면 중소형 아파트를 살 수 있었을 것이라는 우스갯소리가 돌았다.

그 시기에는 그만큼 양평고등학교를 발전시키고자 하는 열정이 넘치는 선생님들이 많았다. 그 열정을 학교를 바꾸는 건전한 원동력으로 활용하기 위한 교장 선생님의 전략이 세워졌다. 바로 '양평고 발전전략팀'의 탄생이다. 우선 학교 발전에 도움이 될 수 있는 의견을 가진 사람들을 자발적으로 모았다. 학교에 대해 여러 불만이나 고충이 있는 사람들도 참여를 독려했다. 기발하고 창의적인 아이디어를 낼 수 있는 젊은 선생님들도 함께했다. 연구혁신부에서 전체 선생님들을 대상으로 우리 학교의 전반적인 상황과 장단점, 해결했으면 하는 주제가 무엇인지를 묻는 설문을 돌렸고, 그중 가장 많이 나온 의견 세 가지를 주제로 선정했다. 각각의 주제에 맞는 연구를 진행하려는 교사끼리 팀을 만들고, 팀장을 중심으로 소주제를 분류한 다음 그 분야에서 우수한 학교 운영을 하는 곳을 찾아내어 그 학교의 교육계획서를 연구했다. 이해가 가지 않으면 해당 학교의 담당 부장과 전화 통화도 했고, 메일로 자료도 받았다.

학기 중에는 심도 있는 토의가 어려워 방학 중 3박 4일 동안 합숙하면서 모아진 정보를 우리 학교 상황에 맞게 재구성했다. 매일 소주제마다 새로운 기획안들을 만들어 내고, 저녁에 함께 모여서는 팀별 활동들이 다른 팀의 일정과 겹치지는 않는지, 서로의 취지에 어긋나지는 않는지 등에 대해 다시 협의했다. 또, 각각의 교육과정이 일회성 행사가 아닌 학생들의 성장을 이끌 수 있도록 유기적으로 연결되어 있는지도 살폈다. 미리 받았던 선생님들의 설문 내용을 모두 담았는지도 확인하면서 다음 학년도의 교육계획을 세우기 시작했다. 이런 활동으로 우리는 매년 교육과정을 새롭게 만들고 다듬어 양평고만의 색깔을 찾아갔다.

3. 수업으로 성장하는 학생 그리고 교사

양평고등학교는 비평준화 지역에서 중상위 성적을 가진 학생들이 오는 학교이기 때문에 강의식 수업을 진행하는 것이 다른 학교에 비해 어렵지 않았다. 강의식 수업을 하면 전국연합학력평가 시험에 맞춰 진도까지 빨리 나갈 수 있어서 좋았다. 학교 주변에 학원이 거의 없어 학교 공부로만 입시를 치르는 학생들이기에 수업에 집중해서 잘 듣고 조는 학생도 없었다. 그러기에 선생님들은 본인의 수업에 대해 어느 정도 자부심을 느끼고 있었다. 이런 분위기 속에서 수업 동아리에 속한 선생님이 함께 수업을 바꿔 보자고 하는 얘기나 학생 참여 중심 수업을 해 보니 학생과 교사 모두가 만족도가 높더라는 이야기에 다른 선생님들은 관심이 없었다. 아니 오히려, 왜 굳이 아무런 문제가 없는 수업을 바꾸어야 하는가? 학생들도 잘 이해하면서 따라오고 있는데. 또, 진도 빼기에 이만한 수업이 어디 있나? 오히려 당신들이 아이들 수업 분위기를 흐트러뜨리고 있는 것 같은데……. 수업을 바꾸자는 얘기를 하는 것을 보니 업무가 덜 바쁜 게 아닌가? 하는 식의 답변을

들을 때도 있었다.

혁신학교로 지정된 후에도 이러한 분위기는 쉽게 바뀌지 않았다. 경기도교육청에서 혁신학교에서는 연 2회 수업을 공개하라는 공문이 오고 나서야 선생님들은 수업 동아리의 존재에 관심을 가지기 시작했다. 공개수업을 대신 해 줄 교사들이 있었기 때문이다. 좋은 기회라고 생각했던 수업 동아리 선생님들이 먼저 용기를 내었다. 1학기에는 저경력 교사와 기간제 교사가, 그다음 학기에는 좀 더 경력이 있는 교사 2명이 수업을 공개했다. 선생님들은 의무적으로 수업을 참관하면서 학생 참여 중심 수업은 초등학생들에게나 적합한 수업이라고 생각하기도 했고, 색다르다며 한 번쯤 보여 주는 수업으로는 괜찮겠다고 생각하는 교사들도 있었다. 그러나 정작 본인은 평소에 저런 식으로 수업하지 않으리라는 생각으로 수업을 참관했다. 또 수업을 공개하는 교사를 평가하거나 방법론적으로 개선점을 찾는 시각으로 참관록을 작성했고, 어떤 참관록은 수업을 공개해 주었다는 자체만으로도 칭찬 일색이었다. 이런 분위기였기에 학생 참여 중심으로 수업을 바꾸기가 쉽지 않았다.

수업 개선은 난제 중의 난제였다. 하루아침에 이루어질 일이 아니었기 때문에 서서히 조금씩 바꾸어 보자는 생각으로 수업 개선 4개년 계획을 세웠다. 처음 수업 개선에 대한 동기부여는 학교 평가에서 시작되었다. 학생과 학부모 대상 설문 중 수업과 관련된 내용에서 부정적인 점수가 매우 높게 나왔기 때문이다. 선생님들은 나름 본인들이 '강의식 수업의 달인'이라고 여길 만큼 자부심이 있었으나, 실상은 배움이 일어나고 있지 않다는 학생들의 솔직한 평가에 한동안 충격이 컸다. 자존심이 상한 만큼 수업 개선에 대한 의지가 샘솟았다.

하지만 당장 어떻게 바꿔야 하는지에 대한 준비가 되어 있지 않았다. 그래서 그다음 해에 창의적 교수법, 프로젝트 수업, 협동학습 등 수업 방식과 관련된 다양한 연수들을 진행했다. 공개수업과 수업 참관의 횟수를 늘리고 수업 협의회도 자주 가졌다. 이런 방식으로 모든 게 해결될 줄 알았다. 선생님들은 열심히 참여했으나 지속하지 않았고, 일회성 수업에 그치거나 하다가 중간에 포기하는 선생님들이 늘어났다. 내년에는 혁신학교가 아닌 다른 학교로 옮겨야겠다는 얘기들이 나오기 시작했다.

뾰족한 방법이 떠오르지 않자 수업 개선에 성공한 고등학교 사례를 찾아보았다. 그러나 대부분 사립 고등학교이거나 대안형 학교였다. 일반계 공립 고등학교에서 수업 개선에 성공한 사례가 거의 없었다. 고등학교에서의 수업 개선은 불가능하다며 그만 포기해야 한다는 얘기들이 오갈 무렵, 방학 동안 수업 코칭 연수에 다녀오셨던 선생님으로부터 수업을 바라보는 관점을 달리하니 수업 개선에 자신감이 생겼다는 얘기를 들었다. 그 연수를 담당했던 연구소의 부소장 선생님을 만나 양평고등학교 상황을 설명하고 1년 동안 우리 학교에 알맞은 수업 코칭 방법을 함께 찾아보기로 했다.

연 6회, 1회에 8명씩 학교에 코칭 선생님들이 오셨다. 코칭연구소 선생님들과 함께하면서 수업 변화에 속도가 붙기 시작했다. 우선 교사와 수업에 대한 시각이 바뀌었다. 수업코칭연구소의 '수업 나눔 10가지 약속'은 선생님들이 '저런 철학을 가진 방식이라면 일단 한번 해 보겠다'라고 마음을 먹는 데 큰 역할을 했다. 수업자를 평가하지 않는다는 항목에서 선생님들의 마음이 많이 움직였다. 교사는 누구나 좋은 수업을 하고 싶어 하며, 좋은 수업의 상은 교사마다 다르다는 철학을 전제로 자기의 수업 고민을 이야기하게 되었다. 수업을 바꾸라는 외부 압력에 의해 억지로 바꾸는 것이 아니라 교사가 진정 원하는 수업을 할 수 있도록 수업 친구들이 응원하고 격려하는 방식이어서 코칭 선생님들이 오지 않는 날에도 우리끼리 수업 이야기를 자주하게 되었고, 그 과정에서 동료에게 따뜻한 위로를 받는 시간이 이어졌다.

● 수업 나눔 10가지 약속

1. 수업 방법이 아니라 수업자 내면의 삶을 나눕니다.
2. 나의 틀을 내려놓고 수업자의 시선으로 갑니다.
3. '너'의 수업이 아니라 '우리'의 수업 이야기를 함께 나눕니다.
4. 수업자를 평가하지 않고 수업자의 삶을 격려·지지합니다.
5. 수업자를 가르치는 것이 아니라 수업자가 성찰하도록 돕습니다.
6. 수업의 빠른 변화가 아니라 수업의 꾸준한 성장이 목적입니다.
7. 수업자를 앞서가지 않고 수업자와 공감하며 동행합니다.
8. 나의 궁금함을 해결하는 것이 아니라 수업자의 고민에 머무릅니다.
9. 개인의 역량 강화를 넘어서 함께 실천하며 학교문화를 바꿉니다.
10. 수업자의 문제를 해결해 주는 것이 아니라 나의 수업을 깊이 들여다봅니다.

출처: 좋은교사 수업코칭연구소

수업 코칭을 받게 된 후 선생님들은 본인들이 하고 싶은 수업에 대해 전문적인 역량을 갖게 되길 원했다. 토론 수업을 하고 싶었던 선생님들은 토론 수업 연수를 받은 후 학생들과 토론 수업을 하셨고, 프로젝트 수업을 하고 싶었던 선생님들도 일단은 시작해 보았다. 동료 교사인 수업 친구들의 격려와 응원이 이어졌다. 다른 선생님들도 각자 해 보고 싶었던 수업을 하나씩 찾아가기 시작했다. 이 무렵 EBS 다큐 프라임 〈학교의 기적-12가지 시크릿 편〉 '선생님 수업을 열다'에 우리 학교 선생님들이 어떻게 수업을 바꾸어 가는지에 대한 촬영도 진행되었다. 자연스레 뜻이 맞는 선생님들끼리 교과통합 수업이 이루어지기도 했다. 누가 시켜서 된 일이 아니었다. 서로 수업 관련 이야기를 자주 하다 보니 각 교과의 교육과정이 비슷하게 구성되어 있음을 알게 되었고, 공동 수업을 통해 교과통합 수행평가까지 시도해 보았다. 다음은 동료들과의 관계 속에서 수업을 바꾸고 그 안에서 성장하는 교사들의 살아 있는 이야기이다.

'왜'라는 한 글자가 주는 마법

(중략) 내년에는 다른 수업, 다른 시도를 해 봐야겠다는 다짐을 하며 동료 교사들과 많은 대화를 나누던 중 저와 매우 친한 동료 교사가 제게 물었습니다.

"수학은 왜 배우나?"

저의 대답이 정확히 기억은 안 나지만 두 가지 버전으로 대답할 수 있다고 했습니다. 하나는 교과서 버전으로 교육과정에 나와 있는 "문제해결, 추론, 창의융합, 논리성……'을 키우기 위해", 또 하나는 "수능에 나오니까"로 대답할 수 있으나 사실 전자는 잘 모르겠고 후자를 위해 가르친다고 대답했습니다. 너무 당당하게 말입니다. 프랑스에서 이런 대답을 했다면 최악의 대답이라고 꿀밤 한 대 맞지 않았을까 싶었습니다. 그렇게 수학은 수능을 위해 배우는 것이며, "'문제해결, 추론, 창의융합……' 다 허상이다, 이상적인 단어들의 나열이다"라고 우기며 설전으로 긴긴밤을 보냈습니다.

집에 돌아와서 곰곰이 다시 생각해 봤습니다. 그리고 수학을 왜 배워야 하는지에 대해 다시 생각하다가 내가 왜 수학을 좋아하는지에 대해 생각해 보았습니다. 수학은 답이 하나고 답을 구하는 과정이 논리적이라면 그 답은 무조건 정답이 나올 수밖에 없습니다. 뻥도 논리적으로 구성된다면 하나의 학문이 되기도 합니다(엉뚱한 상상으로 시작해 뻥으로 가득한 학문이 바로 복소함수이지요). 사실 그러한 부분이 매우 좋았습니다. 논리적으로 생각하고 증명하고 반례를 찾고……. 물론 대학교 때 말이지요. 하지만 그 윤리적인 선생님과의 설전 후에 생각해 보니 내가 대학교 때 배웠던 수학의 매력을 고등학교에도 가르칠 수 있지 않을까? 수학은 수능 때문에 배우는 것이 아니라 수의 이치를 탐구하는 과정에서 문제해결, 추론, 창의융합, 논리성을 키워 주기 위해 배우는 것이고 이것들을 수업에 녹여 낼 수 있지 않을까? 하고 생각해 보았습니다.

이렇게 수학을 왜 배우는지, 이 '왜'라는 한 글자는 저의 수업, 수행평가에 지대한 영향을 주었고, 제 교직에 임하는 태도까지 바꾸게 되었습니다. 이 단원은 왜 배울까? 이 문제는 왜 가르쳐야 할지를 고민하며 학습지를 만들었고 '문제해결, 추론, 창의융합, 의사소통, 공학적 도구, 태도 및 실천(교육과정에 명시된 정확한 핵심역량은 이렇습니다)'을 키워 주기 위해 수업과 수행평가를 준비했습니다. 수학은 저런 역량을 키우기 위해 배우기 때문이지요. 올해 모든 수업과 수행평가를 다시 보았을 때 교사 초창기의 저의 그것들과는 매우 다르게 변했고 발전했으며, 무엇보다 학생들 앞에서 수학을 가르치는 자세, 태도도 정말 많이 달라졌다고 느꼈습니다.

지금은 수학 교사로서 정체성이 매우 확립된 느낌이라 만족합니다. 그전까지 모습이었던 수능 문제 풀이 강사가 아닌 수학 전도사가 된 느낌입니다. 슈퍼마켓에 가서 돈 계산할 때 말고도 수학을 배워야 하는 많은 이유들, 수학이 어디에 사용되는지, 수학을 잘한다는 것이 삶에서 어떤 도움을 주는지(대입이 아니라!)에 대해 저의 수업을 통해 가르쳐 주고 싶습니다. 사실 과거에 수능 때문에 수학을 배워야 한다고 말하면서도 꽤 찝찝했었고 그럼 수능에서는 왜 수학을 강조하느냐고 물으면 또 대답하기가 어렵기 때문이지요. (중략)

−양평고등학교 수학 교사

이러한 선생님들의 변화는 학생들의 변화로 이어졌다. 토론 수업에서 자기의 의견을 조리 있게 잘 설명하고, 자기의 주장을 고집하지 않으며, 모든 학생이 발표할 수 있도록 기다려 주기도 했다. 모둠 수업 속에서 역할 분담을 하고 서로 가르치고 배우는 과정을 통해 배움이 일어나는 경험을 하게 되었으며 프레젠테이션 역량이 한층 증가했다. 한두 명의 성장은 다른 학생들의 동반 성장을 가져왔다. 특히 프로젝트 수업에서 학생들은 더욱 빛났다. 하나의 주제를 깊이 연구하면서 교과끼리 통합하고 새로운 시각으로 볼 줄 아는 학생들이 늘어나기 시작했다. 이제 수업의 주인은 엄연히 학생이었다. 선생님들은 수업을 열어 주는 일, 경계를 세워 주는 일, 성장을 지켜보는 일을 하게 된 것이다. 선생님들도 신이 났고 아이들도 수업 시간을 즐거워했다. 수업 속에서 성장한 학생들은 비교과뿐만 아니라 학교교육과정 전반에 걸쳐 다양한 성장을 보여 주었다.

과제연구와 함께 하는 '행복한 성장'

"샘 과제연구 합시다."

지금은 관내 모 학교로 전근 간 동료 하○○ 선생님이 어느 날 3층 구름계단에서 말했다. '과제연구?' 이 과목이 사회과에 있었나? 내가 과제연구 과목으로 처음 만나 지도했던 학생들의 1학년 시절 사회 선생님의 말 한마디에 '애꿎은' 과제연구 역사는 시작되었다.

(중략) 이맘때 필자는 요즘 대세가 된 학생부종합전형(이하 학종)을 이해하고 분석하는 일에 꽂혀 있었다. 직전 2015년 경제 동아리 '보이지 않는 손'을 지도하고 성공적으로 논문을 쓰면서, 양평고 학생의 장점들이 눈에 많이 들어오던 차였다. 필자가 파악한 양평고 학생들은 '협동학습에 즐겁게 참여한다', '꽤 장기간의 프로젝트에도 쉽게 지치지 않는다'였다. 이는 무수한 양평고 수업에서도 그랬지만 경제 동아리에서 실시했던 9개월의 R&E 논문 준비에서 느낀 바였다. 무엇보다 어려움을 즐기는 모습이 인상적이었다. (중략)

우여곡절 끝에 시작한 과제연구는 2년 동안 '정규수업'으로 진행되었다. 이 수업에서 필자와 학생이야말로 우리 양평고가 이야기는 '교사와 학생이 함께 행복한 성장'을 하는 모습을 경험하게 해 주었다. 타 과목에서는 성취도가 중간 이하인 학생이 최고 등급인 1등급의 평가를 받기도 했다. 사회과에서 혁신학교 수업의 정신을 구현했다는 것에 가치가 있었고, 실제 최종 연구 보고서의 퀄리티가 굉장히 우수한 작품이 많았으며, 어려운 과정을 잘 완수한 학생들의 효능감이 올라갔다. 기회와 조언, 자극을 통해 개별적인 성장이 이뤄지니 맞춤형 '교과 세부능력 및 특기 사항' 기록도 이뤄졌다. 과제연구 수업을 통해 인생이 바뀌었다는 최고의 찬사를 듣기도 했다. 참고로 학생 소감문을 남기면서 진정한 학생과 선생님이 함께 성장하는 양평고의 모습을 보여 주고 싶다.

－양평고등학교 사회(과제연구) 교사

학생 소감문 1

과제연구를 하는 동안 많은 일이 있었고, 그에 따라 많은 것을 느낄 수 있었다. 개인 논문이 아닌 조별 과제, 거기에다 조장이기 때문에 그에 관한 책임감을 가질 수밖에 없는 상황이었다. 동기부여, 역할제시, 논문 목차 배치부터 작성, 수정에 이르기까지 많은 노력을 쏟았던 것 같다(이러한 과정 속에서 다양한 논문들을 접할 수 있었다). 과정에서 시간을 효율적으로 활용하지는 못했지만, 한번 시작한 논문을 끝까지 책임지고 마무리 짓고 싶었기 때문에 결과가 나왔다는 것 자체가 감격스러운 바이다.

조사를 하면서 배운 점이 많은데, 경제 통합에 대해서 알 수 있는 계기가 되었던 것 같다. EU와 NAFTA가 경제 통합의 종류라는 것을 알게 된 것이 이 연구의 조사의 시작이었다. 그 이후 현재 우리나라와 FTA가 체결된 국가들을 찾아봤던 조사 내용이 기억에 남는다. 우리나라와 일본이 FTA를 맺고 있지 않다는 사실을 알게 되었고, 우리가 주제로 삼은 한·중·일 FTA가 제기되었었다는 것을 알게 된 계기였기 때문이다(협상이 이루어지지 않고 있음). 또 유럽연합과 북미 무역 협정에 대해 그 배경, 목적, 과정에 대해 알 수 있게 한 활동들이었다. 우리 조의 존재가 정말 새롭고, 신박한 것이 아님은 인지하고 있다. 그러나 주제를 통해 우리만의 해결 방식에 대해 생각하고, 고심하고, 의견을 나누어 본다는 점에서 충분히 가치 있는 활동이라고 생각한다.

연구에서 가장 아쉬운 부분은 여유 있게 준비하지 못했다는 점이다. 시간 부족으로 보완을 충분히 하지 못한 것 같아 아쉬우며, 논문을 좀 더 새로운 관점에서 문제를 바라보지 못했다는 점에 대해 아쉬웠다. 개인적으로 좀 더 세분된 측면에서의 뒷받침들을 찾고, 보완하고 싶었다.

-2017년 2학년 류○○

4. 학생, 주인으로 우뚝 서다

우리도 우리 문제를 해결할게요

양평고 발전전략팀 이전의 동아리 활동은 일반적인 다른 학교들과 마찬가지로, 교사들이 미리 동아리를 만든 뒤 희망 학생들을 모집하여 구성하고, 학생들과 협의하여 교육 내용을 구성하는 등 교사 중심으로 진행되었다. 발전전략팀에서 이 동아리 활동을 학생이 중심이 되는 활동으로 바꿔 보기로 했다. 다른 학교들의 사례를 찾아보다가 본교에 재직 중이던 입시전문가 선생님의 자문을 얻었다. 수시(학생부종합전형)에 도움이 되는 동아리 활동은 학생의 진로 희망에 기초하여 교과와 연계된 심화 활동으로 운영하되, 학생 스스로 기획하고 활동하는 것이라고 했다. 학생들의 전공 적합성을 기르면서 스스로 기획과 활동을 통해 배움의 주체가 되는 경험을 제공하려면 이러한 방식으로 바꾸는 것이 최선이었다.

그런데 이는 먼저 학생들의 동의와 이해가 필요한 일이었다. 우선 전체 학생들에게 대학 입시가 어떻게 달라지고 있는지에 대한 교육을 실시했다. 그에 따라 올해부터 동아리 구성 방법 및 활동 방향을 바꾸게 된 의미를 충분히 설명하고 동아리 설립 신청서를 작성하게 했다. 다른 학교 사례들과 본교 선생님들이 생각하고 있는 교과 관련된 동아리의 예시를 안내했다. 그 외에 추가하고자 하는 동아리가 있다면, 개설이 가능하다는 안내를 하고 교과와 관련이 적은 특기와 적성과 관련된 동아리는 자율동아리로 운영하기로 했다. 그러나 기존에 잘 운영되고 있는 특기 적성 동아리인 연극반, 보컬반, 4-H 등은 그대로 유지하기로 했다.

학생들은 처음에는 당황하는 듯 보이더니 몇몇 적극적으로 나서는 동아리 창설자에 뒤처질세라 금세 동아리를 개설하고 지도 교사를 찾고 동아리 회원 모집에 들어갔다. 학교에서는 자치시간과 점심시간을 활용해 동아리 홍보 시간을 만들어 주었고 교실마다 돌면서 홍보할 수 있게 했다. 첫 동아리 활동 시간에는 학교 정문에서 현관까지 각각 동아리마다 책상을 마련해 주고 동아리 홍보 활동을 통해 회원을 모집할 수 있도록 지원했다. 몇몇 동아리에서는 모집 인원을 훨씬 넘겨 자체 면접 날짜를 다시 잡아야 했다. 여러 시행착오를 거친 학생들은 그다음 해에 동아리 모집 활동을 미리 준비하게 되었고, 대부분의 동아리에서 선지원 후면접으로 신입 회원을 선발했다.

물론 긍정적인 효과만 있는 것은 아니었다. 적극적이고 활동적인 학생들은 서너 개의 동아리에 동시 선발되기도 하고, 소극적이고 앞에 나서길 힘들어하는 학생들은 그 어떤 동아리에도 선발되지 못하는 일이 생겨났다. 이 학생들은 결국 진로 희망과 상관없는 동아리에 강제 가입하게 되었고, 동아리 활동이 학교생활기록부에 소극적으로 기록될 수밖에 없었다. 이에 대한 문제점이 선생님들의 학교 평가 설문에 나왔고, 양평고 발전전략팀의 동아리 활동 연구팀에서 고심 끝에 50% 면접 선발, 50% 희망자 추첨제를 제시했다. 너무나 좋은 아이디어라고 선생님들이 모두 환영했다.

달라진 동아리 선발 방식에 대해서는 3월 초에 학생들에게 충분히 설명했다고 생각했다. 그런데 그 당시 귀담아듣는 학생이 없었고, 그래서 아무 이의 신청도 없었다. 선생님들은 달라진 방식으로 동아리 활동을 준비했는데, 학생들은 기존의 선발 방식으로 동아리 홍보 주간을 준비했다. 선생님들은 부서에 있는 학생들에게 달라진 방식에 대해 다시 설명했다. 그러나 기존의 방식인 줄 알고 준비했던 동아리 학생들과 3월 초에 미리 설명했고 이의 신청이 없었기에 변경된 방식으로 진행하고자 하는 선생님들의 간격은 좀처럼 좁혀지지 않았다.

선생님들의 꾸준한 설득에도 갈등이 계속되던 어느 날, 학교에 대자보가 붙었다. 동아리 대표들이 연명한 대자보였다. 변경된 동아리 선발 방식에 대한 선생님들의 설명이 부족했으며, 그보다 먼저 동아리 활동의 주체인 학생들의 의견을 묻지 않았기에 이번에 변경된 동아리 선발 방법은 문제가 있으므로 제고를 부탁드린다는 내용이었다. 학교가 발칵 뒤집혔고 주동자가 누구인지, 연명한 대표 학생들은 어떻게 될 것인지에 대한 이야기가 학생들 사이에서 나오기 시작했다. 입학한 지 며칠 되지 않았던 신입생들은 있을 수 없는 일이 벌어졌다는 반응이었다. 빨리 상황을 마무리 지어야 했다. 담당 부장을 비롯한 발전전략팀의 긴급 비상소집이 이어졌고 여러 이야기가 오간 후에 우선 학생들의 요구 사항을 충분히 들어 본 후 결정하자는 쪽으로 의견이 모아졌다.

교감 선생님이 전체 교실에 이번 동아리 신입 회원 모집과 관련해서 하고 싶은 이야기가 있는 학생들은 모두 도서실에 모이라고 방송을 했다. 도서실에 여러 겹의 큰 서클이 만들어졌다. 선생님들과 학생들이 마주 보고 앉아 긴 시간 동안 여러 의미 있는 이야기가 오갔다. 학생들은 소극적인 성향인 학생들의 동아리 활동이 지닌 문제점에 대해 진지하게 고민하기 시작했고, 선생님들은 동아리 활동의 주체인 학생들의 의견을 먼저 묻지 않았음에 대해 사과했다. 지켜보던 선생님들은 토론 수업의 힘을 실감하면서 학생들을 학교 경영에 참여시켜도 되겠다는 확신과 감동을 얻었다.

결론은 학생들과 사전에 협의하지 않았고 학생들도 그에 대한 준비가 덜 되었으므로 올해에는 그대로 진행하되, 동아리 대표 연합회를 구성하여 동아리 담당 선생님과 동아리 대표들의 상시 협의를 통해 동아리 활동 중 나타나는 전반의 문제에 대해 함께 고민하고 해결책을 찾아가기로 합의했다. 탕탕탕~ 의사봉 소리가 끝나자 학생들은 환호성과 박수로 서로에게 축하를 해 주었다. 학생들은 대자보를 붙인 동아리 대표들을 꾸짖지 않은 학교와 선생님에 대해 신뢰가 생겼고, 자기의 의사를 평화적으로 제시하는 것이 얼마나 큰 힘을 가지며 서로를 상생하게 하는 일인지를 공부하는 계기가 되었다. 또한 이미 정해진 교육과정도 학생들의 의견을 적극적으로 받아들여 변경할 수 있다는 경험을 통해 학생들도 학교 경영에 목소리를 내야 한다는 의식이 높아지기 시작했다.

이 과정을 겪은 선생님들은 이제 학생들이 더 이상 시키는 대로 움직이는 아이들이 아니라 타당한 근거를 바탕으로 합리적인 결정을 내릴 수 있는 시민이 되어 가고 있다는 믿음이 생겼다. 사실 이 일과 관련되었던 부서의 업무 담당 선생님들에게는 난감하고 골치 아픈 일이었으나, 대자보 사건을 한 걸음 뒤에서 지켜보던 많은 선생님들은 우리 아이들이 잘 자라고 있다는 믿음에 아이들 편에서 진심으로 응원을 했고, 그동안 우리의 노력이 헛되지 않았다는 사실에 가슴이 먹먹해졌던 순간으로 기억되고 있다.

학생자치로 달라지는 학생 문화

학생회 업무를 오래 하시고 학생자치에 전문적 역량이 뛰어난 선생님을 중심으로 학생회에 변화의 바람이 불었다. 그동안은 선배들이 했었던 일들을 그대로 답습하거나 선생님들이 시키는 일들을 성실하게만 수행해 내던 학생회였다. 처음에는 단순히 행사를 보조하던 학생들이 체육대회와 축제를 스스로 기획해 보라는 선생님의 이야기에 갈팡질팡하는 모습을 보이다가 조금씩 변하기 시작했다. 수업 시간에 배웠던 대로 토의하는 태도가 달라지고 의견을 수렴하는 방식도 다양해졌다. 리더십 아카데미를 학생회 스스로 기획하고 그곳에서 학생회 활동 연간 계획을 짰으며, 학생증도 도안 공모를 통해 학생들 스스로가 다시 만들었다. 축제와 체육대회 이외에도 세월호 추모 행사, 학생 인권 페스티벌, 시험 끝난 친구들을 위로해 주기 위해 만든 뮤직토크 도화지, 다양한 방식의 의견 조사, 각종 캠페인 등 여러 행사를 하나씩 이뤄 내기 시작했다.

동아리 대자보 사건 이후 학생회도 학교의 중요한 의사결정에 참여해야 한다는 의식이 높아져, 한 학기에 한 번씩 교장 선생님과 업무 담당 부장 선생님들과 함께 간담회를 열고 학급자치 회의를 통해 올라온 학

생들의 요구를 전달하고 문제를 해결해 나갔다. 그리고 일상적인 요구 사항이 잘 모일 수 있도록 다양한 도구들을 만들었다. 야간자율학습 후 귀가 시 통학로뿐만 아니라 운동장에도 가로등 켜기, 생활관과 본관 사이에 있는 잔디밭 펜스를 걷어 내어 통로 만들기, 현금지급기가 있는 읍사무소와 운동장 사이에 출입문 만들기 등을 이루어 냈다. 또, 화장실 휴지를 함부로 사용해서 변기가 막히는 일이 빈번히 발생하자 학교에서는 학생회와 공동으로 대책을 논의했다. 학생회에서 각층 화장실의 담당자를 정해 어지럽혀진 화장실 사진을 찍어 전시하는 캠페인 활동을 진행했다. 이를 통해 학생들 스스로 깨끗한 화장실을 만들기 위한 움직임을 이끌어 내는 등 학내 여러 문제를 해결하기도 했다.

학생회에서 모아진 의견은 발전전략팀의 주요 협의 사항이 되었다. 학사 일정에 학생들의 의견이 반영되었고, 동아리 활동이나 각종 대회 등에 학생들의 아이디어를 수용했다. 학생들은 이제 누가 뭐래도 명실상부한 배움의 주체이며 학교의 주인으로 거듭나고 있었다.

우리 학교 캠페인이 이렇게 많다고?

처음에 우리 학교에 왔을 때 느꼈던 것은 캠페인이 정말로 많다는 것이었다. 우리 학교 캠페인의 종류를 보자면 화장실 휴지 배치, 금연, 교복 바로 입기, 친구 사랑의 날, 사과의 날, 학교폭력 예방, 독도의 날, 양다돌, 안전주간 보건교육 등이 있다. 아마 이걸 읽는 순간 언제 저 많은 캠페인을 진행하지? 애초에 다 진행은 할 수 있나? 하는 의문이 들 수도 있는데, 내 대답은 이렇다. 학교생활 2년을 하면서 겪어 본 결과 가능했다.

앞에 캠페인 중에서 이름만 봐도 딱 알 수 있는 캠페인들이 있을지 몰라도 아마 이름을 봐도 전혀 모르겠는 캠페인들이 있을 것이다. 예를 들면 양다돌(양평고 다시 쓰고 돌려 쓰고)처럼. 사실 많고 많아서 처음에는 다 같은 캠페인처럼 느껴졌었다. 그래서 우리 학교에 처음 입학하고 고등학교 1학년 생활을 했을 때 제일 놀랐던 것은 끊이지 않는 캠페인 활동이었다. 한 캠페인을 하고 그것에 대해 즐겁게 참여한 후에 끝나게 되면 또 다른 캠페인이 얼마가 지나지 않아 시작되었다. 그럼 내가 항상 했던 말은 "어? 또 해? 캠페인 끝난 지 얼마 안 지났는데?"이다. 항상 우리 학교 점심시간이 시끌

벅적했던 이유는 끊이지 않았던 캠페인 활동 덕분이 아닌가 생각이 들었다.

(중략) 고등학교 2학년 생활에 처음 생긴 캠페인, 이름만 들으면 전혀 알 수 없었던 양다돌 캠페인이었다. 하지만 내 시선을 끌기에 딱 좋은 이름이었으니까. 한눈에 들어왔고 '뭐야?' 하며 안내장을 읽자 양다돌의 의미를 알게 되었다. 양평고등학교 다시 쓰고 돌려쓰기라는. 양평고등학교 학생들이 샀지만 쓰지 않는 물건이거나 한 번도 안 썼지만 버리기에는 아까운 물건들, 선배들의 문제집들, 인형들, 옷들 등을 필요한 다른 사람들이 사용할 수 있게 물건을 기부하는 형식일까. 아~ 아나바다 운동과 비슷하다고 이야기하면 이해가 빠르겠다.

처음에는 흥미가 있었다. 참여할 의사도 충분히 있었고, 무엇보다 취지가 너무 좋았던 것 같다. 하지만 잘 참여하지 못했다. 아마 학기 말에 진행하다 보니 홍보도 잘되지 않았고 그 당시 너무 바빴기 때문이라고 생각이 든다. 그러나 막상 양다돌 캠페인을 시작했을 때는 학생들의 참여도 좋았고 2층에서 1층의 모습을 보았을 때는 이미 충분히 잘 진행되고 있는 모습이었다. 이 상태로 시기만 잘 맞춰서 진행한다면 다음 캠페인 또한 잘되지 않을까 하는 긍정적인 생각이 들게 한 캠페인이었다.

-2017년 2학년 정○○

학교를 넘어 사회 문제에 동참하다-교정에 세워진 소녀상

인권 동아리 JR 가디언에서는 2016년 연간 동아리 활동 계획으로 교정에 소녀상 세우기 프로젝트를 설정했다. 역사 시간에 배운 일제 침략 시기의 아픔이 동아리 활동과 맞물려 더 깊은 울림을 주고 있었다. 우선 선생님들과 학생들을 대상으로 프로젝트 알림 팸플릿을 만들어 배포했으며, 더 많은 동참을 끌어내기 위해 동아리 시간에 양평역에서 거리 선전전을 진행했다. 위안부 팔찌를 제작해 판매하기도 했다. 이렇게 모아진 후원금과 판매액으로 소녀상을 제작하기로 했다.

인권 페스티벌 행사에서는 영화 〈귀향〉을 상영했다. 상영관 앞에서는 소녀상 사진을 붙인 우드락을 놓고 옆에 앉아 사진을 찍어 주는 행사도 진행했다. 또, 위안부 할머니들께 해 드리고 싶은 말을 적어 보게 하는 행사를 함께 기획했다. 위안부 역사를 담은 전시도 진행하면서 한일협정의 부당성과 위안부 문제를 알기 쉽게 설명하고 소녀상 설립 취지를 알렸다. 학생들의 참여는 진심을 담았고 드디어 여러 사람의 관심과 후원 속에 양평고 교정에 소녀상이 세워지게 되었다.

양평고의 소녀상은 우리가 알고 있는 소녀상과 모양이 다르다. 지역에서 조각 예술을 하시는 작가님께 제작을 부탁드렸고 학생들의 활동 상황을 들으신 후 그 정성을 예쁘게 보시고 양평고만의 특별한 소녀상을 제작해 주셨다. "올곧게 서 있는 위안부 소녀상과 돌 위의 나비를 통해 위안부 소녀의 잃어버린 꿈과 희망을 표현했고, 좌대 바닥에 드리워진 소녀의 실루엣은 허리가 굽은 할머니의 모습으로 세월의 고통과 흔적을 표현했다"라고 작가님은 말씀하셨다. 소녀상 아래에는 후원에 참여한 245명의 이름이 쓰여 있다. 1년여의 프로젝트 기간을 거

쳐 제막식을 하는 날은 여러 방송에서 취재를 나왔고 우리 학생들의
활동을 널리 알릴 수 있었다.

5. 천천히 나아가지만 거꾸로 가지는 않는다

처음 양평고등학교에서 혁신학교 운동을 하겠다고 했을 때 동료 선
생님들의 따가운 눈초리가 있었다. 또 학교를 시끄럽게 만들다가 떠나
가 버릴 사람들이라는 의미를 담은 눈길이었다. 그분들은 그동안 해

왔던 자신들의 학교 사랑 노력은 알아주지 않고 변화의 주체로 함께 하는 것이 아니라 변화시킬 대상으로 취급을 받았던 아픔이 있었다. 그에 비해 관외에서 들어온 교사들은 그들에게 양평 밖의 세상은 정말 빠르게 변화하는데 여전히 구시대적인 관습을 되풀이하면서 변화하지 않으려 하는 사람들이라는 답답함이 있었다. 하지만 우리는 각자의 방식대로 학교와 학생들을 사랑하고 있었고, 힘든 시기를 겪은 후에야 서로의 진심을 알아보았다.

혁신학교는 일부 선생님들의 움직임으로는 결코 만들 수 없다. 양평고등학교가 지금과 같은 모습을 갖추게 된 것은 많은 선생님이 함께 행동했기 때문이다. 돌멩이가 일으킨 물결이 큰 파도가 되는 경험을 우리는 함께했다. 입학 성적이 떨어지는 위기감에서 시작한 혁신교육의 움직임은 학생과 교사의 성장을 통해 학교의 문화를 바꾸고 입시경쟁을 뛰어넘어 건강한 민주시민으로 길러 내는 일에 의미를 두게 되었다. 지금은 인근의 사립 고등학교와 입시 경쟁을 하지 않는다. 양평고등학교는 자유로운 분위기에서 자기 주도적으로 학습하며 친구들과 더불어 자신의 역량을 성장시키는 것을 더 좋아하는 학생들이 선호하는 학교이고, 인근의 사립학교는 정돈된 분위기에서 체계적으로 지식을 탐구하며 성장하길 좋아하는 학생들이 선호하는 학교이기 때문이다. 이처럼 혁신학교 운동은 두 고등학교가 서로 특색 있는 교육과정 운영을 통해 학생들의 선택 폭을 넓히는 계기가 되었다.

우리의 가장 큰 성과는 서로의 성장에 기여했다는 경험이다. 학생들의 성장은 학교생활기록부에 기록되었고 그것은 대학 입시 결과로 연결되었으며 혁신과 입시는 공존할 수 있음을 증명해 주었다. 교사들은 동료에게 존중받음으로써 서로 귀함을 알았고, 가르침에 있어 열정이

식지 않았음을 알았다. 학교를 옮긴 선생님들은 말한다. 함께한 그 시간을 돌아보면 몸은 비록 힘들었지만 보람되고 즐거운 성장이었다고. 그리고 새 학교에서 의미 있는 힘듦을 두려워하지 않는 교사가 되었다고. 이제 또다시 고교학점제가 화두에 서 있다. 우리는 이것도 서로 힘을 모아 슬기롭게 해결해 나가리라 믿는다. '같은 방향을 바라보고 천천히 나아가지만, 결코 거꾸로 가지 않는다'는 양평고 선생님들만의 믿음이 있기 때문이다.

6.

안 배워서 못하는 게 당연한
학생자치 사용 설명서

부경고등학교

" 학생은 배움의 주체로서 스스로 학습하고 협력합니다. "

이융

부경고등학교 선생님. 성공보다 실패가 많지만 그래도 따뜻한 동료들과 함께 실패 속에서
아름답다고 생각하는 모자이크를 완성하려고 최선을 다하고 있다. 사소하고 아름답지 않
은 일을 반복하는 선생님들과 더욱 많은 이야기를 나눌 수 있길 바라는 선생님이다.

1. 제품 설명-'학생자치'라는 유토피아

학생자치 하면 그럴싸하고 아름다운 것들이 떠오른다. 교사들의 궁극적인 유토피아 같은 그런. '학생들이 자신의 문제를 스스로 진단하고 해결책을 함께 모색하는 모습', '벌이 없어도 스스로 규칙을 만들고 지켜 나가기 위해 토론하고 서로를 격려하는 모습', '학생들의 넘치는 아이디어가 돋보이는 각종 학교 행사', '학교생활이 교과보다 더 큰 공부가 되는, 그리고 그것을 즐기는 학생들의 모습', 마치 사자들이 어린 양과 뛰놀고 어린이도 같이 뒹구는 약간 그런.

하지만 저런 만병통치약은 어디에도 잘 없다는 게 살면서 알게 된 지혜가 아닌가? 더 나아가 다른 누군가는 그런 학교에 근무할지언정 내가 있는 학교는 그럴 리가 없다는 것, 짧든 길든 교직 생활을 통해 우리가 알고 있는 바 아니었던가. 학생자치는 되게 그럴싸하고 아름다울 것 같지만, 사실 그렇게 그럴싸하고 아름다운 것이 학교에서 자라나는 것이 얼마나 어려운지 우리 모두 알고 있지 않은가?

학생자치 워크숍

2. 전원 켜는 법-학생자치의 시작, 신뢰, 격려, 존중

학생자치가 아름답지 않은 이유는 대부분의 선생님이 롤(LOL, 지금 현재 가장 학생들이 좋아하는 게임)을 못하는 이유와 비슷하다고 할 수 있다. '자발성을 바탕으로 하여 자율적인 결정과 그에 따른 책임을 인식'하며, '다양한 아이디어로 자신들의 문제를 해결해 나가고 그에 필요한 여론을 조성하는 활동'과 같은 학생자치의 핵심적인 활동들은 애초에 학생들이 잘할 수 없는 것들이다.

학생들은 학교나 가정에서 언제나 교육의 대상이었다. 그래서 스스로 무엇인가를 결정하고 해결해 본 경험이 없다. 어쩌다 학생들이 스스로 낸 아이디어들조차 어른들의 그럴싸하고자 하는 욕심에 수정되기 일쑤였을 것이다. 학생의 주체적 결정이라고 주어진 것은 기껏해야 자신이 쓸 볼펜이나 노트를 고르는 정도의 지극히 제한적인 부분에 지나지 않았을 것이다(그리고 이마저도 볼펜을 잘못 골라 왔다고 혼나기도 했을 것이다). 이런 학생들에게 당장 학생자치를 잘하라고 요구하는 것은 돈을 맡기지도 않고 은행에 가서 돈을 달라고 하는 것과 다를 바 없다. 즉, 학생들이 학생자치에 미숙한 것은 '능력'이 부족해서가 아니라 '기회'가 부족해서인 것이다. 우리가 LOL을 안 해 봐서 못하는 것처럼 말이다. 게다가 학교에서 그 '능력'을 단련시킨 적도 없다. 학교에서 단련시켜 주지도 않았으면서 '우리 애들은 안 돼', '하라고 해도 못하더라고', '고작 하는 게 그런 거밖에 없는데 무슨 자치야'라고 말하는 것은 교사의 DDN Mind(도둑놈 심보)에 지나지 않는다. 하지만 주변 학교는 다 잘하는데 우리 학교 애들만 못하는 것 같다는 생각이 들기도 한다. 아선애(엄친아보다 무섭다는 '아는 선생님 학교 애들')

는 학생자치를 잘하는 것 같고, 우리 애들이 못하는 건 능력 때문인
것 같다는 생각이 들기도 한다. 그래서 학생들의 더딤을 견디지 못하
고 교사의 직업병인 '내비병'(내비게이션처럼 올바른 방향을 알려 줘야
만 직성이 풀리는 병)이 도져 즉각 더 나은 길을 제시해 주고 만다. 그
리고 실망하고 포기하게 된다. '우리 애들은 안 돼'라고.

　이런 우리에게 필요한 것은 역설적으로 '학생들이 학생자치를 잘할
리 없어'라고 굳게 믿는 것이다. 우리에겐 '비관적 현실주의를 기반으
로 한 긍정의 가능성 모색'이란 세계관이 필요하다. '애들이 무엇인가
를 잘할 리가 없잖아', '학생들이 학생자치를 잘할 리가 없어'라는 비
관적 현실주의가 '안 해 봐서 못하는 게 당연하고', '이제 막 해 보니
서툴 수밖에 없지 뭐'라는 긍정의 가능성을 모색하게 한다. 비관적 현
실주의는 학생의 능숙지 않음을 디폴트(기본값)로 보기 때문에 서툰
가운데도 뭔가를 시도하려는 모든 움직임은 대견한 것이고 그에 따른
모든 보잘것없는 결과를 소중한 성취와 발전이라고 보게 한다. 즉, 학
생들이 못하는 이유를 '능력' 때문이 아니라 '기회' 때문이라고 믿어
주는 것이 필요한 것이다. 쉬운 말로 바꾸면 '안 해 봐서 당연히 못할
줄 알았는데 요거라도 하다니 아이고 예쁜 것들, 뭐 다음엔 더 낫겠
네' 이렇게 되는 것이다. 학생자치는 바로 그때부터 시작된다.

　'학생자치'를 이야기할 때 많은 선생님들이 콘텐츠를 먼저 떠올리
곤 한다. 학생들이 아이디어를 낸 다양한 행사와 스스로 기획한 캠페
인 같은 것, 또는 토론회나 교칙을 제정하는 회의 등을 말이다. 하지
만 학생자치의 시작은 당연하게도 콘텐츠가 아니라 플랫폼에서 시작
해야 한다. 어떤 토양과 환경(플랫폼)에서 학생들의 자발적인 학생자
치 활동이 가능할까? 그 환경을 어떻게 마련해 나갈까? 이것이 논리

적으로 제일 처음 와야 할 질문이다. 부경고의 경험으로는 그러한 플랫폼은 '신뢰와 격려와 존중'이었다. 학교가 학생들을 '신뢰'해 주고 '격려'해 주고 '존중'해 준다는 믿음을 줄 때 학생자치는 시작되었고, 더 나아가 학생자치의 활동을 통해 학생들이 '신뢰와 격려와 존중'을 더 많이 경험하게 되었다. 밋밋해 보인다. '에계, 겨우 신뢰, 존중, 격려라고?' 또 어디선가 들어 본 듯한 말, '그걸 몰라서 학생자치가 안 되겠나……', '이런 말 수십 번은 들어 본 거 같은데 뭘……'.

> 행복한 가정은 모두 비슷한 이유로 행복하고, 불행한 가정은 저마다의 이유로 불행하다. **-톨스토이**

위 말을 바꿔 말하면 '몸짱'의 이유는 비슷하고(균형 잡힌 식단과 규칙적인 운동, 이거밖에 없지 않나요?) 살이 찌는 이유는 저마다 다양하다는 말이다(체질이라든지, 물만 먹어도 찐다든지, 바빠서 운동을 못했다든지). 어쩌면 많은 문제의 답은 이미 우리가 수십 번을 들어서 너무 익숙하게 알고 있는 것, 흔하고 뻔한 말인 경우가 대부분이다. 우리가 해야 할 일은 감춰져 있는 비법을 찾아내는 것이 아니라 우리가 이미 알고 있는 그 뻔한 것을 어떻게 구체적으로 실천할 것인가를 고민하는 것일지도 모른다.

> 그러던 나는 학생회 일을 하면서부터 칭찬 굴레에 빠지기 시작했다. 행사를 준비하다 보면 교무실에 자주 가는데, 들어갈 때마다 내가 무엇을 했든, 어떤 말을 하려고 갔든, 아주아주 아낌없는 칭찬이 시작된다. 한번은 설문 조사 양식

을 만들어 갔는데, 너무 좋다고 극찬을 하시더니 새삼 나온 설문 조사지는 선생님께서 새로 만든 양식이었다. 나는 이제 내가 실수해도 웃으면서 칭찬해 주실 분들이라는 걸 알고 있다. 나는 이 칭찬들을 먹으면서 조금씩 성장하기 시작했던 것 같다. 이제는 '이걸 할 수 있을까?'가 아닌 '이걸 해 보자'라고 바뀌었다. −부경고 학생회 자율부장의 소감 중에서

학생의 이야기처럼 격려와 신뢰의 플랫폼은 학생들의 경계심을 무너뜨리고 안정감을 주어 도전할 환경을 마련해 준다. 학생자치를 맡은 많은 선생님들이 학생자치가 성공하기 위해서는 기다림과 신뢰가 필요하다고 한다. 이 말은 학생들이 점점 잘해 가는 것을 '기다려 주는 것'이고, 학생들이 안 해 봐서 못하는 것이라고 '신뢰해 주는 것'이라는 말일 것이다. 그런데 '내비병' 환자인 나를 비롯한 많은 교사들은 참 그 기다림과 신뢰가 어렵다. 언제나 우수했던 학생이었던 우리 교사들은 아름답지 않은 결과들을 무디게 견디기가 어렵다. 그러나 이를 꽉 깨물고 기껏 했는데 폼도 안 나고 멋도 없는 행사나, 초라한 결과물들에 개의치 않고, 몇 번을 말했는데도 못 알아듣는 학생들에게 분노치 않으며, 결과조차 과정으로 생각하고, 그 과정이 0이 아님에 학생들을 기특해하는 기다림과 신뢰가 필요하다. 그리고 그 기다림과 신뢰는 존중의 표현이 되어 아이들에게 전달된다.

'비관적 현실주의를 바탕으로 한 긍정 위에서, 아름답지 않은 것을 견딜 수 있는 무딤의 미학을 통한 격려와 신뢰' 그것이 바로 학생자치가 시작될 수 있는 출발점이다.

쉽게 설명하자면, 선생님이 난생처음으로 게임을 하고 있는데 옆에

아침 맞이 행사

인권부 낮은 게시판

서 게임을 알려 주는 학생이 "선생님은 이렇게 쉬운 걸 왜 그렇게 못 해요?"라며 타박하고, "이걸 몇 번이나 가르쳐 줬는데 또 같은 데서 죽어요?"라며 뭐라고 하고, "옆 반 선생님은 잘만 하던데 선생님은 이거 하나 못해요?"라고 비교하고, "이미 다른 선생님들은 한참 앞에 레벨 치고 나가는데 지금 시작해 봤자 늦었는데 이런 식으로 하면 이미 글렀어요. 게임 집어치우세요"라고 기죽이고, "누가 게임을 못한다고 뭐라고 해요? 노력을 안 해서 못하니깐 화를 내잖아요"라고 짜증 내고, 선생님이 잘못 플레이할 때마다 끼어들어서 대신 게임을 해 준다면, 어디 그 선생님 게임 실력이 늘겠는가? 우리도 기다려 주고 신뢰해 주면 롤을 잘할 수 있단다, 얘들아!

#안 배워서 못하는 게 당연함 #'아선애'는 가상 인물 #비관적 현실주의가 잉태한 긍정 #무딤의 미학 #아름답지 않아도 괜찮아

3. 작동법–플랫폼의 설계자, 암막의 지휘자

앞서 살펴본 것처럼 학생들이 학생자치를 잘할 수가 없기 때문에 교사는 이런 학생들에게 '자치'를 '잘 가르쳐야' 한다. "너희 한번 해 봐. 이것밖에 못 해?"가 아니라 학생들의 수준에 맞게 적절한 도움을 주는 것이 중요하다.

학생자치를 작동시키기 위한 첫 번째 방법은 '선생님을 투입하시오' 이다. 교사는 신뢰와 격려와 존중이라는 플랫폼 속에서 학생들이 이 세 가지를 경험하면서 다양한 활동을 하고, 더 나아가 다양한 활동을 통해 신뢰와 격려와 존중을 더 많이 확산시킬 수 있도록 해야 한다. 더 나아가 학생들이 해 볼 수 있는 다양한 활동도 넌지시 제시해야 한다. 학생자치를 해 본 적이 없는 학생들은 구체적으로 무엇을 어떻게 해야 하는지 처음에는 잘 모를 수밖에 없다. 그렇기 때문에 플랫폼에서 콘텐츠까지 교사가 많은 부분 개입하고 감당해야 하는 일이 바로 학생자치다. 물론 실제로 진행하는 과정에서 학생들을 존중하여 함께 협의하고 변동해 나가는 것이 필요하지만, 교사의 역할이 무엇보다 중요한 일이 학생자치다. 게다가 이러한 교사의 노력과 헌신이 눈에 띄게 보여서도 안 된다. 학생들에게 가장 큰 '격려'는 자신들이 스스로 해냈다고 믿는 것이기 때문이다. 많이 돕지만 보이지 않게 돕는 것. 마치 자전거가 서툰 아이를 뒤에서 몰래몰래 잡아 주는 부모님처럼 말이다.

좋은 성과가 나면 나의 역할을 자랑하고 싶지만 이런 마음을 꾹 누르고 휘파람을 불며 딴청 피우면서 다른 데를 두리번거리며 전혀 개입한 적이 없는 척해야 한다. 마음 아픈 건 "선생님이 한 게 뭐가 있다고"라고 인사치레로 말을 하면 아이들은 자신들도 모르게 고개를 끄덕인다는 것이다. 애들은 정말 자기들이 잘나서 다 한 줄 알고……. 자전거 사실 내가 뒤에서 다 잡아 준 건데……. 이렇게 가슴 아픈 모른 척을 통해 학생들은 스스로 성장해 나갈 자신감을 얻게 된다. 스스로 했다는 믿음은 학생들의 다음 걸음을 크게 딛게 한다. 그렇다면야 우리의 서운함이야 넣어 둬! 넣어 둬! 그러한 스스로 한다는 믿음의 경험이 반복되다 보면 어느덧 시간이 지나서 학생들이 정말로 스스로 움직이고 있는 놀라운 모습을 보기도 한다. 더디지만 신뢰의 문화는 만들어지고 신뢰의 문화는 학생들을 스스로 성장시키기 때문이다.

학생자치가 학생의 일이니 학생회실 만들어 주고 학생회 예산 주고 '해 봐'라고 한다고 되는 것이 아니라 사실 본질적으로 교사의 일인

운명 팔찌 행사

우리가 준비하는 체육대회

것이다. 이것은 현실적으로 중요한 부분인데 부경고에서는 '학생자치' 업무 담당자에게 다른 업무를 일절 주지 않는다. 그럼에도 '학생자치'를 담당하는 교사는 매우 바쁘다. 행사 준비, 각부서 회의, 학생들 독려, 학생들의 관계 조정 등등…… 그렇기 때문에 먼저 구조적으로 교사가 학생회를 적극적으로 도울 수 있게 해 주지 않으면 학생자치가 성장하기 어렵다. 기존의 담임 업무나 다른 업무와 함께 학생자치 업무를 교사에게 주면 학생자치는 성공하기 어렵다.

두 번째 작동법은 사소함과 반복이다. 교칙 제정 토론회라든지 공청회라든지 뭔가 그럴싸해 보이고 거창해 보이는 한두 번의 행사로 학생자치가 만들어지는 것이 아니다. 그런 보기 좋고 그럴싸한 행사는 인스타그램의 한 장면일 뿐이다. 가장 행복했던 한순간일 뿐 그 뒤에는 사소하고 보잘것없고 실패투성이인 수많은 일상이 있다. 신뢰와 격려와 존중이란 플랫폼은 본질적으로 문화와 분위기이고 문화는 사소한 여러 반복들로 만들어지기 때문에 학생자치를 만들어 가는 가장 중요한 방법은 사소함과 꾸준함인 것이다. 그런 의미에서 학생자치는 붓으로 한 번에 그리는 그림이 아니라 모자이크로 조금씩 그리고 꾸준하게 그려 나가는 그림이라 할 수 있다. '사소한 일들'이란 조각들을 끊임없이 반복하여 붙여 나가는 것이 자치적 학생회를 그리는 방식이다. '이런 게 학생자치랑 뭔 상관이야?', '이런 거 한다고 학생자치가 되겠어?'라는 생각이 든다면 아마 제대로 운영하는 것이니 걱정하지 않아도 된다.

#플랫폼의 설계자 #암막 뒤의 헌신과 기획 #모른 척이 약이다 #사실 이거 내가 다 한 거라고~ #학생회라는 모자이크, 사소함과 꾸준함

4. 사용상 유의사항-예외에 속지 말자

학생자치를 해도 문제 학생들은 끊임없이 생기고, 학교의 모든 문화가 신뢰와 격려와 존중으로 바뀌진 않는다. 학생자치는 요술 램프가 아니니깐. 그래서 힘이 빠지기도 한다. 더구나 학교생활 중 우리가 만나는 예의범절, 존중, 상식, 배려 이 '네가지(?)'가 없는 학생들과 갈등을 겪고 나면 회의에 빠지게 된다. '아 내가 너무 풀어 줘서 이 모양이구나', '내가 너무 로맨티스트였네, 학생자치고 뭣이고 이제 무섭게 하고 교칙대로 하고 해야 애들이 잡히지!' 내가 이런 생각을 하지 않더라도 다른 선생님의 원망과 민원(?)이 들어오면 학생자치로 인해 학교 분위기가 망가졌다고 생각하기 쉬워진다. 하지만 그런 '네가지'가 없는 학생들은 사실 학생자치를 해서 그런 것이 아니다. 네가지가 없는 학생들은 자신들의 여러 사정과 사연으로 인해 그곳이 설령 하버드일지라도 비행하고 방황하는 것이다. 그들에겐 더 많은 지원과 남다른 관심들이 필요하다. 그런데 교사들은 이런 학생들과 갈등을 겪고 나면 학교의 방향이 뭔가 잘못된 것이 아닌지, 학생자치가 소용없거나 학생자치로 인해 학생들을 너무 풀어 줘서 무례해진 게 아닌지 곱씹어 보게 된다. 하지만 예외는 예외일 뿐, 예외적인 일로 인해 전체 방향을 의심해서는 안 된다. 운동해도 살이 안 빠질 순 있지만, 운동해서 살이 안 빠지는 것은 아닌 것처럼 학생자치를 해서 그 학생이 그러한 것은 결코 아니다. 예외는 예외일 뿐임을 명심해야 한다.

학생자치가 요술 램프처럼 모든 문제를 해결하진 않지만 그래도 많은 학생들은 이러한 것에 자랑스러움과 고마움을 느낀다. 본교 전교생 설문 조사 결과 85%에 이르는 학생들이 학생자치를 하는 것을 자랑스럽다고 하였으며, 이와 관련된 다양한 질문에 학생들은 일관적으로 자신들의 성장과 학교를 연결 짓고 그것을 위해 노력하는 교사들에게 고마움을 표현했다. 5월 어느 날 수업 중에 '지난 2달간 나의 학교는?' 이란 글쓰기에서 어느 학생이 "나는 부경고를 1지망을 쓰지 않아서 부경고로 배정되었을 때 너무 실망했다. 하지만 주말에 내가 1지망에 쓴 학교를 다니는 친구를 만나서 학교생활을 이야기했는데, 이야기를 나눠 보니 부경고에 오지 않았더라면 큰일 날 뻔했구나라는 생각이 들었다"라고 했다. 표현할 기회가 없었을 뿐 많은 학생이 자치와 자율을 통해 성장하고, 그것을 자랑스러워하고 고마워하고 있었다. 예외적으로 나쁜 일들은 빠른 등기처럼 빠르고 정확하게 오고, 전체적인 좋은 일은 명절 선물 배송처럼 느리게 오기에 착시 현상이 일어날 뿐, 학생자치는 분명히 의미 있는 방향임에는 틀림없다.

이러한 사소함과 꾸준함의 학생자치는 때론 많은 변화들을 만들어 내기도 한다. 첫째로는 학생자치가 그 자체로 가장 직접적인 민주시민교육이자 인성교육이라는 것이다. 수업 시간에 귀로만 듣는 민주시민교육이 아니라 몸과 문화로 체험하는 민주시민-인성교육이다. 둘째로는 노력하고 도전하는 성실한 학생들이 학교의 스포트라이트를 받게한다. 학교라는 공간에서는 힘세고, 흡연하고, 목소리 센 아이들이 패권을 장악하기 쉬운데, 학생자치는 도전하고 노력하는 아이들이 학교의 주인공이 될 수 있도록 하는 효과적인 수단이다. 셋째는 회복탄력성을 키우고 자아효능감을 높여 주는 일이다. 학교에서 학업이 아닌이상 회복탄력성과 자아효능감을 키울 방법이 마땅치 않다. 게다가 학업으로 그러한 능력을 기를 수 있는 학생은 상위권의 몇몇 학생이기 마련인데, 학생자치는 학업과 무관하게 이러한 능력을 키울 수 있는 좋은 플랫폼이 되어 준다. 넷째는 학교에 대한 자부심과 사랑이 생긴다는 것이다. 다섯째, 학생자치는 교사들이 더 안전하고 행복한 학교에 근무할 수 있도록 해 준다. 요술 램프나 도깨비방망이 정도는 아니지만 그래도 시도하고 도전해 볼 만한 많은 변화와 발전을 가져다주기도 한다고 생각한다.

사실 학생자치는 학생들의 변화와 상관없이 그것은 당연히 누려야할 학생의 권리이자 학생이 배워야 할 것이기 때문에 하는 것이다. 천부인권에 조건이 없듯이 말이다. 그러니 당연한 것을 해 놓고 예외에 속아 학생들이 변하지 않는다고 힘 빠져 하지 말자. 그리고 고작 학생자치로 어마어마한 변화가 학교에 생길 것이라고도 생각하지 말자. 오히려 당연한 권리를 행사하게 해 주는 것만으로도 그것을 고마워하는 학생들이 많다는 사실에 고마워하자.

공동체 생활 협약 토론회

#학생자치 천부인권설 #예외에 속지 말자 착시에 속지 말자 #굳이 안 그래도 되는데 변해 주는 감동 #고마워 얘들아 #요술 램프는 아니지만 괜찮아

5. 부경고등학교라는 모자이크

부경고등학교는 2004년 상업계 고등학교에서 일반계 고등학교로 전환되어 학생들이 기피하는 학교였고, 소위 말하는 학력이 떨어지는 학교였다. 심지어 우리 학교에 배정이 되면 우는 학생이 있다는 말이 있을 정도였다. 이런 열악한 상황 속에서 학교의 문제를 타개하고자 혁신학교 공모에 신청하여 2016년 혁신학교(다행복학교)에 선정되었다. 다행복학교라는 구조와 분위기 덕에 학생자치를 본격적으로 추진할 수 있었다. 결론부터 말하자면 이런 자치적 학생회를 구성하여 운영한 지는 4년이 되었고, 4년 만에 학생회는 학생들이 가장 선망하는 조직이 되었다(1학년 부원 선발 시 1학년 총원 130명 중 80명이 지원했고, 현재 학생회 및 각종 위원회 활동에 참여하는 학생이 총 60명에 달한다).

2017~2018년 부산 시내 학생자치 활동 평가에서 2년 연속 1등을 하였고, 우리 학교 학생자치회 학생들이 여러 학교에서 강사로 와 달라고 요청을 받고 수많은 강연을 나가고 있다(학생들이 강사로 나가고 있다!) 부산 대표로 광화문에서 학생자치 소개 부스를 운영했고, 학생들이 전국 민주시민 포럼에서도 대표로 발표를 했다. 그리고 작년부터 처음으로 2년 연속 입학 1순위 경쟁률이 생겼다. 오고 싶지 않은 학교에서 와 보고 싶은 학교로 조금 전진한 것이다. 배정받으면 우는 학교에서 전국적으로 손꼽히는 학생회가 있는 학교로 바뀐 것이다. 이런

'부경고'라는 모자이크

전진을 위해 너무나도 많은 선생님들의 눈물과 희생이 있었다(관용적 표현이 아니라 정말 눈물과 희생이 가득했다). 보이는 곳에서, 보이지 않는 곳에서, 담임으로 수업으로 바쁜 업무로 말로 다 못 할 열정과 헌신이 이러한 변화를 만들어 냈다.

많은 선생님들의 노력으로 학교가 변하는 과정에서 부경고 학생들은 단순히 변화의 대상에 머물지 않았다. 우리 학생들은 변화의 대상이자 변화의 주체였고 학교 발전의 한 축을 담당한 어엿한 주인공이었다. 우리 학생들은 때론 선생님들을 힘들게 할 때도 있었지만 동시에 선생님들의 든든한 파트너이기도 했다. 학생회는 부경고등학교의 중요한 엔진 중 하나였던 것이다.

현재 부경고등학교 학생회는 총 6개의 부서와 3개의 위원회가 구성되어 활동하고 있으며 구체적인 운영 사항은 다음 표와 같다.

부서	역할	대표 사업
학생 회장단	•2학년 회장, 2학년 부회장 •1학년 부회장 구성	•학생회 전반 업무 지원
자율부	•학생들의 자치적 규율 제정과 규율 준수 점검, 옛날 선도부의 자치 버전	•400인 원탁 토론, 100 토론회 •수업 바로 세우기 공청회 •자율협약 알리기 제정, 개정 작업
인권부	•학생들의 인권 감수성을 증진하고 따뜻한 학교문화 조성	•운명 팔찌 •위로의 날 제정 •괜찮아 프로젝트 등
총무부	•학생회 전반의 실무 담당 •회의 주관 및 기록	•학생회 백서 편찬 •카톡플친 관리, 예산안 편성 등
학예부	•학생의 끼를 발산하게 하고 학교의 환경을 푸르게 푸르게	•게시판 공모전, 각종 사진전 •학예회 주관 등
체육부	•건강과 관련된 일은 모두 나에게	•전체 체육대회, 미니 체육대회 •금연 및 건강 활동 등
홍보부	•학교를 널리 알리고자	•페이스북 담당, 부경 뉴스 제작 •연어 프로젝트 등
교복개정 위원회	•교복에 대한 문제점을 수렴하여 바람직한 교복 개정안을 마련하기 위한 절차와 회의 마련. 설문 조사를 진행하고 이를 바탕으로 교복 공청회 실시	
공간혁신 위원회	•학생의 공간 주권 실현을 위해 공간에 대한 아이디어를 수렴하고 이를 바탕으로 학생을 위한 공간 재구조 작업 주관	
청소년 주민자치 위원회	•지역 주민센터의 청소년 주민자치 위원으로 임명되어 학생 시각에서 지역에 관련된 다양한 제언을 하고 실행함 •학생들이 직접 마을 홍보 영상을 제작하여 주민센터에 제공하고 주민센터에서는 이를 민원실에서 지속적으로 상영함	

각 부서는 부서마다 특색에 맞는 일들을 추진해 왔다. 자율부는 '400인 원탁 토론'이라는 프로그램으로 학생이 10명씩 원탁에 모두 앉아서 토론을 하며 투표를 통해 교칙을 하나씩 정하게 하여 학생들이 스스로 교칙을 만들고 함께 지킬 수 있도록 했다. 매년 4월이면 1학년들을 대상으로 원탁 토론을 개최해 교칙 재개정 작업을 진행한다. 그리고 떠들거나 자는 학생들의 문제로 수업이 어려워지자 학생과 교사가 함께 '수업 바로 세우기 공청회'를 열어 수업에 대해 진술하게

이야기하여 수업 분위기를 개선했다. 자율부의 활동은 '존중'이라는 측면에서 매우 중요하다. 존중은 따뜻한 말투에만 있는 것이 아니다. 학교와 선생님들이 온전히 학생들을 존중하고 있다는 표현이 바로 여러 토론회와 공청회인 것이다. 문제가 생겼을 때 학교가 일방적으로 학생을 야단치는 것이 아니라 함께 이야기하는 자리를 만들고 학생들을 문제해결의 파트너로 삼는 토론회와 공청회는, 그 토론회의 결과 여부와 상관없이 가장 직접적이고 적극적인 '존중'의 표현이 되는 것이다.

> 부경고는 학생들이 지킬 규칙을 전교생이 모여 스스로 만든다. 가정, 학교 할 것 없이 학생들을 인격적으로 대한다는 것은 많은 비효율과 인내, 헌신을 동반한다. 갑자기 교칙을 잘 지키는 기적이 일어나지는 않아도 인격적으로 존중하는 관계는 달라진 관점이 되어 돌아온다. 교칙을 만들어 보는 신기한 경험은 학생 개인의 자존감을 높여 준다. 스스로 교칙을 만드는 일은 학교와 선생님이 우리를 존중한다는 메시지가 되고, 학생들은 교사에 대한 믿음을 갖게 된다. 무엇보다 확실한 것은 다행복학교인 부경고 학생이라는 뿌듯한 소속감과 즐거운 학교문화가 만들어졌다. -학부모의 글 중에서

학교라는 조직이, 교사라는 전체 집단이 '우린 너희를 존중해'라고 토론회와 공청회를 통해서 말해 주는 것이다. 그리고 이것이 부경고 학생들이 갖는 자부심의 근원이다. 현재 공립 고등학교와 자부심은 거리가 먼 단어다. 그냥 배정됐으니깐 다니는 것이지 학교를 사랑하거

나 자부심을 느끼지는 않는다. 부경고 학생들은 이러한 존중을 통해 교복을 다 함께 입을 때도, 서울대를 많이 보낼 때도 만들어지지 않는 자부심을 느끼고 있다.

인권부는 학교를 따뜻하고 공감하는 공간으로 만드는 역할을 담당하는 부서다. 따뜻한 등굣길 행사를 매달 운영하는데 '괜찮아 프로젝트'라고 명명하고 등굣길에 따뜻한 문구를 적어서 그것으로 복도에 나무를 꾸며 위로의 나무를 심는 행사를 정기적으로 진행했다. 짜증 나는 등굣길에 따뜻한 메시지를 생각하게 하고, 그 결과를 복도에 전시하여 서로의 마음을 볼 수 있게 한 것이다. 또 운명 팔찌라는 프로그램을 학기에 한 번 진행하는데, 등굣길에서 명언이 적힌 종이 팔찌를 학생들에게 채워 주고, 자신과 똑같은 문구를 가진 팔찌를 찬 학생을 찾아서 학생회실로 오면 '쌍쌍바'를 나눠 주었다. 이 행사는 즐거운 등굣길의 가장 핵심적인 행사 중 하나로 자리매김했다. 하루 종일 나와 같은 팔찌를 찬 학생을 찾는 즐거움, 함께 와서 쌍쌍바를 받아서 나눠 먹는 즐거움으로 학생들이 가장 좋아하는 행사 중 하나가 되었다. 그리고 세월호 추모일을 학생회 자체적으로 '위로의 날'로 지정하여 고통 속에 있는 누군가를 기억하고 함께하는 날로 추모할 수 있도록 했다.

올해는 학생들에게 등굣길에 '친구에게 해 주고 싶은 위로의 문구'를 받아서 그중 가장 많은 투표를 받은 문구 4개를 뽑아서 예쁜 엽서로 제작하여 학생들이 사용할 수 있도록 했다. 체육부는 전체 체육대회는 물론이고 미니 체육대회를 각 학기 기말고사가 끝난 시점에 주관하며, 금연과 건강과 관련된 행사들을 진행하고 있다. 총무부는 학생회 업무 전반을 지원하고 이를 기록하여 백서로 편찬하고, 카톡 플

러스 친구를 운영하여 적극적으로 사업을 알리고, 학생회 전반의 예산관리를 한다. 홍보부는 '연어 프로젝트'라 하여 1학년 학생을 출신 중학교에 보내 우리 학교를 홍보하게 하고 분기별로 학생회의 다양한 활동을 영상 뉴스로 제작하고 있으며, 학생회 활동에 맞게 그때그때 다양한 동영상을 제작한다. 그리고 학생회 공식 페이스북 페이지를 운영하여 학생회의 다양한 활동을 알리고 있다. 학예부는 게시판 공모전, 사진전 등의 행사를 통해 학생들의 감성을 자극하는 학교문화를 만들어 나가며 1년의 클라이맥스인 학예회를 주관하고 있다.

부경고의 각 부서는 인피니티 스톤의 스톤들처럼 하나하나가 모여 강력한 힘을 내고 있다. 올해는 교복개정 위원회, 공간혁신 위원회, 주민자치 위원회라는 세 가지 위원회가 만들어 활동해 나감으로써 학생자치의 외연이 더욱 확장되고 있다.

하지만! 이렇게 아름답지만은 않다. 여전히 더디고, 잘 안 되고, 힘들 때가 많다. 교사의 보이지 않는 손이 없을 땐 학생들이 보이지 않기도 한다. 이렇게 자랑을 많이 늘어놓았지만, 자랑만큼 거창하지도 않다. 소소하고 작은 행사를 위해 끊임없이 회의하고 소박하게 교문에 나가서 아이들의 메시지를 받는 게 고작 전부다. 참가하는 학생들조차 '에계 이런 게 행사야?'라고 비웃기도 하고 때론 선생님들도 쓸데없는(?) 일에 학생회 아이들이 너무 시간을 많이 빼앗긴다고 걱정하시기도 한다. 아침에 학생들 손목에 팔찌를 채워 주고, 교무실로 돌아갈 때, 그 소박함과 잘되지 않는 일들로 인해 '지금 이런 게 학생자치 맞나?'라는 회의감이 들기도 한다. 그러다가도 오후에 같은 명언 팔찌 찬 학생을 기어코 데려와서 쌍쌍바를 받아 가며 기뻐하는 학생들의 모습을 보면 '뭐 학생자치 별거 있나? 이거면 됐지.' 하기도 한다.

학생자치를 해도 소위 '네가지' 없는 학생들의 도전(?)과 교사의 응전은 반복되고 흡연 문제, 학교폭력 등 하루에도 다양하게 쏟아지는 불미스러운 사건들을 만나게 되면 '학생자치고 뭣이고 소용이 없구나, 괜히 헛일하는구나.' 싶다가도 "선생님 저 우리 학교 너무 좋아요. 꼭 학생회 들어가고 싶어요"라고 말하는 학생의 한마디에 '뭐 학생자치 별거 있니? 원래 너희들이 누려야 할 것을 누리는 것인데'라며 다시 힘내 본다.

학생자치가 요술 램프처럼 모든 학교의 문제를 해결해 주었으면 싶지만, 그럴 리가. 게다가 아이들 탓만 할 게 아닌 것이 이것을 담당하는 교사인 나부터도 학생자치를 학생으로서 경험해 본 적도, 교사로서 경험해 본 적도 없으니 미숙한 학생과 미숙한 교사가 함께 시행착오를 겪을 수밖에 없다고 생각한다. 그래서 더디게 그렇지만 사소하고 꾸준하게 해 나가는 것을 목표로 삼으려 한다.

결국은 신뢰, 격려, 존중으로 돌아오게 된다. 아이들의 미숙함을 기회의 문제로 '신뢰'하고, 서툰 결과들을 '격려'하며, '존중'하는 마음으로 학생회 일을 채워 나가려 한다. 부경고의 이야기는 어떤 성공의 이야기가 아니다. 사실 우리는 여전한 고민과 문제 속에 있다. 부경고의 이야기는 도착한 곳에 대한 것이 아니라 달려온 길에 대한 것이다. 여전히 계속되는 고민에 대한 이야기고, 실패와 좌절 속에서 그래도 다시 딛는 한 걸음에 대한 이야기다.

우리 학교가 유토피아처럼 모든 것이 좋고 마냥 아름답기만 하지는 않다고 생각합니다. 여전히 공부 안 하고 교칙 어기며 문제를 일으키는 학생들도 있고 학교가 선생님이 이렇

게 해 주면 좋겠다는 것도 있습니다. 하지만 저는 부경고등
학교가 좋습니다. 저는 서로 이해하고 존중하는 선생님과 학
생들의 모습이 가장 좋습니다. 아직 부경고등학교를 다닌 지
2년도 되지 않았지만, 부경고가 아닌 다른 학교에 배정을 받
아 학교생활을 했었다면 지금처럼 많은 경험을 하지 못했을
거 같습니다. -고등학교 2학년 학생의 소감 중에서

학교라는 혼탁한 문제의 공간에서 학생자치는 보잘것없는 한 바가
지의 물일지도 모른다. 하지만 그 한 바가지를 많은 선생님이 돌아가
면서 부었을 때 더디지만 분명 달라지는 것들이 생겼다. 나는 부경고
에서 학교가 더디더라도 조금씩 바뀔 수 있다는 것을 직접 경험했다.
이전에는 '학교는 결코 변할 수가 없는 곳이구나'라고 생각했었다. 나
의 교직 인생에서 가장 중요한 경험이라고 생각한다. 그리고 그 불가
능하다고 생각된 변화를 가능하게 만든 플랫폼은 신뢰와 격려와 존중
이었다.

칭찬의 굴레에 빠져 무엇이든 해 보고 싶다고 이야기하는 학생, 부
경고의 가장 큰 자랑이 '존중'이라고 말할 줄 아는 학생, 더디지만 인
격적인 존중이 학교의 자부심이 되었다고 말해 주는 학부모, 모든 학
생이, 모든 교사가, 모든 학부모가 이렇지는 않지만 분명한 것은 달라
지는 것이 생기고 있다는 것이다. 그래서 오늘도 그렇게 아름답지 않
고 사소하고 꾸준한 모자이크들을 하나씩 붙여 나가 본다. 지금 변화
된 부경고등학교의 모습은 그 사소하고 꾸준한 모자이크들이 만들어
낸 것이다.

그러니 지금 혹시 학교에서 학생자치를 하는 것을 주저하고 있다면

주저할 필요가 없다. 원래 아름답지 않고 잘 안 되는 거니깐 믿져야 본전 아니겠는가. 사소하고 꾸준한 모자이크 그 한 조각이면 충분하니깐. 그리고 그렇게 두서없이 모아 온 조각들이 어느 날 꽤 근사한 그림이 되어 가는 것을 보게 될지도 모르니까…….

7.

따뜻한 관계,
두근거리는 배움

애월초등학교

" 학교는 모든 학생에게 알맞은 배움의 기회를 제공합니다. "

이한결

제주 애월초등학교 선생님. 만남이란 가슴과 영혼이 연결되는 것이라는 마르틴 부버의 말
처럼 매 순간 학생, 선생님, 학부모들과 진정한 만남을 꿈꾼다. 애월초라는 공간에서 배움
이 두근거린다는 것, 진정한 만남을 통해 관계가 따뜻할 수 있다는 것을 경험하고 있다.

1. 우리는 놀이의 고수

학교에서 피구대회가 열렸다. 피구는 상대를 노리고 공격한다. 팀을 나눠 승패를 정한다. 이기면 짜릿함과 기쁨을, 지면 가슴 쓰라리고 슬픈, 경쟁의 경기이다. 선생님이라면 피구를 하며 아래와 같은 상황을 한 번쯤 겪어 봤을 것이다.

- 잘하는 학생 한두 명만 공을 던지고 나머지 아이들은 들러리가 된다.
- 선을 밟았느니, 공에 맞았느니 규칙을 가지고 시시비비를 가리며 목소리가 높아진다.
- 아웃되면 "아, 진짜! XXX"라며 욕을 하거나 크게 아쉬워한다. 친구를 원망할 수도 있으며 어떤 경우 울기도 한다.

애월초 학생들은 전체 다모임 시간을 통해 학기마다 한 번씩 자신들이 하고 싶은 행사를 선택한다. 해마다 단 한 번도 빠지지 않고 선택되는 것이 체육대회다. 그 체육대회 종목에서도 피구는 언제나 아이

2019년 다모임 체육대회에 참여하고 있는 학생의 모습

들의 선택을 받아 등장한다.

2019년 1학기, 올해로 다모임에서 운영하는 체육대회가 5번째 진행되었다.

경쟁이 있고 공격적인 피구 대회. 하지만 아이들은 서로를 배려하고 믿었다. 공을 던지지 않은 친구들에게 "너 한번 던져 봐!"라며 건네주고, 자신의 몸을 던져 가며 막아 주고, "괜찮아!", "잘했어"라고 말했다. 일반 피구, 보디가드 피구, 지우개 피구. 한 경기 끝날 때마다 둘러앉아 "주현아, 괜찮다고 해 줘서 고마워"라는 말 등으로 마음을 전했다.

2019년 다모임 체육대회-피구 경기를 시작하기 전 페어플레이를 위한 '악수'

우리는 고수

2019년 6학년 1반 김○○

우리는 고수
놀이 고수
왜냐하면 우리는 배려를 하지

우리는 고수
싸우지 않아서 고수
우리는 모두 놀이 고수

경쟁의 요소가 들어 있음에도 즐길 줄 아는 놀이의 고수들이었다. 게다가 대회 준비, 심판 역할, 진행까지 전 영역에서 아이들이 참여하여 만든 행사였다.

> 다모임 체육대회 준비위원회를 하고 나서……
> 다모임 체육대회 시작 전 지민이가 멘트를 하는데 너무 떨
> 렸다. '준비는 열심히 했는데 틀리면 어떻게 하지?'라고 생각
> 했다. 나는 규칙을 말하는데 로봇 모드로 변해 버렸다. 규칙
> 을 말하고 나서야 로봇 모드가 끝났다. "휴~" 틀린 건 없었
> 지만 부끄러웠다. 준비위원회를 끝내려니 더 하고 싶고, 모든
> 학생 앞에서 발표를 해서 좋은 경험이었다.
>
> -2019년 6학년 2반 고○○

아이들이 커 간다. 어느 순간에도 서로를 존중하는 마음을 가진 사람, 자신들이 주인이 되어 많은 것을 책임지는 사람으로 말이다.

애월초 학생들에게서 이런 모습은 불과 몇 년 전만 해도 볼 수 없었던 모습이다. 제1회 다모임 체육대회에서는 플로어볼 경기 중 6학년 선배가 감정 조절을 하지 못해 5학년 후배의 다리를 스틱으로 내려치는 안타까운 일이 일어났다.

거기서부터 여기까지 성장하는 데 4년…….

우리 학교는 선생님과 학생 모두 "두근거리는 배움을 찾아가는 따뜻한 학교"라는 학교상을 가지고 지내 왔다.

2. 함께 꾸는 꿈 '두근거리는 배움'

사진은 우리가 제주형 혁신학교-다흔디 배움학교로 지정된 첫해, 개학식 겸 입학식을 진행한 사진이다. 그해 9명의 교사 중 7명이 애월초로 새로 전입했다. 아이들은 어떤 분이 자신의 담임선생님이 될지 금시초문인 상황이었다.

"아이들이 담임들을 아무도 모를 텐데…… 첫 만남을 특별하게 할 수 있을까요?"

"탈을 한번 써 보는 것은 어때요?"

한 교사의 말에서 시작된 개학·입학식 아이디어는 일사천리로 진행되었다.

3월 2일 개학날, 선생님들은 동물 탈을 쓰고 아이들과 인사하며 맞이했고 사랑의 트위스트 춤과 함께 개학식을 신나게 시작했다. 동물 탈을 벗으며 "짜잔~ 저는 둘리이고 6학년 담임을 맡게 된 이한결입니다. 반갑습니다"라고 담임 소개를 했다. 2015년부터 약 2년간 몇몇 선생님은 아이들에게 "둘리 선생님", "돼지 선생님" 등으로 불릴 만큼 강렬한 첫 만남의 순간이 되었다.

진귀한 풍경의 첫 만남, 이런 행사를 고민하고 시작할 수 있었던 것은 우리 학교의 비전을 만들고 부푼 꿈을 안으며 시작했기 때문이다. 관행적으로 이어져 온 학교의 문화를 벗어나 우리만의 학교교육과정을 만들기 위해 함께 상상의 나래를 펼쳐 보았다.

"두근거리는 배움을 함께 찾아가는 따뜻한 학교"라는 학교상 만들기를 시작으로, 학교 업무 덜어 내기와 더하기 활동을 통해 '교육'에 집중하는 학교 시스템 회의를 했다.

2015년 입학식을 하며-탈을 쓴 교사와 처음 만난 아이들

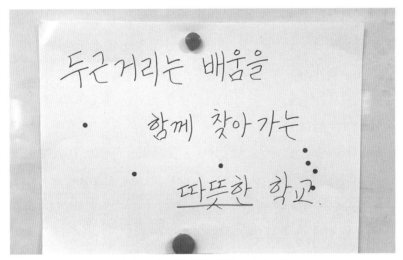

직접, 함께 만든 애월초등학교의 학교상

정말 두근거리는 학교가 되었으면 하는 바람에서 개학식부터 학교의 중심 교육활동들을 하나씩 만들었다. 깜짝 놀람으로 만남을 열어가는 개학식, 아이들이 주체로 나서는 다모임, 성취감을 얻을 수 있는 학년 도전활동, 몸으로 겪고 전문가가 되는 동아리 활동 등 학교교육과정을 세워 갔다. 평화롭고 따뜻한 관계를 맺기 위해 아침 인사, 평화샘 프로젝트 '멈춰' 등 모든 선생님이 함께 실천하는 일상적인 교육활동에 대해서도 협의를 했다. 이 모든 과정을 함께 만들어 갔다. 모두 처음이어서 서툴지만 깊이 있게 찾아갔고 서로에 대한 믿음과 희망이 생겼다.

> 처음 해 보는 활동이라서 설렘이 컸다. 직접 학교상, 학부모, 교사, 학생상을 만들었다는 뿌듯함과 함께라면 우리가 원하는 교육을 할 수 있을 것 같은 믿음과 희망이 생겼다. 그리고 배움에 대해 깊은 고민을 할 수 있었다. **-교사 이○○**

> 이제까지 근무했던 학교의 학교상은 하나도 기억이 나지 않는데 올해 애월초의 학교상은 저절로 외워져 버렸다. 단순한 문장 하나를 만들었다기보다는 교사로서 어떤 가르침에 더욱 충실할지를 가슴 깊이 새길 수 있는 시간이 되어 감회가 새롭다. 짧지만 그 문장 하나가 근무하는 내내 나를 채찍질할 것 같다. **-교사 양○○**

2월 워크숍 기간 내내 진행된 릴레이 회의에서 교사들은 아이들과 설레고 평화롭게 지낼 것 같다는 상상을 했다. 그것이 교사들을 참 행복하게 만들었다. 탈을 쓰고 만난 첫날의 아이들 표정을 보며 교사들은 부푼 꿈을 안고 혁신학교라는 장밋빛 학교생활을 기대했다.

3. 가시 같은 말, 깨진 꿈

"아이들이 있는 교실에 들어가는 것이 두려워요. 아이들끼리의 싸움과 비난, 교사에게 향하는 화살도…… 아이들이 유일하게 생기 있는 눈빛으로 나를 바라보는 시간은 서정오 선생님의 옛이야기를 해 줄 때뿐이었지요. 그것도 책을 보면서가 아니라 구전으로 말이에요. 입말이 살아 있는 이야기잖아요. 아이들에게 입으로 옛이야기를 들려주기 위해 전날 밤 옛이야기를 몇 번이고 읽었어요. 어느 날 지쳐 잠들 때면, 다음 날 학교 주차장에서 책을 한번 읽어 보고 두근거리는 (하하) 마음을 부여잡고 교실로 향했어요."

-2015년 담임교사 한○○

꿈을 가지고 들어갔던 교실은 환상이라는 것이 드러났다. 교사들이 떠올렸던 새로운 시도들에 아이들은 반감을 드러냈다.

"선생님, 우리 이거 왜 하는데요? 하기 싫어요."

"아~ 진짜 짜증 난다. 너네도 이거 하기 싫지 않아?"

이제 아이들 모두 함께 아우성친다.

"어! 쌤! 하지 말아요."

한두 명의 입에서 시작된 말이 학급 전체로 퍼져 분위기가 될 때면,

"너희들 뭐 하자는 거야! 분위기나 흐리고!"라면서 교사와 학생이 서로 힘겨루기를 했다.

"그럼 너희들은 뭐 하고 싶은데?"라고 아이들 말을 듣고, 존중하여 반영하려고 할 때는 "그냥 놀아요." 하거나 "체육 하고 싶은데요." 등 아이들은 수업 목적이나 활동의 맥락과는 상관없이 쉽고 편안한 쪽으로 가자는 의견들을 표현했다.

이렇게 하나 저렇게 하나 답이 없기는 마찬가지 상황인 것이다. 교사로서 아이들과 이렇게까지 하면서 왜 수업을 해야 하는지, 이 아이들과 어떻게 한 해를 보내야 할 것인지 막막하고, 맥 빠지고, 답답했다. 이런 아이들이 사는 세상은 교사와의 관계에서만 그런 것이 아니었다. 친구들과의 관계에서도, 선배와 후배의 관계도 그랬다.

지난주에 가기로 계획되었던 고내봉 현장체험학습을 갔다. 아이들은 정말 많이 기다리고 있었던 터라 비가 오지 않아서 정말 기분이 좋았다. (중략) 고내봉을 향해 올라갔고, 정상에 들러 간식을 먹고 간단히 쓰레기도 주웠다. 내려오다가 경석(가명)이와 주헌(가명)이가 싸웠다. 경석이는 뒤에 기다리는 친구들이 있으니 주헌이에게 놀이기구를 너무 많이 타지 말라고 했고, 주헌이는 그 말을 제대로 듣지 않으며 약을 올렸다. 화가 난 경석이는 주헌이에게 주먹을 휘둘렀다. 참 어렵다. 무사히 학교로 왔고 경석이는 주헌이와 나, 우리 반 친구들에게 사과를 했다. 이런 적이 없었는데……. 의미 있는 경험이었다. -2016년 담임교사 박○○

자신의 의견만을 주장하고, 내가 하고 싶은 대로 되지 않으면 욕하고 때리고, 친구들끼리 장난치고 놀리다가 주먹다짐까지 나아가는 상황이었다. 지금 되돌아보면 아이들은 경쟁과 서열, 평가와 판단, 생존의 환경 속에서 어긋난 방향으로 에너지를 쓰고 있었다. 선생님들은 설레는 학교를 꿈꿨다. 하지만 현실은 차 안에서 옛이야기를 외워 가며 준비하고, 나도 모르게 교실로 들어가는 것을 머뭇거리고, 수없이 성찰과 고민을 하며 지내는 하루하루였다. 우리 학교는 자연스럽게 아이들과의 관계, 경쟁과 괴롭힘의 문화를 안전하게 만드는 데 가장 많은 노력을 기울였다. 아니 몸부림쳤다는 것이 맞을 것이다.

4. 두려움과 배움은 함께 춤출 수 없다[1]

우리 학교는 아이들 간의 관계를 개선하고 진정한 배움이 일어나기 위해서 가장 먼저 필요한 것은 배려와 존중의 문화라고 생각했다. 아이들이 수업에서 내 생각을 표현했을 때, "에이~", "잘난 척", 심하면 "닥쳐!"라고 말하는 환경이었다. 아무리 아이들을 수업에 참여시키려고 하여도 거북이처럼 등껍질 안으로 쏙 들어갈 수밖에 없었다. 아름다운 바다를 바라보고 자유롭게 헤엄치는 것은 등껍질 안에서 감각적으로 안전함을 느끼고 고개를 내밀지 말지 판단한 다음의 일이었다.

아이들이 피부로, 감각적으로 느끼는 안전함과 평화로움. 이것을 위

---

1. 크리스 메르코글리아노, 『두려움과 배움은 함께 춤출 수 없다』(민들레, 2017).

해서 우리 학교에서는 협력적 생활교육을 가장 큰 축으로 실천했다. 우리 학교는 교실 속 아이들의 문제가 담임교사만의 책임이 아니라는 생각으로 학교의 구성원 모두가 함께 책임지며 해결하려고 했다. 매월 말 평가회를 통해서 아이들 이야기를 나눴다. 이야기하다 보면 길어져서 3시간 가까이 이야기를 나눴다. 학급에서 서로를 비난하는 아이들의 이야기, 어떤 아이가 친구와 심하게 싸우는 사례, 끼리끼리 몰려다니거나 한 명을 따돌리는 경우, 학생이 행동 조절을 하지 못하여 수업 중 돌아다니는 경우, 교사와 학생이 대립하여 정말 수업이 어려울 때 등등 선생님들은 많은 상황을 다른 선생님 모두와 공유했다. 생활하면서 느꼈던 어려움과 아픔이 많았기에 담임 이외의 부장 선생님과 교장, 교감 선생님에게서도 이야기들이 여럿 나왔다.

2016년 당시, 찬성(가명)이 학급에서 문제가 있으면 담임교사가 교장실로 전화를 했다. 그러면 교장 선생님께서 다정히 찬성을 교실 밖으로 데리고 나왔었다. 찬성은 교장 선생님과 함께 이야기를 나눴다. 찬성이의 기분이 괜찮아지면 다시 학급으로 돌아가곤 했다.

찬성이는 나와도 이야기를 많이 나누었다. 나의 경우 찬성을 이해하고 도움을 주기 위해서 미술 치료기법까지 적용해 보았었다. 그리고 교무실에서 학급 내에서 따라가지 못하는 수학을 가르치곤 했다. (중략) 찬성이가 지금은 좀 안정되었다니 정말 다행이다.

－2018년 애월 4년 차 평가회, 2016년 재직했던 교감 선생님 인터뷰 일부

이렇게 되자 월말 평가회에서 모든 교사는 우리 학교 학생들의 학습과 생활면을 두루 알게 되었다. 학생들 간의 관계 문제를 넘어 학습 부진 학생, 부적응 학생, 생활규칙을 잘 지키지 않는 학생 등에 대하여 같이 고민했다. 왜 그런 행동을 보이는지, 그 이유가 무엇인지, 해결 방법은 무엇인지를 토론해 보고 정말 효과적인 도움이 무엇인지 다양하게 실천해 보았다. 보살핌이 필요한 학생은 모든 선생님이 만나면 '하이파이브'를 해 주고, 인사와 함께 "오늘 어땠어?"라는 안부도 물어보았다. 많은 선생님이 지속해서 아이에게 관심을 주었다. 단호하게 지도할 학생은 교장실에서 모든 선생님과 함께 이번 사건을 통해 배우게 된 점, 행동 변화에 대한 약속 등을 이야기했다. 선생님들은 그 학생을 만나면 "약속 잘 지키고 있니?", "요즘 지내는 것 어떠니?"라고 물어보았다. 부모와 상담이 필요한 때도 있었다. 이럴 때는 담임교사만이 아니라 교장 선생님, 부장 선생님과 상담도 했다. 이렇게 학생마다, 상황마다 다르게 안전망을 만들어 주었다.

협력적 생활교육을 하면서 경험도 깊어지고 효과도 나타나면서 선생님들은 마음을 열고 교실 속 작은 문제들도 이야기를 풀어냈다. 당시에는 사소한 이야기를 시시콜콜 나눈 것들이 아무것도 아닌 줄 알았는데, 시간을 되돌아보니 작은 균열을 그때그때 메우는 것이었다. 메워지고 굳으면서 따뜻한 안전망은 점점 단단해졌다.

학교에서는 회의를 통해 문제 해결하는 것과 더불어 수업과 학생자치 문화를 통해 예방과 교육을 하려고 했다. 먼저 『학교 폭력, 멈춰!』에 나온 평화샘 프로젝트[2]를 모든 학년에서 진행했다.

---

2. 문재현 외, 『학교 폭력, 멈춰!』(살림터, 2016).

모든 학급에서 학생들에게 방어자의 역할을 강조했다. 평화로운 학급을 만들기 위해 아이들이 방관자에서 방어자로 나아갈 수 있도록 하는 것이 핵심이었다. 싸움이 벌어진 상황은 가해자와 피해자만 있는 것이 아니라 그 속에 가만히 있던 아이들도 '방관자'로서 문제 당사자였다. 가만히 지켜보거나 어쩔 줄 모르는 데서 멈추라고 말하며 문제가 더 커지지 않도록 하고, 목소리를 크게 말해 모두가 문제 상황에 관심을 두도록 했다. 괴롭힘과 장난이 있는 순간마다 했다. 그리고 그 숫자도 한 명이 이야기하는 "멈춰"에서 두 명, 세 명, 네 명, 반 전체의 친구들이 하는 것의 중요함을 경험해 보았다. 수업과 실제 상황을 통해 학생들은 평화에 민감해지고 평화를 만드는 주체가 되었다.

괴롭힘은 관계의 단절에서 나온다. 상대방의 입장을 고려하지 못하는 말과 행동에는 상처가 생길 수밖에 없다. 사람 간의 문제는 서로 더 친해지고 서로에 대해서 더 많이 생각해 보는 경험이 쌓이면 자연스럽게 해결이 되는 것이었다. 각 학년에서는 관계를 연결 짓기 위해 '남학생 한마당', '여학생 한마당', '우리 반 한마당'이라는 이름의 활동을 했다. 학생들은 서로가 느끼고 있었던 아픔을 털어놓기도 하고, 그간의 아픔을 이해하고 새로운 말과 행동을 해 볼 수 있는 경험을 했다.

(중략) 오늘은 진짜 재미있었다. 비가 왔지만 엄청 재미있었다. 비 올 때 자전거를 탔다. 현희(가명)는 자전거를 못 타서 선생님이 도와주었다. 우린 비 오는 데도 비를 맞으며 아주 재미있게 자전거도 타고 놀기도 했다. 그리고 현희가 자전거 타는 것을 여자 친구들이 함께 도와주었다. 현희가 타는

데 "옳지! 잘한다! 그렇지! 그렇게 하면 돼!"라고 우리가 칭찬, 힘내는 말을 하니 현희가 엄청 잘 탔다. 선생님께서 말씀하신 칭찬의 힘은 진짜로 있었다. 오늘은 정말 재미있었다. 오늘 일이 머릿속에서 잊히지 않을 것 같다.

-「여학생 한마당을 하고 나서」 2016년 5학년 권○○

학생들은 학급뿐 아니라 학교 전체 학생 다모임에서도 서로 더 친해지기 위한 노력을 했다. 다모임 안건으로 '서로 욕하는 문제', '선배와 후배 간의 사이가 안 좋은 문제' 등을 올렸다. 해결하기 위해서 평화로운 말을 찾아보기도 하고, 잘못한 것에 대해 미안하다고 전하기도 했다. 앞서 말한 '다모임 체육대회'를 비롯하여 '다모임 놀이의 날', '다모임 요리 나눔 축제' 등 행사를 계획하고 실천하기도 했다. 올해까지 이어지고 있는 이 활동들은 2015~2016년 다모임에서 여러 차례 나온 '선후배 관계 문제 해결하기'라는 안건을 통해 학생들이 직접 만든 아이디어들이다. "올해 다모임 행사로 무엇을 하고 싶은가요?"를 물었을 때 '체육대회'와 '요리 나눔' 활동이 해마다 선택이 되는 것을 보면 이는 다모임의 핵심 문화로 굳어졌다. 다모임을 통한 관계 맺기는 애월 학생 문화의 한 축이 되었다.

사실 다모임 회의와 다양한 활동을 하면서, '미안하다는 말'만으로 그 순간 관계가 회복된 것이 아니었다. '놀이'로 하루를 즐겁게 지낸 것만으로 해결된 것도 아니었다. 하면서 미봉책이라는 느낌도 있었다. 하지만 지금 성장한 5~6학년 아이들을 보면 이런 경험, 저런 경험을 하면서 공동체라는 탑의 돌들을 하나씩 쌓아 가고 있었다. 그 당시에는 너무 힘들었던 걸림돌들이 디딤돌이 되었고 그것을 넘어 탑이 되

학급 내 관계 맺기-한마당 활동을 하는 모습

다모임 선후배 관계 맺기-다모임 전체 놀이 활동

어 가고 있다.

2019년이 된 올해, 혁신학교 2기 시작에 앞서 우리 학교에서는 목표를 "그럼에도 불구하고 관계다"로 했다. 2기인 만큼 학교교육과정과 평가의 일체화, 마을 교육에 대한 고민 등 많은 부분이 있지만, 가장 중요한 것은 '관계'라고 이야기를 했다. 올해에는 애월의 관계 문화를 만들기 위해 학교 전체에서 말공부로서 한상담[3] 감수성 훈련을 실시하고 있다. 선생님들은 '말을 공부한다고? 자연스럽게 나오는 말을 왜 공부하지?'라는 의아스러운 느낌을 가지면서 시작했다. 이제는 말에 마음을 담아 표현하는 것의 소중함, 마음과 마음이 연결되는 순간들의 행복감을 느끼고 있다. 정말 중요한 것은 이 말을 우리 학생들이 배운다는 것이다. "네가 그때 정말 짜증 났겠다. 어떻게 하고 싶어?", "나는 네가 지현이랑 때리는 장난하니깐 불편해." 공감과 상대의 입장을 고려하는 물음, "멈춰"를 넘어 자신의 감정을 친구에게 전달하고 있다. 학생들에게 더한 아름다움과 평화가 깃들어 있다는 것을 느끼고 있다.

5. 아이들의 배움이 춤이 된다면[4]

창문으로 빛이 들어온다. 온몸에 감도는 따스함을 느낀다. 맑은 에너지가 귀로 흘러간다. 어딘가에서 감미로운 피아노 소리가 들려온다. 한 걸음, 두 걸음, 소리가 들리는 곳으로 다가갔다. 한 학생이 강당에

---

3. 유동수·김미정 외, 『한상담』(학지사, 2011).
4. 조던 메터, 『우리의 삶이 춤이 된다면』(시공아트, 2013)의 책 제목을 응용함.

서 피아노를 치고 있었다. 피아노 연주를 마치고 나도 모르게 "와~ 기진아, 진짜 잘 친다"라고 이야기를 했다. 둘러보니 나 말고 친구들도 옆에 쪼르르 앉아 그 학생의 연주를 감상하고 있었다. 그곳에서 작은 음악회가 열렸던 것이다.

우리 학교에서는 나도 모르게 몸이 이끌려 가는 경우가 있다. 점심시간에 아이들이 교실에 있는 피아노를 칠 때, 오카리나를 불 때, 친구들끼리 즐겁게 노는 웃음소리에 이끌릴 때이다. 아이유의 〈너의 의미〉를 우쿨렐레로 연주하며 함께 부르고, 4학년 친구들이 오카리나로 〈캉캉〉을 연주하기도 한다. 어떤 학생들은 "옥상! 탈출~"이라고 외치며 정글짐에서 웃고 있다.

따뜻한 터전 위에서 두근거리는 배움을 향한 우리 학교의 여러 가지 교육활동들이 있다. 학교에서 음악이 아름답게 펼쳐지고 있다면, 애월 예술 교과가 한몫하고 있다는 생각이 든다.

본교는 음악 시수의 일부를 자신이 배우고 싶은 예술 교과를 선택하도록 한다. 오카리나, 합창, 합주, 난타, 연극 중 하나를 고르는 것이다. 3학년부터 6학년까지 함께 모여 배우고 익힐 수 있게 한다. '가을 계절학교'라는 이름으로 주기집중 문화예술 교육을 했던 것에서 2년 전부터는 매주 예술 교과를 60분씩 편성하여 배우고, 가을 계절학교에서 또 집중하여 교육받을 수 있도록 교육과정을 재구성했다. 학생들은 자신이 배운 내용을 학교 예술제를 통해서 뽐내면서 성취감과 문화예술에 흠뻑 빠져 보는 경험을 한다.

이렇게 스스로 참여하는 예술 교과를 길게는 3~4년간 익히고 배웠다. 긴 시간 합창을 배웠던 6학년 학생들은 올해 현장체험학습 버스 안에서 합창 동요 퍼레이드를 벌였다. 대중가요를 부르면서 즐기는 깃

5학년 학생들의 자전거 도전활동 – 제주도 일주 사진

오카리나부 학생들의 예술제 무대

에 익숙한 학생들이 동요를 즐기고 웃고 함께 부르다니~ 이런 학생들의 모습들이 참 반갑다.

"올해 가장 기억에 남는 순간이 언제야?"라고 물어본다면, 대부분의 학생들이 학년별 도전활동 할 때를 떠올린다. 3학년들은 1주일 동안 수영장에서 25미터 수영을 배운다. 4학년은 오르기 힘든 한라산을 오르고, 5학년은 3박 4일 동안 자전거로 제주도를 한 바퀴 돌고, 6학년은 1년 내내 나눔과 봉사를 하며 기부 마라톤 참가까지 한다. 육체적으로 힘들고 혼자서는 해내지 못할 것 같은 어려운 도전이, 친구들과 함께 힘을 내며 성공했을 때 다가오는 뿌듯함이란 이루 말할 수 없다. 그것은 하루, 이틀 연습에서 나온 결과가 아니라 한 달, 길면 2~3달 동안 훈련을 한 결실이다.

(중략) 우리가 자전거를 타고 출발을 할 때 해안도로로 갔는데 바람이 너무 세서 휘청거렸다. 내가 제일 인상 깊었던 경험은 첫째 날 긴~ 언덕을 올라갈 때였다. 그때는 살짝 비가 오고 있었다. 나는 가는 도중 힘들어서 대형에서 빠져 옆으로 달리고 있었다. 내 뒤에 있는 친구들이 내 옆을 지나가며 "희수(가명) 파이팅~"이라고 말해 주었다. 나는 조금 쉰 뒤 맨 뒤에서 친구들을 챙겨 주던 성진(가명)이와 자전거를 타고 있었다. 성진이가 "너 먼저 앞으로 가"라는 말과 함께 양보를 해 주었다. 난 성진이에게 "고마워"라고 말했다. 성진이가 뒤에서 나를 응원해 주었고 나는 그 덕에 최선을 다해 언덕을 올라갔다. 올라가던 중 예진(가명)이를 만났다. 내가 추월을 할 수 있었는데 나도 체력이 떨어져서 그러기에는

너무 지쳤다. 그 대신 나는 예진이에게 "하나, 둘! 파이팅! 힘
내!"라는 말을 했다. 나와 예진이는 결국 친구들이 있는 곳
까지 열심히 왔다. 나는 이때가 가장 기억에 남는다. 다 끝날
때까지 격려의 말과 행동을 했으니 말이다.

－「한 순간 순간의 격려의 말과 행동」 2017년 5학년 도전활동 후 강○○의 글

　1~2학년에서는 줄넘기와 전통놀이 배우기를 통해 도전활동의 맛을
보도록 하고 3학년부터는 난이도 높은 도전을 한다. 학교에서 자전거
코스를 따라 연습하는 5학년 학생들이 운동장 안에서 달리기 연습을
하는 6학년 선배들의 도전 모습을 보며 "형, 마라톤 뛰는 거 힘들어?"
물어본다. "야, 자전거보다 더 힘들어. 너희 내년에 해 봐, 해 봐"라고
대답한다. 그리고 5학년이 자전거로 제주도 일주를 마치고 돌아오는
날이면 6학년 학생들이 "너무너무 수고했어!"라는 플래카드와 함께 격
려와 응원을 건네준다. 학생들은 '도전'이라는 단어 아래 숨은 고난과
역경을 느끼고 있으며, 격려와 배려라는 '관계의 힘'이 이를 이겨 내게
하는 원천임을 알고 있었다.

　학생들의 배움이 춤이 된다면
　너하고 나하고 어깨동무하며 덩실덩실 추겠지.
　눈빛 하나 손끝 하나에서 흐르는 리듬에 따라

　학생들의 배움이 자연스럽게 연결이 되고, 흐르는 순간. 이 모든 것
을 부르는 이름이 바로 문화였다. 애월의 두근거리는 배움은 문화가
되고 있다.

6. 여전히 가야 할 길

"부모님, 선생님과 협력했을 때 아이들의 변화 또는 성장했던 경험을 이야기해 주실 수 있나요?"

"저는요, 선생님과 함께 학부모 공부모임을 하면서 미덕이라는 것을 배웠어요. 학급에서 아이의 미덕을 찾아 준다고 하더라고요. 선생님과 함께 공부한 이후로 아이의 미덕을 집에서도 찾아 주었어요. 매일 열심히 숙제하는 아이에게 '효진아, 네가 성실의 미덕을 가지고 있구나.' 하고 말이지요."

2019학년도 2학기 학부모 교육과정 설명회를 열며 위와 같이 질문을 했었다. 사실 그날은 학부모 교육과정 설명회가 아니라 애월 학교생활 인권 규정-학부모 약속을 만드는 날이었다. 두근거리는 배움을 '함께' 찾아가는 사람 중 한 주체는 바로 학부모이다.

학교생활 인권 규정 중 학생 생활 인권 규정을 만들고 1~2학년 학생에게 설명해 주는 모습

학교생활 인권 규정을 선포하며 학부모가 직접 만든 '애월 학부모 약속'을 낭독 중인 모습

우리 학교는 학부모님과 소통을 위해 교사-학부모 임원단 협의회, 학급별 학부모 다모임을 운영하고 있다. 학급에서 실천하는 교육과정에 대해서 학부모님들과 공유를 하고, 원활히 운영하기 위한 고견도 듣고, 도움도 얻는다. 학교 전체 행사에 대한 협의는 교사-학부모 임원단 협의회를 통해 직접 이야기를 듣는다. 교육활동에 대한 이야기를 중심으로 아이들에 대한 고민을 나누기도 한다.

2016년 4학년 학부모 다모임에서는 아이들의 스마트폰 사용 문제에 대해서 깊게 고민을 했다. 어느 가정에서나 아이들의 스마트폰 중독에 대한 걱정은 큰 것이었다. 학부모들은 학부모와 아이들에 대한 교육을 바랐다. 그해 말, 학부모 강좌로 스마트폰 사용의 해로움을 잘 설명해 주시는 강사님을 모셨다. 그리고 2016년 말부터 2017년까지 1년간 스마트폰 대신 폴더폰 사용, 스마트폰 사 주지 않기 운동을 스스로 만들고 실천했다.

우리 학교는 이렇게 마음을 털어놓는 길을 만들고, 그 길에서 학부모와 선생님이 모여서 이런저런 이야기를 나누는 시간을 매해 2~4회씩 가지고 있다. 몇 년을 그렇게 지내면서 확인해 보니, 스마트폰 사용 문제와 달리 이야기보따리를 푸는 것은 거의 선생님이고, 학부모님들은 지나가다 도와주는 역할 정도가 되었다. 선생님이 준비한 교육활동에 대한 안내가 학부모 다모임의 이야기 대표 주제가 되다 보니 당연한 결과였다. 하지만 '미덕 이야기', '스마트폰 멈춤' 사례처럼 학부모님들이 지속적으로, 직접 교육활동을 만들고 실천할 때 효과는 이루 말할 수 없을 것이다. 교육이 강물길이라면, 학교의 시냇물과 부모의 시냇물이 만나 물길은 넓어지고 깊어질 것이다. 교육이라는 강물에 담긴 시원한 사랑은 아래로, 아래로, 결국 우리 아이들에게 흘러갈 것이다.

그래서 우리 학교가 가야 할 길 중 가장 중요한 부분은 여전히 '관계'다. 관계의 동심원을 점점 넓힐 필요가 있다는 것이다. 학부모가 학교와 '객'으로 맺어진 것이 아닌 '주인'으로서 관계 맺는 것이 필요할 것이다. 올해에는 새로운 발걸음으로 "두근거리는 배움을 함께 찾아가는 따뜻한 학교"에서 누릴 수 있는 권리와 책임을 만들었다. '학교생활 인권 규정'을 교육 3주체인 학생, 교직원, 학부모가 함께 만든 것이다. 3주체라는 말이 글이 아니라 삶으로 드러났으면 좋겠다. 애월초와 엮여 있는 모두가 주인공이 된 이야기들이 더 많이 펼쳐지면 좋겠다. 선생님만이 아니라 선생님과 학생, 학생과 학생, 선생님과 학부모, 학부모와 학생이 서로를 위해 행동함으로써 자신이 더 빛나는 이야기 말이다. 주인공이 되어 살아 있는 이야기는 흐르고 흘러 깊고 넓은 하나가 되지 않을까? '학교'라는 공간의 주인의식을 갖는 것, 배움을 향한 건강한 교육 생태계를 만드는 것, 함께하는 이들이 '공동체'라는 느낌을 갖는 것이 앞으로 여전히 우리가 가야 할 길이라고 본다. 배움에 끝이 있을까? 그리고 이 길에 끝이 있을까? 그저 아이들이라는 희망을 보며, 모두가 사랑하고 사랑받으며 계속 가는 것이 아닐까?

8.

아이 성장에 맞춘
9년 교육과정

유치초·중통합학교

"교사는 학생의 발달 단계와 특성, 관점, 생활환경을 반영하여
교육과정을 함께 만들고 실행합니다."

박효숙

장흥안양중학교 선생님. 20여 년간의 장거리 출퇴근을 끝내고 시작한 장흥 생활은 어릴 때 시골생활을 새록새록 솟아나게 한다. 전임 학교인 장성북중학교(현 장성백암중으로 통합)에서 4년 혁신학교 활동으로 의미 있는 시간을 보냈고, 또 다른 변화와 설렘으로 유치 초·중학교 생활을 시작하였다.

1. 소규모 학교에서 소중한 경험

장성북중학교는 3학급으로 전교생이 42명인 소규모 학교다. 교사들이 전남형 혁신학교인 무지개학교 신청을 자발적으로 하고, 2년 차부터는 '아이 눈으로 수업 보기, 수업대화'로 서근원 교수님과 수업연구를 시작했다. 교장 선생님과 교사들의 열정은 대단했다. '수업이 아이들에게 어떤 의미가 있는가?'를 이야기하고, '아이의 삶을 들여다보기'를 통해 수업과 교육과정을 바꾸어 가는 것은 학교에서 교사의 삶을 새롭게 녹여 내는 작업이었다. 그 속에서 교사와 학생, 학교가 변화되고 우리 자신이 변해 가고 있었다. 아이들 스스로 만들어 가는 수업, 민주적인 학생자치회 활동, 학교를 신뢰하는 학부모의 변화하는 모습을 보면서 '무지개학교를 통해 우리가 추구하고자 했던 학교의 모습이 이 모습이 아닐까?' 하는 기분 좋고 소중한 시간을 보냈다.

2013년 여름 소규모 학교 통폐합에 대한 형식적인 의견 수렴 공문이 내려왔다. 그리고 갑자기 주변에 있는 신흥중학교, 약수중학교, 장성북중학교 3개 학교를 기숙형 중학교로 통폐합하는 계획이 추진되고, 이에 대해 장성군 주민들 대상으로 공청회를 실시했다. 학교의 주체인 교사, 학생의 의견 수렴은 없고 당사자가 아닌 주민들까지 형식적인 의견 수렴으로 학교 통폐합을 확정했다. 통폐합 결정에 문제를 제기하자 해당 학교 학부모 대상으로 형식적인 설명회가 이루어졌지만 이미 통폐합은 결정된 상태였고, 어떻게 진행할 것인가 방법에 대한 설명회였다.

이에 대해 학생 수가 적어도 지역의 학교에서 아이들을 키우고 싶다는 몇 분의 학부모를 중심으로 반대 서명운동, 통폐합 문제점 홍보, 교육감 면담도 했다. 그 결과 반대가 심한 약수중학교는 유지하고, 신흥중학교와 장성북중학교 2개 학교를 통합하여 기숙형 중학교를 설립하기로 결정했다.

통합학교에서 제외된 약수중학교 학부모들은 통합 찬반으로 갈라져 갈등이 심각해졌다. 통합을 찬성하는 학부모는 기숙형 중학교가 기숙사비, 교복, 다양한 교육 프로그램이 무료인데, 약수중학교 아이들만 혜택을 받을 수 없게 되었다고 원망했다. 몇 명의 학부모만 그 불만을 감당하게 되었으며, 그 아픔까지 함께하기에는 우리의 역량이 부족했다. 지역의 주민이 아니고 그저 옆 학교의 교사로서는 주체적인 도움을 줄 수 없었다. 우리의 한계와 힘이 없음을 뼈저리게 느꼈다.

통폐합이 확정되고 새로운 건물을 짓기 위해 장성북중학교 아이들은 옆 학교 북이초등학교 운동장에 가건물을 설치하여 1년을 보내게 되었다. 가건물로 이사한 날 교장 선생님께서 아이들 생활지도에 특히 유념해 달라는 당부를 하셨다. 초등학교의 교사와 아이들, 학부모님이 중학생이 오는 것에 불안해한다고 말씀하셨다. 아이들이 초등학교 건물에 되도록 가지 않도록 신경을 써 달라는 부탁을 하셨다. 결국 학교 폭력을 사전에 막기 위해 초등학생과 중학생이 만나는 시간을 최소화해야 하는 것으로 생각했다. 그러나 장성북중학교 학생은 북이초등학교 졸업생이고, 그들의 동생들이 다니고 있는 학교였다. 중학생들이 초등학교 운동장 가건물에서 보낸 1년의 시간은 답답함 그 자체였다. 초등학생과 철저히 분리된 생활을 한 아이들은 다음 해 신축한 기숙형 중학교로 이사했다. 통폐합에서 제외된 약수중학교는 중학교 배정을 장성백암중학교까지 신청할 수 있도록 학구를 개방해 달라는 초등학교 학부모들의 의견이 받아들여져 자연스럽게 장성백암중학교로 흡수되었다. 그리고 4년 뒤에 완전히 사라지게 되었다. 통폐합 과정을 통해 소규모 학교의 과제를 다음과 같이 생각해 보았다.

'소규모 학교는 정상적인 교육과정을 운영할 수 없는 것일까?'
'초등학생과 중학생이 함께 있으면 학교폭력의 갈등을 유발할까?'

2. 낯선 초·중통합학교 모습

'유치초·중학교', '장흥유치중학교' 어떻게 구별해 쓰지?
유치 통합학교로 배정받고 2월 인사위원회에 참석하기 전에 미리 학교를 둘러봤다. 장흥댐을 건설하면서 유치서초등학교 자리에 새롭게 건물을 지어 큰길에서 벗어나 아담하게 자리 잡고 있었다. 교문 입구 오른쪽에 작은 놀이터가 있고 병설유치원이 깜찍하게 들어서 있었으며, 운동장 입구에 두 그루의 은행나무가 커다랗게 팔을 벌려 아이들을 맞이했다. 아이들이 좋아하는 넓은 운동장도 보였다. 운동장에서 건물만 눈 맞춤하고 돌아오는 2월 날씨는 따뜻했다.

새로운학교, 학생을 날게 하다

인사위원회가 있던 날 학교 내부를 상세히 볼 수 있었다. 초·중통합학교는 다소 낯설게 느껴졌다. 3층짜리 건물의 1층은 중앙현관을 중심으로 왼쪽에는 급식실, 방송실, 행정실이 있고, 오른쪽에는 협의실, 교장실, 보건실, 초등학교 1, 2학년 교실이 있었다. 교장실에 들러 교장 선생님에게 인사드리고 2층 교무실로 올라갔다. 2층에는 교무실을 중심으로 왼쪽에는 중학교 1, 2, 3학년 교실과 미술실, 과학실, 가정실이 있고, 오른쪽에는 초등 과학실과 3, 4, 5, 6학년 교실이 있다. 교무실 문을 열고 들어가면 왼쪽에는 중학교 선생님들의 책상이 있고, 오른쪽에는 교무행정사 3명과 교감 선생님 자리가 가장 안쪽에 배치되어 있다. 교무행정사 선생님은 초·중등 각각 1명이며, 무지개학교로 1명 추가 배정되어 3명이 행정업무를 담당했다. 초등학교 선생님은 대부분 담임선생님이기 때문에 각 교실에서 생활하고, 교과 전담 선생님인 과학 선생님만 교무실에서 생활하고 있었다. 교장 선생님은 중등, 교감 선생님은 초등에서 발령받은 분이다.

전 교직원 모임에서 새로 오신 전입 교사 소개와 교장 선생님 인사말씀이 끝나고, 교감 선생님이 유치초·중학교 소개를 했다. 학교를 둘러보는 시간에 3층으로 올라가니 도서관과 음악실, 작은 체육관이 있었다.

중학교 인사위원회 협의회는 역시 난항이었다. 1년의 업무를 배정하는 인사위원회가 원활하게 진행되는 경우는 거의 없었다. 희망 부서 배정과 담임 배치, 부장 업무 배정은 1년의 삶을 어떻게 살 것인가에 대한 시작을 알리는 신경전이 있는 협의회이기 때문이다.

업무 배정에서 부장을 희망하는 분이 없었다. 특히 교무부장은 모두 힘들다는 의견을 표명했다. 이전까지 교무부장을 하신 선생님이 일이 많아서가 아니라 교직원 협력과 소통에서 새로운 교사가 새롭게 시작하면 좋을 것 같다는 의견을 말했다. 아무도 말하지 않고 얼마간의 무거운 분위기가 계속되었다. 그런 분위기에서 전입 교사 중 나이가 가장 적은, 50대 초반인 내가 할 수밖에 없었다. 나는 지난 3년간 혁신학교를 열심히 운영했고, 자신은 없었지만 교장 선생님을 비롯한 선생님들의 신뢰 가득한 표정에서 새롭게 시작하려는 선생님들의 마음이 이해되었다. 함께 새로운 학교문화를 만들고 싶은 희망으로 교무부장을 담당하기로 했다.

인사위원회가 있는 다음 날부터 학교 근무가 시작되었다. 입학식을 준비하면서 입학식을 축하하는 문구를 넣을 때는 유치초등학교, 장흥유치중학교 학교명을 따로 기록하고, 학교 소개를 할 때는 유치초·중학교로 설명했다. '어느 경우는 유치초·중학교라고 하고, 어느 경우는 장흥유치중학교라고 하지?' 이것을 정확히 알게 된 것은 2년이 지난 후였다. 행정적으로 할 때는 장흥유치중학교, 그 외에 감성적으로 우리 학교 자랑을 이야기할 때는 유치초·중학교를 사용한다는 것을 알게 되었다. 행정적으로는 유치초·중통합학교가 존재하지 않는다.

입에서 단내 나게, 발바닥에 땀나게

3월이면 무슨 공문과 전달사항이 이렇게 많을까? '교사는 앉으면 공문, 일어서면 수업'이라고 어떤 선배가 이야기를 했는데 교무부장 자리가 꼭 그런 자리인 것 같다. 3월 넷째 주에 일이 터졌다. 학생 간부수련회를 위해 학생들이 5교시 하교한 후에 학생자치회 임원들만 남아서 수련회 계획을 세우고 있었다. 통학 관련해서 통학차 기사 선생님과만 논의하고 초등학교 교무부장과의 논의를 놓치고 말았다. 초등학교는 방과후학교 활동 후 4시 50분에 하교한다. 중학생들은 일과가 끝났음에도 초등학생 일정이 끝날 때까지 기다려야 했다. 이것은 시작에 불과했다. 중학교 교육과정 일정을 정할 때 초등학교 일정뿐만 아니라 병설유치원 일정까지 고려해야 했다. 한 가지 일을 추진하기 위해 중학교, 초등학교, 유치원까지 논의를 해야 했다, 특히 급식은 일정이 바뀌면 전체 기안을 취소하고 다시 기안을 해야 하는 어려움이 있었다. 중학교 급식은 중학교 예산에서 지출하므로 중학교에서 기안해서 초등학교로 입금해야 한다. 영양교사 선생님의 어려움을 1년이 지난 후에 알게 되었다.

교육과정 운영 일정을 수정할 경우가 생기면 먼저 교감 선생님, 초등 교무부장, 유치원 선생님과 상의하고 영양교사 선생님, 통학차 기사 선생님까지 확인하고 일정을 정리하면 '아, 똑같은 말을 몇 번 했지?' 어른들 말씀대로 '입이 아프다'라는 생각이 들 때가 있었다.

아침에 교감 선생님과 일정과 행사에 대해 협의하고 교장 선생님과 마무리한다. 교감 선생님 자리는 2층 교무실에 있으나 교무실에 계시는 시간보다 1층 협의실에 계시는 경우가 더 많았다. 상의할 내용이 있는 경우 아래층 교감 선생님과 협의하고, 교장 선생님과 다시 논의하여 결정하는 경우가 많았다. "아니 왜, 그렇게 왔다 갔다 하느냐고? 같이 있는 자리에서 교감 선생님, 교장 선생님과 함께 내용을 정리해야지. 이제 내려가지 마시오"라면서 선배 교사는 시스템에 문제를 제기했다. 학생부장님의 진심 어린 충고에도 하루에도 몇 번씩 1층과 2층을 오르락내리락했다.

전에 있던 선생님은 전체 초·중등 교육과정을 이야기할 때는 교감 선생님과 먼저 논의하고, 중학교 교육과정에 대해 논의할 때는 교장 선생님과 먼저 상의를 했다고 한다. 그러나 논의 내용이 초·중등 전체 교육과정인지 중학교 교육과정인지 경계가 모호한 경우가 더 많았다. 중학교 교육과정이라고 하지만 초등과 연계된 내용이 많으므로 교감 선생님과 논의가 되지 않으면 추후에 문제가 발생했다. 힘들지만 교감 선생님과 먼저 상의한 후, 교장 선생님과 다시 협의해서 교육과정을 추진했다. 교장 선생님은 중학교 교육과정이지만 교감 선생님과 먼저 상의한 후 특별한 사항 없으면 그대로 시행하라는 말씀을 자주 하셨다. 그러나 교감 선생님께서는 중학교 교육과정, 시스템과 문화를 잘 모르기 때문에 결정할 수 없다며 교장 선생님에게 미루셨다. 중학교 교사들과 소소한 갈등으로 닫힌 마음을 쉽게 열지 못해서 2층 교무실에서 1층 협의실로 내려와 업무를 한다는 것을 나중에 알게 되었다.

교장 선생님과 교감 선생님이 중등과 초등이지만 일하는 교사 입장에서는 그냥 교장 선생님, 교감 선생님이다. 두 분 또한 함께 업무를 수행하는 데 말할 수 없는 어려움이 많았다. 교사들도 두 분을 자신의 상급자로 대하지 않는 미묘한 갈등이 있었다.

처음 발령받은 초·중통합학교 교사들은 복잡 미묘한 상태에서 시작되어 서로를 이해하기보다는 서로에게 상처를 주지 않기 위해 거리를 두는, 가까이하기에 너무 먼 초·중통합학교의 모습이었다.

얼음 아래에 물 흐르는 소리

2학기에는 초·중등 행사 주관은 중학교 교무부장 중심으로 운영한다. 1학기에는 초등 교무부장이 진행하고 2학기에는 중등 교무부장이 운영한다. 2학기에 새로운 교감 선생님이 발령받고 다시 교무실 자리로 오셨다. 교장 선생님이 새로 오신 교감 선생님에게 부탁하셨다. "우리 학교는 초·중등 통합학교이므로 교감 선생님께서 교무실에 계시면 업무를 진행하는 데 좋지 않겠습니까?"라는 말씀에 교감 선생님께서는 흔쾌히 수락하셨고 교무실에 계셨다.

1학기에 1층으로 수시로 내려갔는데 교무실에 교감 선생님이 계셔서 중학교에서 발생하는 문제를 말씀드릴 수 있었고, 중요한 사항만 교장 선생님과 의논했다. 교감 선생님이 이해하는 중학교 교육과정까지 의논하고, 특별한 사항만 교장 선생님에게 말씀드리고 중학교 교육과정도 결정하는 시스템이 되었다. 새로이 시작된 시스템의 첫발이었다. 몇 년 전에도 있었던 시스템이 몇 년 지속되지 못하고 와해되었던 건 서로에 대한 이해 부족으로 상처를 주었다고 본다.

전 교직원 월례회의 주제로 '2학기 교육과정 학부모 설명회를 어떻게 할 것인가?'에 대해 협의를 했다. 2학기 월례회의는 중학교 교무부장이 진행을 맡아 교육과정 설명회 시기와 내용, 방법 등에 대해 협의를 했다. 2학기 교육과정 설명회는 공개수업을 함께 해야 하므로 시간을 오전으로 옮기고 급식 공개와 함께 진행하는 것으로 협의했다. 유치원 교사 수업 공개는 따로 진행하고 설명회는 함께 진행해서 업무를 간소화했다.

11월에 제87회 학생독립운동을 기념하여 학생자치회가 기획하는 기념행사를 진행하는 날, 교장 선생님이 출장을 가시게 되었다. 교감 선생님께 기념사를 부탁했더니 흔쾌히 수락하시고 아이들이 직접 계획한 행사를 끝까지 자리를 지키며 보셨다. 기념행사를 마치고 교감 선생님께서 '항상 얼굴 표정이 뚱하게 있던 아이들이 스스로 기획한 기념행사를 보고 아이들을 다시 보게 되었다'는 말씀을 하셨다. 초등학교에서는 학생독립운동 기념행사를 하지 않고 담임선생님 훈화로만 끝내는 것이 대부분인 것으로 알고 있는데, 학생 스스로 만들어 가는 내용을 보시고 다음 해에는 초등학생 고학년도 함께 참여했으면 좋겠다는 말씀을 하셨다.

학생 교육활동 1년 과정 작품은 대부분 축제 때 교내에서 전시되고 끝이 난다. 아이들 작품을 보면 아이들 세계를 이해할 수 있으며, 그 작품 하나하나에서 아이들이 성장하는 과정을 볼 수 있다. 교사, 학생, 학부모뿐만 아니라 지역 어르신들과 공유하고자 면사무소에 문의했더니 흔쾌히 허락해 주셨다. 시작은 중학생 작품만 전시하는 것으로 했으나, 학부모 평생교육 작품, 초등학생 작품까지 전시했다. 전시회를 여러 번 경험한 능숙하신 중학교 미술 선생님 지휘 아래 아이들 작품은 멋지게 전시되었으며, 전시회 주변은 전시 작품을 감상하며 차를 마실 수 있도록 꾸며졌다. 중학생은 아침 수업 시작 전에 본인과 친구의 작품을 감상했으며, 초등학생들은 수업 시간에 마을 나들이로 작품을 감상하는 시간을 갖게 되었다. 두꺼운 얼음은 뜨거운 용암에 의해 순간에 녹을 수도 있지만, 쉼 없이 조용히 흐르는 물에 의해서도 얼음은 녹는다. 교감 선생님의 책상 위치 바꾸고 낯선 시선의 다름을 인정하면서 새로운 시작이 되었다.

3. 아이 중심, 학생 중심으로 초·중통합학교 운영

기반을 다지자

유치초·중 교육과정의 의견 수렴을 위한 첫 단추로 유치초·중 교육과정 TF팀을 구성하여 협의회를 실시했다. 학부모님에게 교육과정에 대한 TF팀 구성과 계획을 안내하여 희망자를 받았다. TF팀은 교장, 교감, 초등 교사 2명, 중등 교사 2명, 초등 학부모 2명, 중등 학부모 2명으로 구성했다. TF팀 협의회는 3차례 실시했으며 국제교류활동 체계, 교육활동 예산, 학부모님과 교사 상담 시간 확보 등 2018년 교육과정에 반영되어야 할 부분에 대해 협의했다.

학년 말에 초·중등 교직원이 학교 비전과 목표를 점검하고 교육과정을 공유하는 것은 소중한 시간이었다. 초·중 교직원이 한자리에 모여 자신이 생각하는 학교의 역할과 그에 대한 우리 학교 아이들의 모습, 그리고 어떻게 해야 하는지 일관성 있는 교육과정을 계획하는 과제를 설정했다. 일회적인 협의회가 아닌 교육과정 운영과 교육공동체가 함께 운영할 수 있는 시스템을 마련하는 계기가 되었다.

교직원 모임은 월 1회, 매월 마지막 주 목요일 7, 8교시에 실시한다. 이때는 학교 구성원 모두가 모여 학교 현안에 대해 논의한다. 특별한 사항이 없는 한 행정실, 급식실 조리원, 교무행정사, 스쿨버스 기사님까지 모두 참석해야 한다. 진행한 순서는 다음과 같다. 교장 선생님의 아재개그와 유머퀴즈 시간을 시작으로 교장 선생님이 전해 주는 학교 이야기와 다음 달 월중 계획 공유, 검토 및 수정, 제안 사항과 건의 사항을 논의한다. 월중 계획에서 가장 중요한 부분은 초·중 교육과정 운영 부분에 대한 수정, 보완이다. 제안 사항은 2주일 전에 공지하고 각자 제안서를 미리 업무 담당자에게 제출한다. 제출된 제안을 제안자가 발표한 후 논의를 거쳐 제안 사업을 결정한다. 1박 2일 워크숍 제안서에서 두 번이나 교장 선생님의 제안서가 탈락되어 모두에게 아쉬움과 웃음을 안겨 주었다.

2017년 12월에 월례회의에 '유연근무제 실시'에 대한 건의 사항이 있었다. 20분을 당겨 4시 40분에 마치는 일정 조정에 관한 의견이었다. 교육청에서도 공문으로 권장하는 바였고, 이웃 학교는 이미 4시 30분에 하교하는 곳도 있었다. 아이들도 겨울에 통학버스가 산길을 운행하는 것이 위험하므로 해가 지기 전에 귀가하는 것이 좋을 것 같다는 선생님의 의견이 포함되어 있었다. 교장 선생님은 즉시 의견을 결정하지 않고, 교육과정 운영은 교직원뿐만 아니라 학생과 학부모의 의견 수렴도 중요하므로 학생과 학부모의 의견 수렴 후 결정하자는 제안을 했다. 이후 학생과 학부모 의견 수렴, 학교운영위원회에 안건을 상정하여 결정했다. 교육과정 운영은 어느 한쪽에 치우치지 않고 교육공동체가 합의를 통해 이루어지는 원칙적인 방향으로 진행되었다.

의미 있는 교육과정이었나?–돌아보기

2015년에 교육과정을 평가한 내용이다. 과학의 날 초·중 공동 행사로 한 '빛의 반사 실험을 이용한 물체 맞히기 활동'은 초등학교 저학년 학생이 빛의 반사 특징을 이해하지 못해 아쉬움이 남은 것으로 평가되었다. 또한 초·중 통합 다모임 활동에 저학년까지 참가하는 것은 초등학생이 이해하기 어려우므로 초·중 학생자치회 활동으로 전환하자는 의견이 나왔다. 초·중 통합으로 이루어지는 가족관계 증진 프로그램 또한 프로그램 구성이 초등학생 대상의 내용으로 이루어져 부모님과 함께 참가하는 것은 의의가 있으나, 중학생에게는 내용이 맞지 않아 만족도가 낮았다. 새롭게 구성된 유치가을미술전시회는 학생들에게 좋은 경험을 갖게 하는 시간이었으나 구체적으로 의미 있는 시간이었는지에 대한 평가는 쉽지 않았다. 또한 학년 초에 계획되어 있지 않은 활동으로 교육과정을 수정해야 하는 어려움이 있다는 반성이 있었다.

학년 말에 학생의 진단과 이에 맞는 교육 목표, 교육과정을 구체적으로 협의하지 않고 우리 아이들에게 좋은 프로그램이라는 생각으로 교육과정을 운영한 문제점이 나타난 것이다.

초·중통합학교 교육과정 구성과 유·초·중학생의 성장과 발달에 맞는 목표, 교육과정을 어떻게 구성할 것인가에 대한 고민이 시작되었다.

구슬 꿰기-이어 가는 교육활동

우리 학교 특색교육활동은 자전거 도전이다. 유치원에 입학하면 네발자전거부터 시작하여 초등학생은 마을 답사, 장흥읍 지역 답사. 중학생은 정남진 해안 길을 시작으로 영산강 유역-광주천을 중심으로 담양까지 영산강 줄기를 따라 도전활동을 한다.

초·중 연계 교육활동으로 역사와 문화를 중심으로 우리 민족의 얼을 찾아가는 프로젝트를 실시하고 있다. 교과, 체험, 창체활동을 연계한 활동으로 사전, 체험활동, 사후 보고회를 초·중학생이 함께 실시함으로써 선배와 후배들의 활동을 느낄 수 있는 시간을 갖는다. 역사문화 체험활동과 국제 체험활동은 초·중 9년 교육과정으로 계획하여 운영한다. 초등학교에서 실시한 교육활동을 연계하여 중학교에서 확장하는 교육과정이다. 특히 국제 체험활동은 홀수 해는 초등학생 5~6학년, 짝수 해는 중학생이 실시한다.

● 2018년 자전거 도전활동

초등학교
- 1학기-화순이양홍수조절지
  (초 1·2년: 2~3km/초 3·4년: 5~6km/초 5·6년: 8~9km)
- 2학기-정남진 해안도로
  (초 1·2년: 2~3km/초 3·4년: 5~7km/초 5·6년: 8~10km)

중학교
- 1학기-영산강 자전거길(33km)
- 2학기-정남진 해안도로(30km)
3년 주기의 자전거 도전활동 계획 수립 중(영산강, 섬진강, 담양호 등)

초·중
- 평일 점심시간에 교내 운동장 주위 도로에서 자전거 타기, 자전거 배우기

● 역사와 문화 체험활동 프로젝트

문림의향 계승 교육
초·중: 문림교육
〈2018년: 송기숙, 2019년: 한승원, 2020년: 이청준〉-3년 주기
2018년-송기숙 작품 읽기(국어), 독서 골든벨 지정 도서(송기숙)
송기숙 생가 방문(장흥군 용산면 모산리)
의향 교육: 동학농민운동기념관, 안중근의사 사당 답사, 독립운동가-김재계

국내 역사문화 체험활동
초등학교: 2018년 9월 역사진로체험학습
유치원, 초 1, 2학년: 전주, 군산 1박 2일
초 3, 4학년: 나주, 서울 2박 3일
중학교: 2018년 9월 역사·문화 체험학습

중 1, 2, 3학년: 공주, 부여, 익산 등 백제권 2박 3일

사전 학습(체험 장소 탐색, 여행 소책자) → 현장 학습 → 사후 학습
  (보고서 작성, 보고회)

중학생은 '백제 → 고구려 → 신라' 주제로 3년 주기 프로젝트

국제 역사문화 체험활동

초등학교

2018년 9월 중국 상해, 주가각 4박 5일, 초 5, 6학년

사전 학습(체험 장소 탐색, 여행 소책자) → 현장 학습 → 사후 학습
(보고서 작성, 보고회)

중학교

2017년 5월 러시아 블라디보스토크, 하바롭스크, 우수리스크 4박 5
일, 초 6/ 중 2, 3학년

사전 학습(체험 장소 탐색, 여행 소책자) → 현장 학습 → 사후 학습
(보고서 작성, 보고회)

자전거 도전활동(중학교)

아이 성장에 따라 변화하는 교육과정

초·중 다모임의 변화이다. 같은 공간에 생활하기 때문에 일률적으로 모두가 참여하는 초·중 다모임을 해야 한다고 생각했으나, '초·중 다모임 의미를 정확히 이해하지 못하는 초등학생 1~2학년에게 의미 있는 활동일까?'라는 교육과정 평가에 따라 초·중 다모임을 학생자치회 임원으로 하는 초·중학생 자치 확대회의를 했다. 다음 해 평가에서는 '학생 수가 적은데 임원만 회의에 참석하는 것보다는 4학년부터 함께 참석하는 것이 더 의미 있지 않나?' 하여 다시 초등학생 4학년부터 중학생 전체가 모여서 하는 초·중 다모임으로 바꿨다. 초·중 다모임의 목적과 역할에 대한 평가를 통해 학생에게 의미 있는 활동으로 진행하기 위해 조금씩 변화한다.

학부모님들 중심으로 1주일에 2회씩 야간에 마을 도서관을 운영한다. 수업이 끝나면 아이들은 학부모님이 준비하신 비빔밥 또는 샌드위치를 먹고 6시 30분부터 독서활동을 한다. 월요일은 주로 독서활동이며, 목요일은 학부모님께서 책을 읽어 준다. 마을 도서관에 참여하는 학생은 2015년에는 초등학생이 많았으며, 중학교 1~2학년은 3~4명, 3학년은 1~2명이었다. 초등학생 때는 열심히 활동하다가 중학생이 되면 서서히 학생 수가 줄어 3학년은 거의 활동하지 않았다. 교육과정 평가에서 야간 마을 도서관 활동 내용이 초등학생에 맞춰져 있으므로 중학생이 흥미를 갖지 못하고, 초등학생과 어울리는 것에 조금씩 거리를 두는 것으로 평가되었다. 도시보다는 시골 아이들이 책과 함께할 수 있는 환경이 열악하므로 중학생에게 더 집중적으로 도서관에서 활동할 수 있도록 내용을 구성하기 위해 고민하게 되었다. 이에 중학교 국어 선생님과 담당 선생님의 다양한 아이디어로 독서 골든벨 활동에

독서 골든벨 활동

중학생이 많이 참석할 수 있도록 수업 활동과 연계한 교육과정을 재구성했다. 유치원부터 중학생 모두가 참석한 가운데 유치원생의 재미있는 동화책 내용과 중학생의 깊이 있는 내용을 포함하는 골든벨 시간을 가졌다.

　독서활동은 학부모와 연계 과정에서 더욱 효과를 볼 수 있었다. 처음으로 독서 골든벨에 학부모님도 같이했다. 지난해까지는 학부모님은 진행과 도우미 역할만 하시다가 함께 책을 읽고 고민을 나누는 좋은 모습을 보여 주었다. 『우리도 행복할 수 있을까』를 읽고 '아이들이 올바르게 성장하기 위해서는 부모의 생각과 행동이 중요하다' 소감 나눔은 골든벨이 끝난 후, 학부모님들의 담소 시간에도 우리 아이들 교육 이야기를 했다. 학부모님이 운영하는 야간 마을 도서관을 업무 담당자로 한정하지 않고 야간 마을 도서관 활동이 우리 아이들에게 어

떤 의미가 있는지, 그 의미를 더 활성화하기 위한 협의회를 통해 유·
초등학생 중심에서 중학생까지 확대되고, 학부모님 스스로 공부하고
토론하는 모습으로 성장하게 했다.

텃밭 가꾸기 생태체험활동에서는 감자, 토마토 키우기 관찰과 요리
수업으로 연계했다. 특히 가을에 배추를 심어 학부모, 유치원 아이들
부터 중학생까지 협력하여 김장김치를 담갔다. 김치는 지역의 독거 어
르신들에게 전달했으며, 학부모님과 학생들이 11월부터 목도리를 짜서
김치와 함께 전달하는 봉사활동까지 연계했다. 집에서도 김장김치를
담그는 것을 보지 못한 학생들이 배추 기르기부터 야채 다듬기, 소금

김장김치 담그기 일정표

일정	활동 내용	담당 학년	비고(담당 교사)
12. 10.	배추 뽑기 배추 다듬기 배추 소금 간하기	초 5~6학년, 중1	박○○, 조○○
		중 1학년	이○○, 정○○ (학부모 협조)
12. 11.	야채 다듬기, 썰기, 배추 씻기	중학생 전교생	중학교 교사
12. 12.	김치 버무리기 김장김치 배달	유, 초 1, 2학년	각 학년 담임 (학부모 협조)
		초 3~6학년	
		중학생	

김장김치 담그기

으로 간하기, 양념 만들기, 비비는 과정까지 전체를 경험했다.

교사에게도 따뜻하고 포근한 학교

학교는 아이들에게만 배움과 성장이 있는 곳이 아니다. 가장 많은 배움과 성장이 필요한 사람은 교사이다. 학교가 민주적으로 움직이며 소통 공간이 되어야 아이들에게도 배움과 성장이 있는 학교가 된다고 생각한다.

3년 동안 많은 갈등과 힘든 시간이 있었음에도 교육공동체가 지키고자 했던 것은 민주적인 의사결정 구조였다. 2017년 교직원이 모여 우리 학교의 비전과 목표에 대한 우리들의 실천 사항을 이야기했으며, 유치초·중학교 교육과정이 학생 중심 교육과정인가에 대한 고민을 담아 교육과정 TF팀을 구성하여 협의했다. 그 결과 2018년 학년 말 평가에서 통합 행사가 있을 때마다 초·중 담당 교사와 먼저 회의 안건을 정리하여 상정하고 월 1회 월례회의에서 협의를 해서 좋았다는 의견이 많았다. 특히 월례회의 안건은 1~2주 전에 미리 안건을 안내했으며 특별한 사항이 없는 한 전원 참석해서 월례회의가 자유롭고 민주적으로 운영되고 있음을 확인할 수 있었다.

'의사결정이 민주적으로 이루어지면 구성원 모두에게 포근하고 따뜻한 학교가 될 수 있을까?'라는 의문에 답을 하는 선생님이 계셨다. 6년의 혁신학교 평가 인터뷰에서 가정 선생님에게 "선생님에게는 유치초·중학교가 어떤 학교입니까?"라고 질문을 했다.

그 선생님은 "안전한 학교입니다"라고 대답하셨다. "안전한 학교요?"라고 되묻자, "우리 학교는 제가 어떤 일을 추진하다가 잘못을 하거나 문제가 발생해도 비난하지 않고, 그것을 해결해 주려고 모두가 나서 줍니다. 그래서 마음이 안전합니다"라고 말씀하셨다. 그 선생님은 교직 경력이 30년이 넘은 원로 교사이다. 교육 경력이 많을수록 잘해야 된다는 압박감은 더 커진다. 교육 경력과 상관없이 누구나 실수할 수 있고 그 실수들을 받아 주고 함께 해결해 주는 따뜻한 감성이 바탕이 되어야 의사결정 또한 민주적으로 운영될 수 있음을 보여 준다.

교직원회의 정례화
- 5인회의: 매주 1회, 화요일(교장, 교감, 행정실장, 초 교무부장, 중 교무부장)
- 월례회의: 매월 1회, 마지막 주 목요일(유·초·중 교직원)
- 급별회의: 매월 2회, 1주와 3주 목요일(유·초 교원/중 교원)
- 임시회의: 긴급한 회의 안건
- 업무담당자회의: 초·중 동일 업무 담당자 간 수시 접촉

학생자치 활성화
- 초: 매월 1회 전체 정기 모임
- 중: 매월 1회 전체 정기 모임(학생회 임원은 매주 수요일 점심시간 협의회)
- 초·중 다모임
  - 2017년까지는 초등학교 3학년 이상, 2018년부터는 4학년 이상 참여
  - 입학식·졸업식, 체육대회, 학교축제, 김장김치 봉사활동 협의

학부모회 활동
- 초·중 학부모 전체가 가입한 NAVER BAND 운영

4. 초·중통합학교가 주는 의미

아이들아! 너희들은 초·중통합학교 어떠니?

6년 혁신학교 평가를 위해 학생 4명과 면담을 했다. 초등학교부터 중학교까지 다니는 학생과 중간에 전학 온 학생 두 부류로 나누었다. 초등학교부터 중학교까지 다닌 학생은 우리 학교가 가장 좋은 점은 편안하고 행복하다고 했다. 아이들과 다툼이 거의 없고, 선후배 사이가 좋아 가족처럼 지내는 것이 가장 좋다고 했다. 특히 중학교 입학할 때 공간도 같고, 선생님도 늘 봤던 선생님이어서 중학교에 입학하는 것이 아니라 7학년에 다니는 기분이 든다고 했다. '중학교에 입학하면 약간 긴장감이 필요하지 않을까?'라는 생각이 들 정도라고 했다. 이전 학교의 신입생 중에는 3~4월에 꼭 아픈 아이들이 있다. 새로운 환경과 선생님, 친구들, 교육과정에 대한 불안과 스트레스로 중간고사 볼 때쯤 몇 명 병원에 가는 아이들이 있다. 그러나 여기 아이들은 너무 느슨한 마음을 걱정한다.

읍에서 초등학교를 졸업하고 중학교로 입학하거나 전학 온 아이들은 유치원생과 어린 초등학생들이 있어서 점심시간에 아이들을 만나는 것이 너무 행복하다고 한다. 요즈음 가정에서는 아이들 수가 적고 어린 동생들을 볼 수 있는 기회가 적은데 어린 유치원 동생들을 보면 마음이 즐겁다고 한다. 점심시간에는 유치원생 식사가 끝날 때까지 기다렸다가 유치원까지 손잡고 데려다주는 여학생이 있다. 밥 먹는 시간이 길어도 식사가 끝나기를 옆에서 기다렸다가 손을 잡고 운동장을 가로질러 유치원까지 데려다준다. 유치원생은 유치원 선생님보다도 언니가 손을 잡고 데려다주는 것을 더 좋아한다. 어린 동생들을 데려다

주던 아이는 마음이 아픈 아이였지만 1년이 지나면서 양호실에 누워 있는 시간도 줄어들고 다른 아이들처럼 학교에 적응했다. 그 여학생에게는 어린 유치원생과 함께하는 시간이 아픈 마음을 치료하는 치료제로 작용하지 않았나 생각한다.

초등학교에서 6학년은 가장 큰 선배의 역할을 하지만 초·중 통합 운영을 할 때는 본인들보다 더 든든한 중학생 모습을 볼 수 있다. 야간 스포츠클럽에서 초등학교 남학생 1명이 중학교 선배들과 배구경기를 한다. 학생 수가 적어서 할 수 없는 경기를 중학생과 혼합하여 활동할 수 있으며, 특히 남학생의 특별한 정서를 같이 공유하는 시간을 갖게 되었다고 한다.

그럼에도 불구하고 아직 채워지지 않는 부분이 있다. 10대들만이 할 수 있는 교육활동이 필요하다. 체육대회, 축제 등 청소년들이 하고 싶은 내용으로 채워지지 않고 항상 유치원과 초등학생을 먼저 생각하고 기획해야 하는 불만이 약간 있다. 유치원과 초등학생도 마찬가지다. 아이들의 성장 시기에 맞게 교육과정을 구성하고, 각 단계에 맞는 교육과정을 위해 통합 또는 분리하는 교육과정은 앞으로도 계속 연구해야 할 과제이다.

우리가 그리는 초·중통합학교

미래의 초·중통합학교의 모습을 그려 본다. 학생은 유치원생부터 중학생까지 전교생이 100명이다. 교장 선생님은 한 분이고, 교감 선생님은 두 분이다. 교장 선생님은 초등과 중등 교육과정에 관심이 많으시고, 유아교육부터 청소년 교육에 대해 교사들과 함께 연구하고 지원한다. 교감 선생님은 초등 전공, 중등 전공 한 분씩 계셔서 각 급별 교육과정을 논의하고, 통합교육과정을 함께 설계하며 지원한다. 두 분 교감 선생님은 9년 교육과정을 계획, 운영, 평가를 통해 학생 성장 중심 교육과정을 구성하고 협의한다.

초·중통합학교 교사들은 초등과 중등교육을 모두 공부하고, 본인의 전공 교과 이외에 주제 중심 수업과 프로젝트 수업을 함께 연구하고 실천한다. 유치원부터 중학생까지 아이들이 갖춰야 할 내용을 담은 9년 교육과정 체계를 고민하며 일관성 있게 교육과정을 실시한다. 교육과정은 아이의 발달과 성장에 맞춰 조정되고 끊임없이 변화를 시도한다.

학부모는 9년 동안의 교육과정이 어떻게 운영되며, 그것이 아이들을 어떻게 변화시키는지 함께 고민하고 만들어 간다. 아이의 교육이 가정에서 학교로 확장되고, 교육의 주체가 교사뿐만 아니라 학부모도 함께 고민하고 아이들의 성장에 발맞춰 나가는 주체로 같이 성장한다.

초·중통합학교에 입학하는 아이들은 유치원부터 초등학교, 중학교 교육과정을 한곳에서 배운다. 유치원에 들어오면 다양한 선배들이 있다. 초등학교 선배뿐만 아니라 중학교 선배들이 어른스럽게 보살펴 준다. 초등학교에 가면 유치원에서 놀이했던 내용이 조금씩 몸에 익숙해진다. 신기하기만 했던 것이 몸에 익숙해지고 스스로 도전해 볼 만하다. 중학교에 올라오니 이제 어엿한 대선배가 되었다. 학교에서 하는 교육과정이 이제는 거의 나의 몸에 배었다. 후배들과 함께 입학식, 체육대회, 축제뿐만 아니라 그동안 선배들이 발표했던 체험활동 보고회도 멋지게 해내야 한다. 할 일이 많아 고민도 되지만 학교에서 가장 선배인 우리가 앞장서서 헤쳐 나가야 한다. 그리고 지역의 문제와 어르신들도 함께 챙겨야 한다. 우리가 이렇게 올바르게 성장할 수 있었던 것은 지역 어른들이 있기 때문이다.

초·중통합학교는 유치원에서 중학교까지 따뜻하고 포근한 학교로 자신의 꿈을 키우며 맞이할 수 있게 하는 안전한 공간이다. 교사도 학부모도 아이들의 꿈을 키울 수 있도록 지원하고 같이 성장한다.

지금의 유치초·중통합학교는 미래의 초·중통합학교는 되지 못했다. 우리가 계속 미래를 그리고 희망하면 이루어질 것이라는 믿음이 있다. 그러나 실천 속에 생각지 못했던 문제가 발생하고, 우리는 또 주저할 것이며, '우리가 가는 방향이 맞을까?'라는 회의와 함께 다시 익숙했던 예전의 모습으로 돌아가려고 할 것이다. 그런 우리를 바르게 세우는 것이 있다. 입에서 단내 나게, 발에서 땀나게 달려와 본 우리들이 들었던 얼음 아래 물 흐르는 소리는 다시 꿈꾸게 할 것이다.

9.

앎과 삶이 하나 되는 행복
온마을학교

홍동초등학교

> **"**교사와 학생은 배움을 통해 인간, 사회, 자연을 이해하고
> 삶의 기술을 익히며 실천합니다.**"**

김명중

홍동초등학교 선생님. 학교에서 행복하게 지내고 싶어 시작한 학교혁신 운동이 이제는 삶이 되었다. 한국글쓰기교육연구회에서 교사로서 삶을 고민하기 시작했고 지금은 충남학교혁신네트워크에서 일하고 있다.

1. 더불어 사는 홍동 마을교육공동체

충절의 고장 홍성군 동녘 관문에 위치한 홍동면은 전국 최초로 오리농법이 도입되었으며, 친환경 농업 의지가 굳은 젊은 사람들의 귀농이 꾸준히 늘고 있는 지역이다. 갓골어린이집과 초등학교, 중학교, 풀무농업고등기술학교(이후 풀무학교)와 전공부까지 면단위에서 유치원부터 대학과정까지 교육을 받을 수 있는 고장이기도 하다. 무엇보다 더불어 사는 마음을 씨앗으로 다양한 시도가 이루어지는 살아 있는 마을이다.

이런 마을이 되기까지 풀무학교 역할이 컸다. 1958년에 세워진 풀무학교는 '더불어 살아가는 평민'을 기르기 위해 진리에 겸손하고 인간을 존중하며 생명을 사랑하는 것을 인간 형성의 기본 내용으로 삼고, 성시를 포함한 교양과 인문, 실업 과목들을 조화롭게 배우는 전인교육 과정을 운영하고 있다.[1] 특히 1959년 협동조합을 학교에서 시작해 현재 풀무학교생활협동조합으로 발전시켰으며, 풀무학교 중심으로

---

1. 갓골생태농업연구소·마실이학교, 『우리 마을입니다』(그물코출판사, 2018), 58쪽.

지역사회와 함께 다양한 영역에서 작은 실험들이 이루어지고 있다. 지금은 살아 있는 홍동 마을을 이끌어 가는 여러 단체와 기관으로 발전하였으며 졸업생들은 마을에서 중요한 역할을 하고 있다.

풀무학교 이외에도 마을교육공동체를 지향하는 다양한 단체들이 있다. 햇살배움터교육네트워크, 밝맑도서관, 꿈이 자라는 뜰, 교육농연구소, 갓골목공실, ㅋㅋ만화방, 생각실천창작소, 마을활력소 같은 많은 단체들이 건강하고 활기찬 마을을 만들기 위해 움직이고 있다. 낮은 산들과 들판, 축사가 보이는 평범하고 조용한 농촌마을이지만 이러한 힘들이 모여 마을교육공동체 모델로 전국에서 주목받는 마을이 되고 있다.

학교와 마을을 잇다

풀무학교를 중심으로 긴 시간을 이어 홍동 마을공동체가 성장해왔다. 하지만 공교육과 마을이 연결되는 시점은 그리 오래되지 않았다. 마을과 학교가 서로 돕는 지속가능한 농촌 마을 교육이 가능할지 이야기가 조금씩 흘러나왔다. 그러던 중 2005년 쉬는 토요일이 격주로 시작되던 해에 홍동초등학교와 홍동중학교 교사들이 모여 범교과 교육과정 연구회를 만들어 마을과 학교를 어떻게 연결할지 고민을 시작했다.

첫해인 2005년에는 초·중·고 학생들 대상으로 '마을 알기 프로젝트 수업'이 시작됐다. 수업을 하며 홍동초, 금당초, 홍동중, 풀무고 선후배 교류가 자연스럽게 이루어졌다. 2006년에는 주말 방과후교실이 열리며 마을교사(마을 주민)가 수업을 담당했고 학교와 마을에 있는 여러 시설을 이용해 공방, 제과제빵, 요리, 목공, 인형 만들기, 한지공예, 미술활동 같은 프로그램들을 진행했다. 범교과교육과정 연구회 교사들은 활동 기획과 예산 담당, 학생 차량 지원, 간식을 마련하는 역할을 했다.

2007년에는 삼성꿈장학재단 후원으로 방과후학교 프로그램을 지원하며 햇살배움터교육네트워크가 태어났다. 햇살배움터교육네트워크는 홍동과 장곡 지역 학교와 마을 여러 단체를 연결하며 지역 아동청소년들을 지원하는 교육 네트워크다. 홍동초, 금당초, 홍동중을 포함한 지역 학교, 범교과교육과정 연구회, 꿈이 자라는 뜰, 지역아동센터 같은 여러 기관들을 연결시켜 마을교육공동체 구심점이 되었다.

햇살배움터교육네트워크는 마을교사들 역량을 키우기 위한 다양한 교육활동을 지원하고 있다. 놀이, 성, 생태 교육, 비폭력대화, 감정 코칭 같은 주제로 강연을 열고 함께 공부한다. 공부모임들이 마을에서 꾸준히 이어져 오며 마을교육공동체를 이끌어 가는 힘의 바탕이 되고 있다. 또한 돌봄과 상담이 필요한 아이들을 위해 멘토링 정서 지원 활동을 진행하며 마을 교육 안전망을 구축하고 있다. 마을 작업장 학교와 같은 다양한 프로그램을 통해 청소년 진로 탐색과 다양한 문화 예술 활동 기회도 넓혀 간다. 목공, 제과제빵, 요리, 풋살 같은 방과후 학교 프로그램들을 지원해 아이들의 행복한 학교생활도 돕고 있다.

또한 지역 주민들이 힘을 모아 아동청소년을 위한 'ㅋㅋ만화방'을 열었다. 아이들이 쉴 수 있는 공간뿐만 아니라 서로 만나고 연결되는 광장 같은 공간이다. 만화책도 보고 보드게임도 하며 쉬기도 하지만 청소년 동아리 '스스로 프로젝트'를 매년 모집해 운영하기도 한다. 더 나아가 아이들이 마음껏 뛰어놀 수 있는 'ㅋㅋ놀이터(가칭)'를 만들기 위한 준비모임도 진행되고 있다. 마을과 학교, 마을과 교육을 연결시키

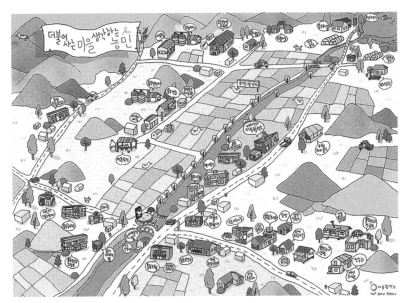

홍동 마을교육공동체

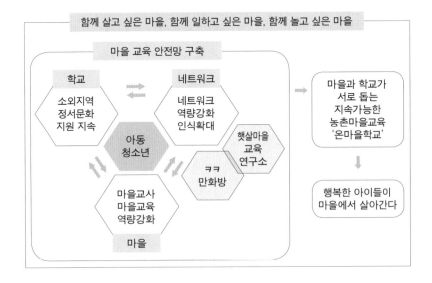

는 허브 역할을 햇살배움터교육네트워크가 하고 있다.

마을 속 행복한 학교를 꿈꾸다

우리 학교는 홍성군 남동부 홍동면에 위치한 농촌 공립초등학교로 2022년 개교 100주년이 되며 졸업생 1만여 명을 배출한 역사 깊은 학교다. 2009년 농산어촌 전원학교로 지정되어 학교 숲 가꾸기를 비롯한 생태 교육활동을 했고, 이 시기부터 마을교사(마을 주민) 역량을 키우는 노력을 했다. 2014년 충남형 혁신학교 '행복나눔학교' 정책이 시작되면서 마을에 사는 교사들과 혁신학교에 관심을 가진 교사들이 모여 학교 밖 학습공동체 모임이 시작됐다. 2년여 동안 혁신학교, 글쓰기 공부들을 함께 하고 마을에 사는 교사 3명이 2016년에 홍동초등학교로 들어갔다. 2017년 혁신학교로 지정되며 앎과 삶이 하나 되는 교육과정을 고민하기 시작했다. 이렇게 되기까지는 2005년 범교과 교육과정 연구회로 마을과 공립학교가 연결되는 기초가 마련되어 가능할 수 있었다.

우선 마을 자원을 파악하고 학교와 함께 할 수 있는 활동부터 시작했다. 마을 자원을 하나둘 학교와 연결시키며 교육활동은 풍성해졌다. 최근 농촌 인구 감소와 함께 농촌지역 학생 수가 급감하는 현실에서도 2016년 6학급 125명이었던 학생 수가 2019년 10학급 160명으로 꾸준히 늘었다. 민주적 학교 운영 체제를 기반으로 삶의 힘을 키우는 교육과정, 실천하는 교사학습공동체, 앎과 삶이 하나 되는 행복 온마을학교 운영이 학부모와 지역사회의 지지를 받고 있다.

2. 아이들에게 길러 줘야 할 힘을 찾다

학교는 아이들이 앞으로 살아갈 세상에서 행복하게 지낼 힘을 길러 줘야 한다. 우리가 흔히 말하는 교육 목표다. 새로운학교를 꿈꾸며 가장 먼저 하는 일이 바로 학교 철학 세우기다. 노력과 시간 정도는 다르지만 해마다 늘 목표와 나아갈 방향을 돌아보았다. 바탕이 튼튼하지 않으면 흔들리기 마련이다.

혁신학교 준비기인 2016년에는 함께 이오덕 선생님의 『민주교육으로 가는 길』을 읽고 학교 교사로서 삶에 대한 고민을 시작했다. 내가 꿈꾸는 학교, 아이들에게 길러 주어야 할 힘, 교사와 학생의 모습들을 하나씩 꺼내며 이야기를 나눴다. 학생, 학부모들과도 토론회를 열어 함께 학교 철학을 세워 나갔다. 첫해에 바탕을 마련하고 해마다 다듬어 갔다. 크게 세 가지 힘으로 다듬어졌고, 이러한 힘을 기르기 위한 활동이 앎과 삶이 하나 되는 홍동 교육과정의 바탕이 되고 있다.

나를 사랑하는 힘

가장 먼저 아이들에게 길러 주어야 할 힘을 '나를 사랑하는 힘'이라고 생각했다. 나를 소중히 여기는 마음이 있어야 남과 다름을 인정하며 관계를 맺을 수 있다. 이를 기르기 위해 자존감과 자신감, 자기관리능력, 기초학습능력을 길러 줘야 한다. 자존감과 자신감을 길러 주기 위해 나를 소중히 여기는 마음, 문제에 직면하는 도전정신, 풍성한 삶을 위한 감성, 삶을 가꾸는 글쓰기 힘이 중요하다. 자기관리능력을 위해서는 꿈을 받쳐 주는 체력, 기초생활습관, 인내심과 스스로 만드는 힘이 필요하다. 기초학습능력을 위해 배움에 대한 열정, 읽고 쓰고 셈

학교 철학 세우기

하는 기초학습능력, 일관되고 체계적인 배움이 중요하다고 생각했다.

너와 함께하는 힘

다음으로 아이들에게 길러 줘야 할 힘을 '너와 함께하는 힘'이라고 생각했다. 시간이 지날수록 아이들이 관계를 맺는 힘이 약해지고 있다. 이를 기르기 위해 공감, 나눔과 배려, 소통의 힘을 길러 줘야 한다. 공감능력은 상대를 존중하는 마음, 다름을 인정하는 마음에서 출발한다. 나눔과 배려는 교육과정 속에서 늘 흐르고 있어야 한다. 아이들이 잘 듣고 대화하는 힘을 길러 주기 위해 노력하고 있다.

더불어 살아가는 힘

마지막으로 아이들에게 길러 줘야 할 힘을 '더불어 살아가는 힘'이라고 생각했다. 앞으로 아이들이 살아갈 세상에서 더욱 필요한 힘이다. 이를 기르기 위해 함께 사는 힘, 비판적 사고력, 생태감수성을 길러 줘야 한다. 함께 사는 힘은 바로 공동체의식, 민주시민의식, 세계시민의식이다. 비판적 사고력은 옳고 그름을 판단하며 다양한 관점에서 생각하는 힘을 길러 줘야 한다. 자연과 내가 하나라는 마음을 갖고 생명과 환경을 존중하는 생태감수성도 꼭 필요하다.

3. 앎과 삶이 하나 되는 홍동 교육과정

교사와 학생은 배움을 통해 인간, 사회, 자연을 이해하고 삶의 기술을 익히며 실천한다. 홍동 아이들에게 길러 줘야 할 힘도 새로운학교

원리와 맞닿아 있다. 나를 사랑하는 힘, 너와 함께하는 힘, 더불어 살아가는 힘은 바로 인간, 사회, 자연을 이해하는 출발이 된다. 그리고 배움은 삶과 연결되어야 한다. 앎과 삶이 하나 되는 교육과정이 무얼까 고민하기 시작했다.

우선 아이들에게 길러 줘야 할 힘을 바탕으로 학교교육과정을 세워 나갔다. 처음에는 다양한 교육활동을 교사 개별 역량으로 시도했다. 해마다 교육과정을 평가하며 교육활동이 아이들에게 어떤 힘을 길러 줬는지, 삶과 어떻게 연결되는지 정리를 해 나갔다. 관리자나 구성원이 바뀌면 학교교육과정이 바뀌는 문제도 고민이 들었다. 적어도 아이들이 입학하고 졸업할 때까지 교육과정이 꾸준히 이어져야 한다고 생각했다.

교실에서 배우지 못한 삶의 기술을 배우는 공부, 산행 교육

홍동초등학교에 와서 아이들과 지리산 종주를 시작했다. 산에 오르면 많은 것을 배운다. 어려운 것을 이겨 내는 끈기, 남을 배려하는 마음, 서로 도와 문제를 해결하는 힘, 성취감과 도전정신까지 교실에서 배우지 못한 것들을 몸으로 깨닫고 배울 수 있다. 3박 4일 동안 총 40킬로가 넘는 산길을 걷는 과정은 결코 쉽지 않다. 하지만 그렇기 때문에 아이들에게 더욱 의미가 있다.

지리산 종주를 하면 자기가 먹고 입을 것을 다 짊어지고 간다. 그 무게를 산행에서 오롯이 느끼기 때문에 꼭 필요한 것만 가져가야 한다. 쓰레기도 다시 가져와야 하기 때문에 뭐든 아껴 쓸 수밖에 없다. 3박 4일 9끼를 내 힘으로 지어 먹어야 한다. 씻는 곳이 없어 요령껏 수건으로 해결하는 방법도 배운다. 물 한 모금, 바람 한줄기의 소중함,

그리고 부모님의 고마움도 온몸으로 깨닫는다. 오가는 등산객들에게 칭찬을 받으며 자존감도 높아진다. 앎과 삶이 하나 되는 공부가 바로 산에서 이루어진다.

홍동 교육역량의 내용

구분	핵심역량	구성 요소	산행 적용
홍동 교육역량	나를 사랑하는 힘 기르기	자존감·자신감	○
		자기관리능력	○
		기초학습능력	
	너와 함께하는 힘 기르기	공감	○
		나눔과 배려	○
		소통	○
	더불어 살아가는 힘 기르기	함께 사는 힘	○
		비판적 사고력	
		생태감수성	○

6학년 지리산 종주는 특별한 프로그램이 아니다. 국어, 도덕, 체육, 실과 교육과정과 연계되어 진행된다. 1학기에는 지역 산을 세 번 오르며 연습하고, 체육과 연계해 체력 기르기 활동을 꾸준히 했다. 기행문 쓰기, 매체 자료 활용 발표, 가정일 돕고 등산용품 준비하기 같은 삶과 연결되는 공부도 했다. 에베레스트 등정에 성공한 이세중 선생님을 모셔 도전정신과 산행 안전 주제로 특강을 받기도 했다. 아이들은 산행 시 위급 상황 대처 요령을 조사해 발표하고, 지리산 종주 중에도 대피소 직원들에게 심폐소생술 교육을 받으며 보다 안전한 지리산 종주를 하려고 노력했다. 교과별 공부 내용을 간단히 정리해 보면 다음과 같다.

- 국어: 기행문 쓰기, 매체 자료를 활용해 지리산 종주 계획 발표하기
- 도덕: 자주적인 삶, 배려와 봉사하는 마음 실천하기
- 체육: 체력 증진을 위한 운동 계획 및 여가 계획을 세우고 실천하기, 응급조치 요령 배우기
- 실과: 밥 짓기, 가정일 도와 등산용품 사기
- 안전교육: 산행 안전교육, 특강, 심폐소생술 교육

이제는 6학년 지리산 종주가 학교 전통이 되어 가고 있다. 다른 학년들도 마을 산, 지역 산들을 오르며 지리산 종주를 준비한다. 6학년에 올라가는 아이들은 힘든 산행이 걱정도 되지만, 선배들이 했던 새로운 경험을 기대하는 마음도 크다. 참삶을 배우는 산행 교육은 앞으로도 계속될 것이다. 지리산 종주 일정과 재구성한 성취기준은 아래와 같다.

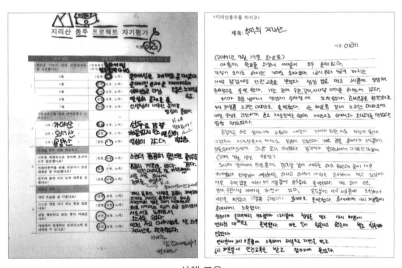

산행 교육

지리산 종주 일정

1일 차

시간	이동	거리	소요 시간
12:00-13:00	점심밥		
13:00-16:00	홍성 → 성삼재 주차장	231km	3시간
16:00-17:30	성삼재 주차장 → 노고단 대피소	2.5km	1시간 30분
17:30-19:00	저녁밥 및 휴식		1시간 30분
19:00-21:00	안전교육 및 일정 안내		
21:00-	잠자기		

2일 차

시간	이동	거리	소요 시간
06:00-07:30	기상 및 아침밥		
07:30-12:30	노고단 대피소 → 화개재	6.3km	5시간
12:30-13:30	점심밥		1시간
13:30-17:30	화개재 → 연하천 대피소	4.2km	4시간
17:30-20:00	저녁밥 및 휴식		
20:00-21:00	안전교육 및 일정 안내		
21:00-	잠자기		

3일 차

시간	이동	거리	소요 시간
06:00-07:30	기상 및 아침밥		1시간 30분
07:30-11:30	연하천 대피소 → 벽소령 대피소	3.6km	4시간
11:30-13:00	점심밥 및 휴식		1시간 30분
13:00-14:30	벽소령 대피소 → 선비샘	6.3km	1시간 30분
14:30-17:30	선비샘 → 세석 대피소		3시간
17:30-20:00	저녁밥 및 휴식		
20:00-21:00	안전교육 및 일정 안내		
21:00-	잠자기		

4일 차

시간	이동	거리	소요 시간
04:10-05:10	기상 및 아침밥		1시간
05:10-09:00	세석 일출 → 장터목 대피소	4.2km	3시간 50분
09:00-11:30	장터목 대피소 ↔ 천왕봉	3.4km	2시간 30분
11:30-12:30	점심밥 및 휴식		1시간
12:30-17:00	장터목 대피소 → 백무동 하산	5.8km	4시간 30분
17:00-20:30	백무동 출발 → 홍성 도착	231km	3시간 30분

교과	영역	성취기준	홍동 교육역량 재구성
국어 (12)	쓰기	[6국03-05] 체험한 일에 대한 감상이 드러나게 글을 쓴다.	•(국, 체, 실) 지리산 종주에 필요한 자료를 찾고 정리해 매체를 활용해 지리산 종주 계획(준비, 식단, 응급대처 등)을 효과적으로 발표할 수 있다. ☞ 6국01-04, 05 6체05-01, 05 6실02-09 •(국) 지리산 종주를 다녀와서 체험한 일에 대한 감상이 드러나게 글을 쓸 수 있다. ☞ 6국03-05 •(도) 지리산 종주를 통해 자신을 발견하고 사랑하는 마음을 키우며 남을 배려하고 돕는 힘을 키울 수 있다. ☞ 6도01-02, 03 •(체) 자신 수준에 맞는 운동 계획 및 여가 활동 계획을 수립하여 꾸준히 실천해 건강과 운동 능력을 향상시켜 안전하게 지리산 종주를 해낼 수 있다. ☞ 6체01-02, 04, 05, 06 •(실) 안전과 위생을 고려하여 지리산 종주 기간 동안 스스로 밥을 지어 먹어 실생활에 적용할 수 있다. ☞ 6실02-10 •안전교육(20시간) -산행 시 대처요령 조사해 발표하기 -산행 안전교육 -산행 준비 및 계획 세우기 -도전의식과 산행 안전 특강(산악인 이세중) -심폐소생술(연하천 대피소)
	듣기 말하기	[6국01-04] 자료를 정리하여 말할 내용을 체계적으로 구성한다.	
		[6국01-05] 매체 자료를 활용하여 내용을 효과적으로 발표한다.	
도덕 (6)	자신과의 관계	[6도01-02] 자주적인 삶을 위해 자신을 이해하고 존중하며 자주적인 삶의 의미와 중요성을 깨닫고 실천 방법을 익힌다.	
	타인과의 관계	[6도02-03] 봉사의 의미와 중요성을 알고, 주변 사람의 처지를 공감하여 도와주려는 실천 의지를 기른다.	
체육 (27)	건강	[6체01-02] 건강을 유지하기 위한 체력 운동을 선택하고 자신의 수준에 맞게 운동 계획을 세워 실천한다.	
		[6체01-04] 건강한 생활을 위한 신체적 여가 활동 계획을 수립하여 실천한다.	
		[6체01-05] 운동 능력을 향상시키기 위한 체력 운동을 선택하고 자신의 수준에 맞는 운동 계획을 세워 실천한다.	
		[6체01-06] 건강 증진을 위해 계획에 따라 운동 및 여가 활동에 열정을 갖고 꾸준히 참여한다.	
	안전	[6체05-01] 운동 시 발생할 수 있는 응급 상황(출혈, 염좌, 골절 등)의 종류와 특징을 조사하고 상황에 따른 대처법을 탐색한다.	
		[6체05-03] 일상생활이나 운동 중 발생할 수 있는 위험 상황에서 약속된 절차를 떠올리며 침착하게 행동한다.	
		[6체05-05] 야외 활동에서 발생하는 안전사고의 사례를 조사하고 예방 및 대처 방법을 익혀 위험 상황에 대처한다.	
		[6체05-06] 신체 부상이 우려되는 위험한 상황이나 재난 발생 시 피해 상황을 신속하게 판단하여 안전하게 대처한다.	
실과 (10)	가정생활과 안전	[6실02-09] 안전과 위생을 고려하여 식사를 선택하는 방법을 탐색하고 실생활에 적용한다.	
		[6실02-10] 밥을 이용한 한 그릇 음식을 위생적이고 안전하게 준비·조리하여 평가한다.	
		[6실03-06] 자신의 위치에서 할 수 있는 가정 일을 찾아 계획하고 실천한다.	

산행 교육

자연과 함께 더불어 성장하는 생태 교육

#1. 논에서 놀자! 논배미²와 함께 하는 논생물, 논식물 교육

홍동 지역은 유기농업 특구로 자연환경이 잘 보전되어 있고 다양한
논생물 자원이 풍부하다. 이러한 좋은 환경을 활용해서 2008년 도농
교류 프로그램으로 생태 교육이 시작되었다. 2009년 주민교사 양성과
정을 통해 주민교사가 배출되면서 현재까지 갓골어린이집, 홍동초등
학교, 홍동중학교 학생들을 대상으로 생태 수업이 진행되고 있다.

모내기를 한 후 뜨거운 여름이 가까워 오면 아이들은 논배미 선생

---

2. 논배미는 주민교사 양성과정을 거친 지역 주민들이 강사로 활동하는 홍동지역 생태 교
   육단체다. 논배미라는 말은 '논두렁으로 둘러싸여 다른 논과 구분되는 구역'이라는 사전
   뜻도 있지만 '논에서 배우는 미래를 위한 시간'이라는 숨은 뜻도 있다.

님들과 마을 논둑에서 논생물 수업을 한다. 마을교사가 먼저 '논은 ○○다'라고 질문을 던지면 아이들은 '논은 보물이다', '논은 우리의 친구다', '논은 밥이다'처럼 여러 가지 대답을 한다. 논에 8,000여 종의 다양한 동식물이 살고 있다는 사실을 듣고 다들 놀란 표정을 짓는다. 채집도구 사용법을 듣고, 곤충을 잡은 뒤 채집통에 풀잎을 띄워 피난처를 만드는 법도 배운다. 논에 사는 곤충들은 사람 손에 닿으면 화상을 입기 때문에 손으로 만지지 않도록 당부한다.

아이들은 신나게 논으로 뛰어가 뜰채로 곤충들을 잡아 채집통에 넣는다. "선생님! 이건 뭐에요?" "이거, 물자라 맞죠?" 여기저기 물어보는 호기심 어린 눈빛들이 싱그럽다. 20분 정도 채집을 한 후 마을교사는 종류별로 곤충들을 분류하고 아이들은 관찰한다. 루페로 자세히 관찰하고 친구들과 서로 이름을 맞혀 보기도 한다. 남은 20분 동안 가장 마음에 드는 곤충을 종이에 그리거나 자연물을 이용해 표현한다. 모든 수업이 끝나면 관찰한 곤충들에게 인사를 하고 원래 있던 곳으로 놓아 준다. 벼가 누렇게 익어 가는 9월이 되면 논식물 수업을 진행한다. 철마다 다르게 피어나는 논둑 식물을 관찰하고 이름과 특징을 알며 내 느낌을 표현하는 수업이다. 먼저 아이들과 모여 카드를 활용해 느낌을 살핀다. 그런 후 논둑을 따라 걸으며 바람도 느끼고 풀과 꽃 이름과 특징들을 배운다. 마음에 드는 논식물을 골라 카드에 붙여 꾸민 후 논식물 이름과 날짜, 그리고 내 느낌을 적는다. 마음에 들어온 식물들과 느낌을 서로 나누며 수업을 정리한다.

논생물, 논식물 수업은 각 학년별 교육과정 성취기준과 연계해 진행되는데, 무엇보다 논은 다양한 생물이 어울려 사는 중요한 곳임을 깨닫고 생명을 존중하고 아름다운 자연을 사랑하는 감성을 배우게 된다. 또한 내가 사는 마을과 농촌에 대한 자부심을 갖게 한다.

곤충

홍동초등학교 3학년 송윤도

농약이여 곤충을 죽이지 마라
물고기가 곤충을 잡아먹고
새가 물고기를 잡아먹는데
곤충이 농약으로 죽으면
물고기가 굶어 죽고
물고기가 죽으면
새도 굶어 죽지
그러면 논도 죽고
논이 죽으면
쌀을 못 먹어
사람이 죽지

#2. 땅, 생명, 평화 교육! 마을과 함께 하는 농업 교육

농촌이지만 아이들이 직접 농사를 짓는 경험이 적어 농촌 마을을 이해하는 농업 교육을 시작했다. 먼저 마을 농부의 도움을 받아 학교 뒤편에 땅을 파서 텃논을 만들었다. 4월 볍씨 파종부터 시작했다. 모종판에 흙을 담고 모둠별로 자신이 고른 볍씨를 심었다. 정성껏 물을 주고 아침마다 이야기를 건네며 모가 자라는 모습을 관찰하고 그리며 두 달을 가까이 키웠다.

5월에는 써레질을 하며 돌도 고르고 논에서 아이들과 신나게 놀았

논생물, 논식물 교육

다. 기차놀이도 하고 술래잡기도 했다. 논흙을 밟는 물컹한 느낌이 생
소했지만 금세 적응하며 장난을 친다. 골라낸 돌로 미술 작품을 만들
기도 하고 논에 들어간 느낌을 그대로 붙잡아 시와 일기를 쓰기도 했
다. 논은 아이들 놀이터이자 생명과 평화를 배우는 교실이 되었다.

마을 모내기가 끝날 때쯤 학교 모내기가 시작됐다. 마을 농부들과
함께 땅과 농사의 소중함을 이야기하고 모를 심는 방법을 배웠다. 못
줄을 잡고 하나둘 논에 들어가 모를 심기 시작했다. 논바닥을 밟으니
발가락에 지렁이가 나오는 것 같다며 여기저기 소리를 지른다. 그래도
웃고 떠들며 다들 신나게 모내기를 한다. 빈 논이 푸른 모로 가득 채
워지니 아이들은 뿌듯해했다.

모내기

홍동초등학교 3학년 권누리

오늘 아침에 모내기를 했다.
모가 똑바로 안 서서 힘들었다.
모가 누워서 자고 싶나 보다.

홍동 마을은 오리농법으로 유명한 곳이다. 학교 논에 울타리를 쳐
서 오리농법을 적용했다. 아이들은 학교에서 나오는 잔반을 갖다 주며
오리를 키웠다. 정성껏 키운 오리들이 논을 돌아다니며 잡초가 자라
지 못하게 해 줬다. 어느 해는 민물고기를 키우며 새로운 농법을 적용
해 보기도 했다. 아이들이 유기농업을 하는 마을과 농사를 이해할 수
있는 소중한 기회가 됐다.

뜨거운 여름을 보내며 벼는 고개를 숙이고 누렇게 익어 간다. 가을

계절학교가 다가오면 추수 행사가 마을잔치처럼 열린다. 한쪽에는 탈곡한 벼를 절구로 찧어 도정하는 체험을 하고, 짚으로 새끼를 꼬아 머리띠를 만들기도 한다. 마을 농부들 도움을 받아 아이들은 낫으로 정성껏 키운 벼를 베고, 직접 탈곡기를 돌려 보기도 한다. 한쪽에서는 신나게 떡메치기를 하고, 마을 어른들과 학부모들은 쫄깃해진 떡에 고물을 묻혀 아이들과 맛있게 나누어 먹는다. 유기농 쌀을 넣어 과자를 만드는 기계도 가져와 전교생이 힘을 합쳐 세상에서 가장 긴 쌀과자를 만드는 놀이도 한다.

풍성한 가을날 푸른 하늘 아래 아이들과 함께 신나게 추수 행사가 진행된다. 해마다 있는 행사지만 아이들은 이날을 기다린다. 추수한 벼는 햇볕에 고루 말리고 풀들을 털어내 방앗간에 맡겨 떡을 만들어 먹는다. 직접 기른 쌀로 만든 떡은 연극제에서 마을 어른들과 함께 나눠 먹는다. 아이들이 직접 기르고 거둔 쌀로 만든 떡이라 더 맛있다.

텃밭 농사도 지었다. 먼저 교육농연구소[3]와 함께 학생들이 키우기 쉬운 작물들을 골랐다. 어떤 작물을 키울 것인지 어떻게 텃밭을 디자인할 것인지 조언을 받아 일 년 텃밭 농사 계획을 세웠다. 학교에 감자를 심을 넓은 땅이 없어 교육농연구소 땅을 빌려 감자 농사도 지었다. 학년별로 감자 특징과 기르는 방법을 배우고 씨감자를 잘라 심었다. 하지에 맞춰 감자를 수확해 여름계절학교 감자요리대회를 열기도 했다.

---

3. 교육농연구소는 농업과 농촌이 가진 교육 가치와 기능에 주목하고 교육과 농업, 교육과 농촌을 연결하고 연구하는 일을 2010년부터 해 오고 있다. 그동안 교사와 청년, 청소년 대상으로 교육농과 진로농을 주제로 교사교육과 청년교육을 진행해 왔다. 다른 농장, 그리고 지역 단체와 연결해 '온 마을이 학교'라는 꿈을 실현하는 데 그 역할을 다하고 있다.

농업 교육

텃밭 작물을 활용한 감각 수업도 진행했다. 먼저 텃밭에서 다양한 작물을 수확했다. 오이, 상추 같은 흔한 작물도 있고, 애플민트, 레몬버베나 같은 허브들도 있었다. 아이들이 원하는 작물을 골라 눈으로 살펴보고, 만지며, 맛보고, 향을 맡아 보며 느꼈다. "애플민트는 끝이 구불구불하고 맛이 써요. 사과향 같기도 하고 민트향 같기도 해요." 이런 수업을 통해 아이들은 관찰력을 키우며 다양한 감각을 깨울 수 있었다.

수확한 작물로 리스를 꾸미는 활동도 했다. 긴 잎사귀 두 장으로 토끼를 만들고, 인디안 추장 모자를 만들어 흉내도 내며 재밌게 만들었다. 허브를 넣어 에이드를 만들고 직접 찻집 주인이 되는 활동도 아이들이 참 좋아했다. 텃밭 수업을 끝내며 "자연에게 미안했어요. 우리들이 따서 죽었잖아요"라고 한 아이가 말했다. 생태감수성은 바로 이러한 마음이 아닐까 싶다.

토마토, 바질, 허브 작물들을 수확해 피자 만들기 수업도 했다. 학교에는 실습실이 없어 교육농연구소에 있는 실습실을 활용했다. 인적 자원뿐만 아니라 마을 공간도 중요한 자원이다. 키운 작물로 피자를 만들어 맛있게 나눠 먹으며 텃밭 농사의 재미와 기쁨을 더할 수 있었다. 무를 심어 아삭한 피클도 만들었다. 아이들이 직접 만든 피클은 어른들에게 더 인기가 많았다. 텃밭 농사는 작물을 키우는 데 그치지 않고 삶과 의미 있게 연결시키는 경험이 중요하다. 마을에 교육농연구소가 있어 다양한 경험들이 가능했다.

나를 표현하라! 문화예술표현 교육

홍동 마을은 농업 분야 이외에도 다양한 직업군 전문가들이 있다.

영화감독, 연극배우, 사진작가 같은 문화예술 분야 전문가들이 마을 주민으로 살고 있다. 이러한 전문가 자원은 교사가 할 수 없는 전문 분야 수업을 가능하게 했다. 혁신학교 예산과 햇살배움터교육네트워크 지원을 받아 영화, 연극 수업을 시작했다.

5~6학년은 국어, 미술, 도덕, 음악 교과를 통합해 정규 교육과정으로 일주일에 두 시간 영화 수업을 진행했다. 영화의 목적, 이야기 만들기, 영화 화면 구성을 배웠다. 영화 구성 요소인 이미지, 소리, 자막과 효과, 그리고 색이 주는 의미에 대한 공부도 했다. 학교에 오면서 보는 사람, 건물, 오는 과정을 돌아보며 이야기도 만들었다. 두 영화를 비교하며 주인공을 만들고 영화에서 인물 성격과 관계 중요성도 배웠다. 영화 장면에서 풀 샷, 바스트 샷, 원거리와 근거리 촬영법, 그리고 그렇게 촬영하는 이유도 살펴봤다. 영화를 만드는 데 필요한 역할과 영화 촬영 장비도 배우며 영화에 대한 기초 이론을 마무리했다.

영화 기초 이론을 배운 후 학교 소개 영상을 찍었다. 먼저 학교 장소를 정한 후 어떻게 소개할지 시나리오를 짜고 촬영, 편집해 간단한 영상을 만들었다. 2학기부터는 실제 영화 만들기에 들어갔다. 아이들 삶 속에서 가까운 문제를 가져와 시나리오를 만들고 감독 및 여러 역할을 정했다. 해마다 6학년 수학여행으로 가는 지리산 종주 과정을 다큐멘터리 형식으로 담아 영화를 만들기도 했다. 촬영 기간 동안 장소를 섭외하고 소품을 챙기며 영화를 찍는 게 쉽지는 않았다. 하지만 그런 과정을 거쳐 만든 결과물을 영화제에 올렸을 때 아이들이 느꼈던 뿌듯함은 무엇보다 컸다.

1~4학년에서 진행된 연극 수업은 현재 전 학년으로 확대되어 운영되고 있다. 연극 대본을 외우는 연극 수업이 아닌 아이들이 놀며 표현

문화예술표현 교육

하는 교육 연극 수업을 진행한다. 상황, 감정을 표현하는 다양한 놀이를 하며 조금씩 아이들은 연극의 재미에 빠져들었다. 2학기부터는 아이들이 정한 작품으로 연극을 만들기 시작했다. 시나리오를 만들어 대본을 연습하는 방식이 아닌 즉흥으로 장면을 만들고 그것을 다듬어 연극을 만들어 갔다. 아이들은 함께 무언가를 만들어 가는 과정에서 많이 배운다. 일 년 내내 준비하며 울고 웃으며 올린 연극 무대는 학생과 교사 모두 소중한 배움과 경험이었다.

삶에 필요한 것을 내 손으로! 공예 교육

#1. 갓골목공소와 함께 하는 목공 교육

갓골에는 지역 농민 집수리 또는 마을 주민에게 필요한 가구를 제작하는 갓골목공소가 있다. 나무, 창작, 놀이라는 주제로 누구나 함께할 수 있는 공간이다. 내 손으로 가구도 만들고 지역 농민들에게 필요한 연장도 빌려주며 지역 목공실로 자리 잡았다. 마을과 지역 곳곳에 공간을 아름답게 꾸미고 만드는 일도 한다. 지역 아동청소년들에게 교육 프로그램을 제공하며 목공 수업도 진행하고 있다.[4]

혁신학교로 선정된 후 먼저 목공 수업 지도 역량을 키우기 위해 교사 연수를 열었다. 생활에 필요한 용품을 디자인하고 설계해 직접 만들며 배우는 실습 연수였다. 목재에 대한 이해, 설계 방법, 공구 사용법들을 배우고 익혔다. 가을계절학교에는 갓골목공소 지원을 받아 전 학년 목공 수업을 진행했다. 간단한 용품부터 학교에 필요한 시설까지

---

4. 위의 책, 12~13쪽.

학생들이 창의적으로 계획하고 설계해 만들었다.

목공소에서도 아이들이 최대한 창의적인 생각들을 펼칠 수 있게 도와주고 지원하는 방식으로 수업을 진행했다. 이제는 아이들 손때와 정성이 묻은 목공 작품들이 학교 곳곳에 있다. 텃논 옆 벤치, 아이들 공연이 펼쳐지는 야외 공연장, 개 사육장, 트리하우스, 공연탁자까지 아이들이 직접 만든 목공 작품들이 학교 속 소중한 보물이 되었다. 이런 힘들을 기르는데 갓골목공소 마을 목수들 역할이 컸다. 삶에 필요한 것을 스스로 만드는 힘은 우리가 갖춰야 할 삶의 기술 가운데 하나가 아닐까 싶다.

#2. 생활에 필요한 용품은 내 손으로! 수공예 교육

인간은 피부에 닿는 옷에서 안정감을 느끼며, 촉각으로 외부 세계의 한 부분으로 자신을 의식하게 된다. 수공예는 인간 역사와 함께 오랜 시간 발달해 왔고, 의식주 실생활과 밀접한 관련이 있다. 또한 초등학교 시기 아이들에게 손을 조작하는 활동은 매우 중요하다. 일상생활에 필요한 것들을 만들어 내는 힘을 기르며 삶과 배움을 연결시키는 의미 있는 경험을 위해 수공예 교육을 시작했다.

1~2학년군은 양모솜, 목화솜을 이용해 감각을 느끼는 활동으로 시작했다. 아이들과 함께 솜으로 실과 천을 만들며 원시시대 의생활 모습도 배웠다. 3~4학년군은 대바늘과 코바늘을 활용해 천사인형, 양말, 무지개 공을 만들었다. 5~6학년군은 이전 학년에서 배운 것을 바탕으로 모자, 리코더 주머니, 물통 주머니 같은 생활용품들을 만들고 바느질이나 십자수 활동까지도 했다. 저학년 아이들이 수공예를 할 수 있을까 걱정하는 선생님들도 많았다. 수공예 기능을 익히기보다 아름다

공예 교육

운 이야기를 들려주며 수공예의 즐거움을 찾도록 했다. 바늘을 쓰지 않는 손뜨개부터 천천히 시작하면 아이들은 금세 따라 배운다. 쉬는 시간에도 뜨개질을 하는 아이들을 보면 참 아름다워 보인다. 스마트 폰에 빠진 아이들에게 대바늘을 쥐어 주면 아이들 삶은 더욱 행복해 질 것이다.

삶을 더욱 풍요롭게! 악기 교육

음악 활동은 음악의 아름다움을 경험해 삶을 풍요롭게 만든다. 생활 속에서 음악의 역할과 가치를 알고 삶 속에서 즐길 수 있는 힘을 기르는 것이 중요하다. 악기 연주를 하면 아이들은 공감과 소통 능력을 배우고, 여가를 즐기며 자기관리능력도 키울 수 있다. 많은 악기들이 있지만 초등학교에서 공통으로 배우는 리코더를 중심 악기로 잡았다. 담임 역량에 따라 다양한 악기들을 자율적으로 배울 수 있도록

악기 교육

했다.

1~2학년군에서는 음악적 감성, 리듬감, 음감을 기르기 위해 노력을 하고 펜타토닉, 리듬악기, 실로폰 같은 악기들을 배웠다. 3~4학년군에서는 소프라노 리코더를 중심으로 기본 주법, 리코더 스케일, 악보 읽기를 배웠다. 5~6학년군에서는 성부 어울림을 느끼며 소프라노, 알토, 베이스 합주곡을 배우며 리코더 능력을 심화시켰다. 이렇게 배운 악기들은 자연스럽게 10월 마지막 날 음악제에서 발표를 한다. 리코더가 화려한 악기는 아니지만 꾸준히 연습하면 훌륭한 악기가 될 수 있다는 것을 몸소 깨달았다.

참삶을 가꾸는 학년별 프로젝트 수업

앎과 삶이 하나 되는 학교교육과정은 학년별 교육과정 운영계획에 반영해 진행한다. 그 외 학년별 교육과정은 교사 전문성과 자율성을 바탕에 둔 창의적 교사교육과정으로 진행된다. 학년별로 참삶을 가꾸는 프로젝트 수업이 잘 이루어지고 있으며, 교사 역량이 마음껏 발휘되고 있다. 음악 만들기, 온작품 읽기, 협동조합 같은 다양한 주제로 프로젝트 수업이 진행되고 있으며 그 가운데 6학년 프로젝트 수업 활동을 하나 소개한다.

#. 6학년 '민주주의와 평화를 만나다!' 프로젝트 수업

2018년 남북정상회담이 열리며 통일에 대한 관심이 높아졌을 때 아이들은 통일을 어떻게 생각하는지 궁금했다. 물어보니 큰 관심이 없을 뿐만 아니라 통일을 반대하는 아이들도 많았다. 또한 전쟁을 게임처럼 생각하며 민주주의를 멀리 있는 이론으로만 생각하는 아이들 모습에서 '민주주의와 평화를 만나다!' 프로젝트 수업을 계획했다. 수업 목표는 우리에게 평화가 꼭 필요하고, 통일은 해야 하며, 생활 속에서 민주주의와 평화를 실천하는 마음을 기르는 것이었다.

민주주의와 평화를 주제로 교육과정을 재구성하는 것은 어렵지 않았다. 6학년 사회에서는 6·25전쟁 이후 현대사와 민주주의, 도덕에서는 통일, 국어에서는 몽실 언니 온책 읽기와 연극을 묶을 수 있었다. 성취기준을 찾아 활동별로 나누고 수업 계획을 하나씩 세웠다. 수업의 큰 흐름은 6·25전쟁과 민주주의 역사 공부, 이오덕 헌법 읽기, 우리 생활 속 평화 찾기(비폭력대화), 온책 읽기(몽실 언니), 통일노래 배우기, 전쟁과 평화, 연극놀이, 통일과 판문점 선언을 공부하고 서울과 파주 현장학습으로 마무리하는 총 40차시 수업이었다.

요즘 교사교육과정이 강조되며 교육과정 재구성에 관심이 높아지고 있다. 그런데 재구성에 대한 뚜렷한 철학과 이유 없이 주제를 정하거나 성취기준을 억지로 묶는 경우가 있다. 하지만 교과를 통해 아이들에게 어떤 삶을 경험하고 배우게 할 것인지에 대한 교사의 고민이 먼저다. 이러한 수업 철학을 바탕으로 성취기준을 재구성한 주제들이 어떤 의미가 있는지 다시 한 번 깊이 생각해야 한다.

1박 2일 현장체험학습에서는 국회와 청와대를 방문해 그동안 배운 민주주의에 대해 다시 한 번 공부했다. 다음 날은 남북정상회담이 열린 판문점과 기념식수 장소, 도보다리, 그리고 도라산 전망대, 제3땅굴, 도라산역까지 다녀왔다. 머리로 공부한 민주주의와 통일을 몸과 마음으로 배웠던 의미 있는 시간이었다. 아이들이 판문점에 다녀온 다음 날 트럼프 미국 대통령과 김정은 국무위원장이 판문점에서 만나는 역사적인 일이 일어났다. 통일을 바라는 아이들 마음이 역사적인

6학년 프로젝트 수업

남북미 정상 만남으로 이어지지 않았나 싶다. 남과 북이 하나 되는 그날! 한민족은 새로운 미래가 열릴 것이다. 그때 아이들이 지금 배웠던 공부와 느낌들을 돌아보며 더욱 기뻐했으면 좋겠다.

꿈이 자라는 뜰, 장애 학생을 위한 특수교육

'꿈이 자라는 뜰(이후 꿈뜰)'은 장애 학생들이 지역에서 농사를 지으며 건강하게 자랄 수 있도록 공교육 특수교사와 마을 주민교사가 함께 도와 만든 농장이다. 2004년 즈음, 홍동중학교 학생들이 학교 밖으로 나와 풀무전공부에서 산책도 하고, 마을 주민교사와 함께 원예 활동을 하던 것이 처음 시작이었다.

이 활동이 매년 이어져 초·중·고등학교 학생들과 함께 하는 정기적인 방과후수업으로 확대되었다. 이는 2009년 홍동초등학교와 홍동중학교 농산어촌 전원학교 사업의 중요한 한 꼭지인 '특수교육 대상 학생을 위한 직업교육과정'으로 발전되었고, 교육과정의 이름을 '꿈이 자라는 뜰'로 부드럽게 다듬었다. 이제는 홍동초등학교, 홍동중학교, 풀무학교 학생들이 매주 정기적으로 마을교사(마을 주민)와 만나는 배움터로 자리를 잡았다.[5]

아이들은 이곳에서 텃밭 수업을 하며 자연과 농사, 생명을 배운다. 꿈뜰은 장애와 농사를 연결한 교육과정을 꾸준히 연구, 운영하고 아이들이 자라 본인이 원하면 농장에서 함께 일하거나, 마을에서 스스로 바로 설 수 있도록 도와준다. 마을 청년들과 함께 모종이나 농산물, 가공품을 풀무학교 생협, 봄맞이 큰장, 가을 축제에 팔기도 한다. 가을에는 허브데이를 열어 마을 이웃들을 농장에 초대해 작은 문화 공연과 잔치를 연다. 장애 아이들에게 마을은 든든한 울타리가 되고, 장애가 더불어 살아가는 마을의 꽃이 되고 있다.

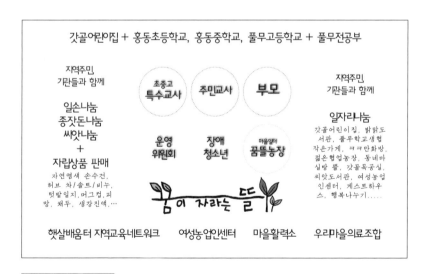

---

5. 출처: https://www.greencarefarm.org/197?category=323616[꿈이자라는뜰]

꿈이 자라는 뜰

꿈뜰 특수교육

4. 앎과 삶이 하나 되는 교육을 위해

홍동초등학교에 오며 꿈꿨던 새로운학교 모습들이 하나둘 그려질 때 가슴이 벅찼다. 어떨 때는 서로 다른 생각들에 부딪혀 상처를 받고 힘들 때도 있었다. 우리가 가는 길이 깜깜하고 흔들릴 때 우리는 철학을 생각한다. 철학은 바로 끊임없이 질문하는 것이다. 학생과 교사는 어떤 존재인가? 아이들에게 어떤 힘을 길러 줘야 하는가? 지금 우리가 하고 있는 교육활동은 어떤 의미가 있는가? 학교에서 배운 내용을 아이들은 삶 속에서 의미 있게 풀어내고 있는가? 계속 질문을 던지다 보면 흔들려도 조금씩 방향을 찾을 수 있다.

앎과 삶이 하나 되는 교육을 위해 우리는 끊임없이 고민하고 실천해야 한다. 교과서 진도를 나간다고 삶을 살아가는 힘이 길러지지 않는다. 교사는 아이들에게 의미 있는 경험을 줘야 한다. 배움을 통해 나를 사랑하고, 너와 관계를 맺는 힘을 길러, 더불어 살아가는 민주시민으로 바로 설 수 있게 도와줘야 한다. 앎과 삶이 하나 되는 교육에 바로 그 답이 있다.

10.

교사와 학생이 함께 성장하는
공부의 길

솔뫼초등학교

> " 교사는 전문성을 바탕으로 학생의 배움과 삶을 연결하는
>
> 교재를 준비하고 활용합니다. "

최봉선

의정부 솔뫼초등학교 교장 선생님. 솔뫼초에서 6년간 교무부장으로, 3년간 공모교장으로
근무하고 있다. 혁신학교를 시작하던 해의 혁신둥이들이 중학교 2학년이 되고 졸업한 첫째
에 이어 둘째, 셋째 자녀를 보내는 학부모와 함께할 수 있는 시간이다. 무엇이 번했을까 되
짚어 보고 있다.

1. 새롭고 경쾌한 시작, 그러나……

2010년, 함께 들어온 새로운학교네트워크 선생님들이 교무부장, 연구부장을 맡으면서 시작된 혁신학교와의 인연이 올해로 10년째다. 학교마다 영향력을 행사하는 구심점은 다르다. 교육과정과 행사를 주관하는 부장을 맡아 학교 개선의 동력을 집중하고 혁신학교에 많은 관심을 가졌던 교장 선생님이 전적인 지원을 해 주셔서 별다른 어려움 없이 2012년에 혁신학교로 지정되었다. 경기도교육청이 추진하는 혁신학교의 과제를 현장의 특수성에 맞춰 진행하기 위해서 교육청의 모든 연수를 쫓아다니며 공부하고, 공부한 내용을 기반으로 솔뫼초등학교를 면밀하게 분석하여 학교 개선의 과정을 진행했다. 그동안 신규 교사 7명이 전입하기도 하고 전출했던 교사가 다시 돌아오기도 하면서 교육과정이 탄탄해지고, 연구 결과가 축적되어 학교가 안정된 것으로 보이지만 처음 학교혁신을 시작하면서 보았던 문제는 빙산의 일각이었다. 수업연구는 교육과정 연구로, 교육과정 연구는 학교 조직의 문제로, 학교 조직의 문제는 교육정책과 교사 인식의 문제로 끝없이 이어지는 뫼비우스의 띠처럼 연결이 되어 있었다. 공유된 학교 비전과 수업 약속, 몇 개의 프로젝트는 친절한 교사, 순한 아이들 이상의 성장을 만들지 못한다. 교사 전문성은 연구와 더불어 기나긴 숙련이 필요하다.

우리 학교는 2013년에 없어진 일제고사에서 의정부 초등학교 중하위권으로 학습 부진을 해소하는 것이 시급한 과제인 학교였다. 2011년부터 시작된 혁신교육지구 사업의 지원을 받아 학급별로 협력교사가 배치되어서 많은 도움을 받았다. 무기계약으로 전환되어야 하는 부담 때문에 중단될 줄 알았으면 좀 더 누릴 것을 하는 아쉬움이 있는 사업이다. 효과가 확실하게 증명된 사업을 지속하지 못하는 이유는 아직도 납득하기 힘들다.[1]

혁신학교를 시작하면서 교사들 나름의 특성화된 교육활동을 하고 싶은 교사도 있었지만 교실 밖으로 떠도는 학생을 수업으로 끌어들이는 것이 먼저였다. 교사는 몹시 바쁜데 아이들과 가까이 있는 것 같지 않았고, 학교를 둘러보면 쉬는 시간이나 점심시간에 교실을 뛰쳐나온 아이들이 주차장에서 잡기 놀이를 하느라 주차된 차 사이로 뛰어다니거나 구석진 곳에서 껄렁거리고 있었다. 심지어는 수업 시간에 화장실에 숨어 있거나 복도에서 돌아다니다 "뭐 하니?"라는 질문에 대답을 못하고 도망가는 아이들은 교사의 보호 밖에 있는 듯 보였다. 선생님들은 수업이 끝나면 업무처리를 하느라 컴퓨터에 매달려 있고 수업 중에도 업무를 처리하는 것이 당연한 듯 보였다. 수업 중에 업무처리를 위한 심부름을 보내는 것에 대한 논의를 시작했을 때 학생의 학습권 침해라고 생각하면서도 업무처리가 먼저인 관행이 수업을 뒷전으

---

1. 교육문제를 해결하기 위한 방법은 모두 제시되었다고 한다. 교육문제가 정치적 해결의 장으로 넘어가는 것은 부끄러운 일이다.

로 밀어 두게 했다.

드러나는 문제점

2012년에 혁신학교로 지정되면서 먼저 한 일은 교사의 행정업무를 교무실의 행정실무사가 처리하는 시스템을 만드는 일이었다. 혁신학교 예산으로 채용한 행정실무사 2명과 교감, 업무부장 2명이 교무행정업무를 처리했다. 혁신학교 예산이 줄고 인력 채용이 금지되면서 교무실의 행정공무직이 한 명으로 줄었다. 그렇지만 보고 사항이나 통계 자료를 교육과정에 정리해서 교무실에서 처리할 수 있게 하고, 방과후학교 코디네이터 채용, 사회복무요원 요청 등 인력을 보충할 수 있는 방법을 동원하여 담임교사 행정업무 제로를 이어 가고 있다. 담임교사가 행정업무를 안 하는 대신 학생 상담, 학습 부진 학생의 방과후 지도 등 담임교사의 업무를 명확하게 밝혀서 학생 지도의 책무를 강화했다.

학급 반장의 필요성에 대한 논의 끝에 전교어린이 회장, 학급 반장 제도를 없애고 2년에 걸쳐 청소년단체를 해체했다. 방송조회, 운동회, 학예회를 없애고 각종 인증제와 행사를 없애고 나니 담임교사는 아이들에게 집중할 수 있었다. 수업 내용과 상관없이 이루어지는 과학의 날 행사, 포스터 그리기 대회 등은 희망하는 학생을 대상으로 하고 시상은 교장실에서 하다 보니 점차 시들해져 갔다. 시상제도의 효과와 부작용에 대한 논란 끝에 부작용이 크다는 신규 교사의 발제로 시상제도는 폐지되었다. 관습적으로 해 오던 평가를 없애고 나니 학생의 성장을 증명할 '참평가'[2]를 연구해야 했다.

혁신학교 예산과 혁신교육지구 예산을 편성하기 위해 학년 교육과정에 필요한 예산을 요청하라고 하니 학년 교사가 모여 '교육과정 재구성'을 했다. 별다른 공부를 하지 않은 채, 교육과정을 기획하는 초등교사는 활동을 중심으로 수업을 설계한다. 우리나라는 전국의 학교가 같은 교과서를 가지고 수업을 한다. 지역에 따른 특성이 반영되는 것은 사회과 지역 교과서가 있고 영어·음악·미술·체육·실과 교과서는 검정교과서이다. 그 외 1~2학년 6개 전 과목, 3~6학년 국어·도덕·사회·수학·과학은 국정교과서로 전국의 학생이 같은 교과서로 수업을 한다. 교과서의 내용에 따라 재량권을 발휘할 수 있는 부분은 교수법이어서 교사는 교수법 중심으로 연구를 해 왔고, 수업에 쓰이는 각종 기자재와 교수학습 자료를 만드는 산업은 교사가 아니어도 수업을 할 수 있을 만큼 다양한 자료를 제공한다.

교육과정 다양화의 주체는 교사여야 하고 학생 중심 교육과정은 학생의 선택권을 확장하는 것인데 교사와 학생의 선택권이 학습 자료를

---

2. 여러 이론을 근거로 정리한 참평가는 평가에서의 실제성(Authenticity, 과업의 복잡성, 통제 조적, 동기화, 자율성, 조건, 기준, 결과 등)을 내포하는 복합적 개념으로서, 현실을 신뢰롭게 반영하고 학습자 개개인의 특성과 학습 맥락에 부응해야 한다. 결과적 지식이 아닌 절차적 지식을 중점적으로 점검하며 학생의 개별성을 놓치지 않는 탈목표적 평가를 의미한다.

평가 계획
① 재해석한 성취기준과 역량에 필요한 평가 내용을 선정
② 학생의 수행을 예측하여 평가 준거(rubric) 설정
③ 수업 중, 수업 후에 평가할 내용을 구분
④ 평가 준거.중심의 내용과 방법 선정

평가 방법
① 출발점과 도달점 사이의 학생의 행동, 비가시적으로 이루어져 수행으로 표현되는 지극히 개인적이고 독특한 절차를 관찰한다.
② 다양한 인지적 전략이 실제 수행 과정에 나타나는지를 평가
③ 지식과 기술의 실제 수준을 평가
④ 학생의 의도 파악, 이전까지의 행동과는 다른 노력과 시도
⑤ 행동의 결과에 대한 학생의 판단
⑥ 또다시 시도해 보려는 긍정적인 판단

선택하는 것으로 축소 해석된다. 2022년부터 3~6학년 사회·수학·과학 교과서를 검정교과서로 전환한다[3]고 한다. 교사가 수업을 준비하기 위해 교수내용지식(PCK)[4]을 연구하지 않아도 수업이 가능했던 시대는 막을 내리고 있다. 모든 교과의 전문성을 갖추기 힘든 상황에서 교육과정을 기획하기 위한 교사의 노력은 소모적으로 보일 때가 많다. 부지런히 노력을 한다고 해도 6개 학년의 9개 교과에 대한 전문성을 가지기는 어렵다. 해마다 가르쳐야 하는 대상을 바꿔야 하니 교사, 학생이 서로 적응하는 기간을 빼면 협력이 이루어지는 교육활동이 가능한 시간은 얼마나 될까? 서로 적응하는 시간과 학습이 이루어지는 시간이 혼재되어서 학습에 관한 문제의식보다 수업에서 교사와 학생의 관계가 좋아야 한다는 요구가 더 강하다. 이런 여러 가지 요인으로 인해 초기의 교육과정 재구성은 교과의 본질적인 특성을 고려한 융합이 아닌 피상적인 활동 중심의 통합이 될 뿐이었다.

업무에 대한 이야기가 없어지고 나니 교사의 대화는 온통 학생에 대한 이야기로 채워졌다. 업무를 없애고 교사의 학교 만족도가 높아졌다가 학생에 집중하게 된 후 오히려 만족도가 내려갔다. 교사 스스로 진단하기를 학교 만족도가 아니라 자신에 대한 부족함이 표현된 것이라고 했다. 막상 아이들을 바라보니 아이들에 대해서 아는 것이 없다는 것을 새삼스레 알게 되었다. 밤늦게까지 협의를 하여 기획한 수업으로 학생은 무엇을 얼마나 배우고 성장하였는지, 학생이 배우

---

3. 교육부는 초등학교 3~6학년 사회·수학·과학 교과서를 국정에서 검정으로 바꾸는 내용의 '초등학교 교과용 도서 구분' 개정안을 30일 행정 예고했다. 개정안은 초등학교 3~6학년 사회·수학·과학 교과서와 지도서 중 5~6학년 실과 교과서·지도서를 제외한 65책을 국정에서 검정으로 전환하는 내용을 담고 있다.

4. 교과의 특징적인 내용지식의 구조에 대해 학습자를 고려하여 전달하는 양식, 특정한 내용을 내용에 맞는 방법으로 가르치는 데 관련된 지식.

기에 적합한 내용과 방법을 기획하였는지 의심을 하게 되었다. 교사의 수업으로 학생은 성장을 하였나. 성장했다면 그 증거는 무엇인가. 그 전의 왜곡된 평가로 인해서 덮여 있던 평가의 본질에 대한 논의가 시작되니 학생에 대해, 내용에 대해, 학습에 대한 질문이 생기고 질문에 답하기 위한 공부가 필요했다.

2. 추상적인 목표, 정교한 접근

대안학교와는 다르게 공립학교는 학교 비전이나 교육 목표를 공유하는 과정이 부족하다. 한 학교에서 오랫동안 근무하기 어려운 조건을 극복하기 위해 초빙교사제도와 근무 기간 유예 등 가능한 방법을 동원하기도 한다. 개인적인 가치관이나 교육관, 인간관, 세계관을 공유하고 학교현장에 가장 적합한 비전과 목표를 수립하는 과정은 한 번의 토의로 끝나는 것이 아니고 구성원의 일상에 스며들어야 한다.

우리 학교의 비전은 '따뜻한 돌봄과 즐거운 배움으로 행복한 학교'이다. 학교의 여건을 분석하고 초등학교라는 특성을 반영한 것인데, 따뜻한 돌봄이 필요하고 공부에 대한 부정적 태도를 극복하기 위해 즐거운 배움을 지향한다. 행복에 대해서 정의하는 것은 지난한 과정이다. 시간의 흐름에 따라 정의가 달라지기도 하고 개인이 처한 위치에 따라 달라지기도 한다. 지극히 추상적인 비전은 '교사와 학생이 함께 성장하는 학교, 더불어 배우고 가르치는 나눔의 학교, 참여하고 소통하는 민주적 학교'로 구체화된다. 교사와 학생은 가르침과 배움이 동시에 일어나는 관계 속에서 함께 성장하며, 모든 구성원이 권력 관

솔뫼초등학교 비전

계가 아닌 수평적 관계로 참여하여 거리낌 없이 소통해야 한다. 구성원의 일상에 이런 비전이 스며들기 위해서는 정교한 노력이 필요하다. 각종 인쇄물과 가정통신문에 게시하고 토론회에서, 다모임에서 되돌아보아야 한다.

'어린이를 존중하고 사랑하는 교사, 배움의 즐거움을 몸소 실천하는 교사, 배움을 준비하고 기다리는 교사'를 교사상으로 정하기까지 몹시 어려운 결심이 필요했다. 몸에 붙은 생각이나 행동의 습관은 바꾸기 힘들다. 끊임없이 되돌아 살펴봐야 하지만 혼자 성찰하는 것은 대단히 어렵다. 몇 년에 걸쳐서 함께 공부하는 기간이 쌓여도 여전히 어렵다. 고학년 학생이 간간이 찾아와서 선생님이 혁신학교 교사 같지 않다고 하소연하는 일이 있다. 어떤 점에서 그렇게 생각하느냐고 물으면 친절하지 않다, 학생을 비난한다, 수업이 허술하다고 이야기한다.

하나하나 들어 주고 묻고 답하며 학생이 자신을 되돌아보도록 대화를 하지만 좋은 교사가 되기는 참 어렵다는 것을 매번 확인한다.

어린이를 존중하고 사랑하는 교사가 되기 위해서 존중의 방법, 사랑의 표현을 공부해야 한다. 존중으로 가르침이 약화될 수 있고 사랑으로 잘못된 행동을 지도하는 적절한 시점을 놓칠 수 있다. 존중의 방법, 사랑의 표현을 공부하기 위해서 해마다 2월에 준비하는 학급 세우기를 준비하고 학급 세우기가 마무리되는 3월 월례토론회[5]에서 회복적 생활교육, 학급긍정훈육을 공부하고 워크숍을 통해 실연을 한다. 학생의 입장이 되어 역할극을 하면 머리가 아닌 가슴이 움직이는 경험을 할 수 있다.

교사가 하는 말이 학생에게 어떤 느낌을 주는지 알아야 한다. 우리가 학생의 잘못을 지적할 때 학생 스스로 행동을 돌아볼 것을 바라지만 학생에게는 비난을 거부하는 마음이 일어난다. 거부하는 마음이 증폭되면 가르침과 배움이 불가능하다. 아이들의 마음을 열기 위한 학습 대화에 대해 이론적 공부도 필요하지만 연습을 통해 입에 붙여야 한다. 교사의 말을 브레인스토밍하는 워크숍을 진행하니 교사가 가진 말이 실제로 많지 않았다. 교사 평가를 위한 설문 중 '선생님에게 가장 많이 들었던 말은?' 항목에 대해 '한 번 더 생각해 봐. 선생님을 봐. 자리에 앉아'라는 말이 많이 나온 것을 보고, 교사가 많이 사용하는 말의 대부분이 지시하는 말인 것을 확인할 수 있었다. 수업의 대부분은 말로 이루어진다. 40분 수업을 녹음하고 전사를 하여 자신

---

5. 일 년에 14회를 하는 월례토론회는 교사 학습과 교육과정 평가를 위한 시간이다. 독서 토론, 관련 논문을 공부하는 주제 토론, 교외 연수를 다녀온 교사의 강의를 듣기도 하고 교육과정 평가를 위한 워크숍을 진행한다.

의 말을 확인하기도 하고 공개수업을 위해 '가슴으로 듣고 마음으로 말하기'를 수업 주제[6]로 연구를 하는 노력들은 추상적인 비전이나 교육 목표를 실제화하여 우리의 일상에 스며들게 한다.

3. 교과 전문성 신장을 위한 노력

교육과정을 재구성하는 방법은 여러 가지다. 재구성이라 하면 이미 만들어진 내용의 순서를 바꾸거나 첨삭하는 정도의 수준을 말한다. 국가교육과정 성취기준이 자세하고 평가 수준까지 교육청에서 제공해서 교사의 수고를 덜어 주는 것 같지만 수업의 결과물을 보면 교과의 특성이 보이지 않는 것을 알 수 있고, 반복되는 소감문 쓰기로 인해 글쓰기를 멀어지게 할 수도 있다.

미술

미술은 연습의 과정이 있어야 하는 교과이다. 독서 수업의 결과를 표현하는 각종 활동지의 그림에 학년이 올라갈수록 보여야 하는 숙련의 결과가 보이지 않는다. 현대 미술의 다양한 도구를 사용하는 표현 기법을 배우기 위해서 질 좋은 교재와 기능의 연습을 위한 시간이 필요하다. 또한 초등학교 저학년은 조형 요소를 이해하고 표현의 즐거움을 배워야 한다. 1학년 수업을 위해 물감과 붓을 가지고 들어가니 대뜸 '미술을 못해요'라고 말하는 학생이 있었다. 1학년 학생이 알고 있

---

6. 일 년에 두 차례씩 하는 공개수업의 2018학년 1학기 6학년 수업 주제였다.

는 미술이 무엇일지 짐작이 간다. 발도로프 미술의 형태 그리기, 습식 수채화 연수를 받은 1, 2학년 교사들의 수업으로 저학년 아이들이 표현의 즐거움을 배우기 바란다.

2016년 미술과 연수 15시간으로 초등 미술의 특성에 대하여 공부하고 이후 학년에서 요구하는 민화, 수묵화 등의 연수를 학년별로 하고 있다. 강사를 초빙해서 4~5명을 대상으로 연수하는 것이 예산의 낭비가 된다는 염려는 있으나 학습의 효과는 실행에 있으므로 반복되는 연수가 쌓이면 교사의 역량이 될 것이다.

국어

국어 교과는 도구 교과로 소감문 쓰기, 독후 감상문 등 여러 활동의 결과를 표현하는 수단으로 활용된다. 문학은 언어를 예술적 표현의 제재로 삼아 새로운 의미를 창출하는 영역이다. 짧은 시간에 장르별 글을 모두 다루도록 되어 있는 교육과정 편성으로 학년별 차이는 단순히 제재의 양이 다른 정도일 뿐이다.

2018년 국어과 공모연수 30시간으로 국어 교과 지도의 어려움을 추출하고 학년별 국어 수업을 참관하고 협의했다. 문자 언어와 영상 언어에 대한 이해, 장르별 글쓰기 지도를 위한 연수, 자신의 국어 수업에 대해 스스로 질문하고 답하는 과정을 통해 국어 교과의 전문성을 강화했고, 2012년부터 학기별 1회 수업에 관한 에세이를 써서 자료집을 발간하고 있다. 자신의 수업에 대한 성찰을 담는 글쓰기로 글쓰기의 어려움을 경험하고 학생을 지도하는 데 도움을 받는다. 독후감상문을 지도하기 위해 자신이 쓴 글을 제재로 삼는 교사의 시도는 용기 있는 행동이다.

여전히 호소하는 문학 수업의 어려움은, 교사가 관심이 없는 장르여서 학생의 흥미를 이끌어 내기 어렵다거나 지도해야 하는 수준을 정하기 어렵고 텍스트를 찾는 것이 어렵다는 것이다. 초등학교 교사에게 요구되는 교과 전문성이 어느 정도 수준일까. 수준을 정해서 여기까지라고 단언하기 어렵지만 초등학교의 특성상 배움의 즐거움을 방해하지 않도록 수업을 설계하기 위해서 교과에 대한 교사의 깊이 있는 이해가 필요하다.

학급문집을 해마다 발간하는데, 문집에 실린 아이들의 글을 교사가 수업에 활용하기도 하고 모든 학급의 문집을 도서실에 비치하여 학생의 글쓰기에 도움이 되도록 하고 있다. 아이들은 학년이 올라가면서 자신의 글이 발전하는 것을 확인하고 글쓰기에 더욱 의욕을 가지게 된다. 오랫동안 학급문집을 발간한 교사의 강의로 글쓰기 지도법, 작품을 누적하는 방법, 글쓰기가 일상생활을 성찰할 수 있도록 지도하는 방법을 배워서 올해의 학급문집은 특별히 기대가 된다.

수학

좋은 교사가 되기 위해 자신이 배우지 않은 방식으로도 가르칠 수 있어야 한다.[7] 교사가 수업하는 방식은 자신의 경험이 가장 큰 영향을 준다고 한다. 기계적인 해결에 치중하는 수학 수업으로 일찍이 수학 포기자가 됐던 경험이 있는 교사는 교과서에 의존하거나 학원에서 선행 학습을 한 학생의 도움을 받기도 한다. 수학을 포기하다시피 한 학생을 가르치기 위해 애쓰는 모습은 교사와 학생 모두에게 안쓰러운

---

7. 성열관, 「새로운 학력관: 교육과정, 수업, 평가에서 어떻게 실현할 것인가?」(제4회 교육정책 네트워크 행복교육 현장토론회 발표, 2017), 22쪽.

일이다. 학생의 발달을 고려하지 않고 편성된 수학과의 지도 내용은 교육과정이 개정될 때마다 학년을 오르내리기도 하고 중학교에 편성되기도 한다. 나중에 배워도 될 것을 억지로 가르치느라 학생을 힘들게 한 것이 미안해지기도 한다.

2017년 수학 교과 전문성 역량 강화를 위해 진행한 30시간 연수는 중등 선생님들과 함께 했다. 성취율이 50%를 넘지 않는 내용은 초등 수학에서 빼야 하지 않는가? 초등 수학은 중등 수학과 어떻게 중복 또는 연결되고 있는가? 하는 의문을 해소하기 위해 강의와 수업 참관, 토론을 했다.

2017 경기도연수원 수학과 공모연수

워크숍	초·중등 수학 교과 교수학습지도의 어려움 추출
강의	수란 무엇인가
강의	이야기가 있는 수학
참관 및 토론	중등 수학 수업 보기 2학급
참관 및 토론	초등 수학 수업 보기 2학급
강의	수학의 역사
강의	핀란드 수학 들여다보기
토론	수학 교육과정의 영역별 해석
실습	나의 수학 수업 설계
토론	수학 수업에 대한 나의 질문에 답하기

초등 4학년 분수 단원에는 가분수와 대분수를 바꾸는 내용이 나온다. 함께 연수를 받은 중등 선생님은 군이 가분수를 대분수로 바꾸지 않아도 된다고 한다. 분수가 갖는 중요한 의미는 나누기와 나눈 결과 1보다 작은 조각의 개념을 아는 것이어서 기계적으로 가분수와 대분

수를 변환하는 것은 부차적이라는 것이다. 수학의 기초는 연산이 아니고 수학적 표현과 그 개념에 대한 정확한 이해에 있다고 한다.

배운 대로 가르치지 않으려니 어렵다. 한 번쯤 수학을 포기했던 씁쓸한 경험을 아이들이 겪지 않게 하겠다는 열의로 공개수업을 하기로 하고 연구를 했다.[8] 『지금 가르치는 게 수학 맞습니까?』[9]에서 소개하는 '효과적인 수학적 논의를 위해 교사가 알아야 할 5가지 관행'[10]을 적용하여 수업을 설계했다. 개념을 이해하는 수업을 하고 다양한 풀이 과정을 학습한 후에 스스로 활용하기 좋은 풀이 과정을 선택하는 수업이었다. 자신의 풀이 과정을 친구에게 설명하는 것이 목표인 수업으로 교사는 학생의 풀이 과정과 친구에게 설명하는 것을 관찰하고 발표할 학생을 지목하여 모든 학생을 상대로 발표하게 한다. 교사가 예측한 풀이 과정을 활용한 학생과 예측하지 못한 풀이 과정을 발견한 학생을 발표하게 하여 수학적 의사소통을 경험하게 한다. 6주에 걸친 연구로 15차시의 단원을 완성하여 수학 교과의 본질에 접근하였으니 이후에는 연구의 속도가 빨라질 것이다.

사회

초등 사회과는 지리, 역사, 일반사회 영역을 포함한다. 이를 바탕으로 사회 변화에 따라 민주시민교육, 환경보전, 다문화, 세계화 등 굵직한 내용들이 다루어진다. 실시간으로 변하는 내용을 포함해야 해서 흥미는 높지만 엄청난 자료를 준비하고 구조화하는 데 많은 시간이

---

8. 2018학년 1학기 3학년 공개수업의 「세 자릿수의 덧셈을 해결하기」.
9. 최수일, 『지금 가르치는 게 수학 맞습니까?』(비아북, 2017).
10. 마거릿 스미스·메리케이 스테인 공저, 방정숙 역, 『효과적인 수학적 논의를 위해 교사가 알아야 할 5가지 관행』(경문사, 2013).

필요하다. 교사가 자료에 대해 정확하게 이해하고 있어야 수업 중 일어날 수 있는 우발적인 질문에 대처할 수 있다.

사회과의 성취기준을 해석하고 수업의 목표를 명료화해야 한다. 올해 2학기 수업연구회에서 4학년 사회과 공개수업을 준비하기 위해 교육과정을 살펴보았다.

2015 개정 교육과정 사회과 핵심 개념과 일반화된 지식, 성취기준의 예시

영역	핵심 개념	일반화된 지식
역사 일반	역사의 의미	역사학은 '기록으로서의 역사'와 '해석으로서의 역사'를 모두 다루는 학문으로서 과거의 사실을 바탕으로 현재의 우리를 이해하는 통로가 된다.

[4사01-04] 고장에 전해 내려오는 대표적인 문화유산을 살펴보고 고장에 대한 자긍심을 기른다.

[4사03-03] 우리 지역을 대표하는 유·무형의 문화유산을 알아보고, 지역의 문화유산을 소중히 여기는 태도를 갖는다.

[4사03-04] 우리 지역과 관련된 역사적 인물의 삶을 알아보고, 지역의 역사에 대해 자부심을 갖는다.

관련된 성취기준은 '기록으로서의 역사'를 공부하고 '해석으로서의 역사'로 자긍심과 소중히 여기는 태도를 가져야 한다는 의미로 해석된다. 초등학교 4학년에게 역사 공부의 의미는 시간과 공간을 확장시켜 세상에 대한 관심을 가지고, 조사학습을 위한 다양한 기능을 배워서 궁금한 것을 스스로 해결할 수 있게 됨을 말한다. 애써서 알게 된 문화유산을 소중히 여기게 되는 것은 매우 의미 있는 삶의 태도를 형성하는 일이 될 것이다. 우리가 설계한 수업을 통해서 어린이들이 자부

심을 가지게 될 것인지는 확신할 수 없다. 군이 자부심을 가지게 되는 역사를 찾아서 수업을 설계해야 한다고 생각하지 않는다. 공개수업을 하는 4학년 선생님과 성취기준을 재구조화하는 논의를 했다. 2015 개정 교육과정의 성취기준이 많이 축약되고 정선되었다. 해석이 분분한 문장은 열띤 토론을 일으킬 수도, 교과서에 의존하는 편의성으로 귀결될 수도 있다.

이처럼 사회과의 내용은 관점을 명확하게 할 것을 계속 요구한다. 역사를 승자의 기록으로 볼 것인가 사실의 기록으로 볼 것인가, 민족의 입장인가 세계인의 입장인가 등 인간에 대해, 세계와 역사에 대해 숙고해야 한다. 한편으로 초등학생이 건강하게 받아들일 수 있도록 편집하거나 각색하는 수고도 해야 한다. 기술의 발달로 인해 정제되지 않은 정보가 많아지는 현상을 정보 접근의 불평등을 해소하는 기회로 삼을지 무차별한 정보의 노예로 전락하게 될지의 딜레마 또한 사회과 수업에서 주목해야 할 부분이다.

2018 경기도연수원 사회과 공모연수

사회과 수업 디자인	프로젝트 기반 사회과 수업 설계와 실행
사회과 교육과정 및 교과서 분석	사회문화의 주요 주제에 대한 비판적 읽기 -다문화, 인구, 젠더 교육 중심
사회과 경제 영역 다시 보기	지금 가르치는 것이 경제 맞습니까?
사회과학 방법론	사회과학 방법론
사회 수업 설계	거꾸로 교실에서 사최수프까지-사회과를 중심으로
사회과 수업 설계와 실행	사회과 수업 설계·실행·비평
교육과정과 교과서 분석	역사, 경제, 정치 영역

전담교과

과학, 음악, 체육, 영어 교과는 대체로 전담교과이다. 전담교과는 교과 전문성을 살릴 수 있어야 하지만 아쉽게도 현실은 그렇지 않다. 대체로 기간제 교사가 맡게 되는 상황이어서 연구를 함께 하기 어렵다. 교과교육과정을 잘 정리해서 다음 교사에게 전달하도록 하고 학년협의에 참석해서 학생의 특성을 반영하도록 하고 있지만 교사의 역량에 따라 달라지는 것을 관리하기 힘들다. 또한 전통적인 교과 내용과 사회의 발달에 따라 도입되는 내용을 적절하게 반영하기 위한 연구가 필요하다. 예를 들면 6학년 과학의 생물과 환경 영역은 생태계 구조를 파악하고 서로 영향을 주고받는 생태계 요소를 아는 것으로 끝나서는 안 된다. 생태계를 보전하는 노력을 하려면 타자에 대한 공감력을 키우는 생태계 감수성이 있어야 한다. 환경보전에 대한 수업을 하고 쓰레기를 버리지 말아야 한다는 상투적인 결론을 내는 학생들은 행동의 변화를 만들지 못한다. 복잡성 놀이를 통한 생태계 감수성을 키우는 수업을 하려고 받은 연수[11]는 보다 본질적인 고민을 하게 만들었다.

음악은 몇몇의 교사를 좌절하게 만드는 교과이다. 전문적인 기능이 없어서 가르치기 힘든 내용은 단기 연수를 실시한다. 학년의 교사가 모여 장구, 단소, 발성 연수를 받고 연습을 해야 한다. 4, 5, 6학년이 20차시 정도를 할애해서 진행하는 뮤지컬 수업은 전문 강사와 함께 협업을 한다. 교사가 학생들과 대본을 만들고 본격적인 노래와 춤은 전문 강사가 가르치는데 해마다 발전하는 학생의 표현력과 노래 실력은 자부심을 갖기에 충분하다. 올해로 8년째 함께하는 뮤지컬 전문

---

11. 2017년 9월 25일. 시스템 사고 수업을 위한 게임 연수.

강사는 스스로 자신의 역량을 쌓아 여러 학교에 출강하고 있다. 교사와 학생은 함께 성장한다. 문학작품을 각색하거나 역사적 위인인 '정약용'의 일대기를 무대에 올리는 뮤지컬은 학부모와 저학년 학생들이 관람하도록 한다. 선배가 하는 뮤지컬을 관람하는 저학년의 감동은 학습의 동기가 될 것이다. 대체로 고학년 학생이 노래하는 것을 꺼려한다고 하는데 음악의 다양한 장르를 넘나들며 공연을 하는 모습은 지도력의 영향력이 크다는 것을 보여 준다.

체육은 협력을 배우기에 좋은 교과이다. 학교교육과정 편성·운영의 핵심 원리인 '배려와 공감의 원리-경쟁보다는 협력적 태도 기르기를 중시'[12]로 경쟁을 유발하는 기제는 없으나 체육과의 특성상 경쟁은 흥미를 끌어내기 위한 손쉬운 도구이다. 기능을 연습하기 위해 자신과의 경쟁을 독려하고 게임이나 경기는 다양한 방법으로 팀을 편성한다. 학년군 체육대회는 학생을 모두 섞어 8팀으로 나누어 경기를 진행하

---

12. 솔뫼초등학교 학교교육과정 편성·운영의 핵심 원리
- 자기 주도적 배움의 원리-배움에 대한 자발적 의지 함양을 위하여 학생의 학습 선택권을 확장
- 핵심역량 함양의 원리-지적 역량(비판적 사고 능력, 기초학습능력, 문제해결력)
  적응력(기본생활습관 형성, 자기관리능력)
  소통 능력(의사소통 능력, 인간관계 능력)
  문화적 소양 능력(예술적 감수성, 신체표현 능력)
  시민의식(협력 능력, 참여와 주체적 의사결정)
- 배려와 공감의 원리-경쟁보다는 협력적 태도 기르기를 중시

교육과정 편성 원칙
- 학교교육 목표를 실현하기 위하여 학생의 실태 분석에 기초한 다양하고 특성화된 교육과정을 편성한다.
- 학교 공통의 교육활동을 특색교육활동으로 편성하여 공동체 의식을 높인다.
- 학급교육과정은 학생의 삶과 연결되는 다양한 경험 활동을 편성하고 전년도의 내용을 평가하여 수정, 보완한다.
- 내용과 교수학습 방법의 학년 간 연계가 이루어지도록 편성한다.
- 학년군의 발달 특성을 연구하여 솔잎, 솔향, 솔숲 학년의 특성을 살린다.
- 무학년제 운영의 교육과정을 편성한다.
- 창의적 체험활동의 의례적 편성은 지양한다.
- 지, 정, 의, 체의 균형을 맞추어 학생의 전면적 발달을 지원하도록 편성한다.

는데 이기고 지는 결과가 아닌 경기전략을 짜는 것에 집중하도록 운영한다. 새로운 경기를 구상하고 실행, 수정하는 수업은 창의적인 사고를 촉진한다.

영어 교과는 오랜 기간 해결하기 어려운 과제였다. 전담교사의 역량에 따라 좌우되기도 하지만 사교육의 영향으로 학생별 수준차가 커서 개별화가 어려운 교과이다. 수업 참관을 통한 학생의 개별적인 파악, 부진아 지도 시간 확보, 원어민 캠프 운영 등 다각도로 지원하기 위해 애를 쓰고 있다. 학생 실태에 따른 개별화로 혼자 학습할 수 있는 프로그램을 활용하기 위해서 무선 인프라 구축 사업으로 확보된 태블릿을 이용하고 있다. 새로운 기자재 사용법은 교사보다 빨리 습득하므로 학습으로 이어지게 하는 것은 교사의 몫이다.

4. 재구성을 넘은 교육과정 설계, 프로젝트 기획

교육과정 통합의 방법은 여러 가지가 있다. 각 학문이 뚜렷이 분리되는 교과 간 통합의 방법부터 주제를 중심으로 하거나 기능, 활동이 중심이 되는 통합의 방법도 있다. 통합의 방법을 선택하는 기준은 학습의 목표가 되기도 하고 학생의 실태가 되기도 한다. 기능 숙련이 목표라면 교과의 여러 단원을 통합하여 새로운 단원을 설계할 수 있고, 역량의 성장이 목표라면 프로젝트로 설계할 수 있다. 명확한 목표를 세우고 목표 달성의 증거를 평가준거로 선정한 후 수업 계획을 세우고 실행하는 일련의 과정은 단선적인 과정이 아니다. 교육과정 관련 이론은 굉장히 많아서 많은 공부를 해야 한다. 교과의 특성이 살아 있으면서 학생의 흥미를 자극하는 활동이 있는 수업을 설계하고 성장의 증거를 평가해야 한다. 기계적으로 적용하는 것을 경계하면서 정리한 솔뫼초 교육과정·수업·평가 연계의 과정 10단계[13]는 교사에 따라 축소되기도 하고 확장되기도 한다.

지속가능한 연구

대체로 교과서를 활용하지 않는 통합교육과정을 운영하기 위한 자료와 교재 등은 학교 서버에 탑재하여 모든 교사가 손쉽게 활용하도록 한다. 실행 후에 불거진 시행착오와 문제점, 성과를 기록하여 다음에 운영하는 교사에게 전달되도록 한다. 넘겨받은 교육과정과 자료를 살펴보는 시간을 확보하는 것도 연구 시간에 편성되어야 한다. 2월 교육과정 준비를 위한 워크숍에서 살펴보기도 하지만 3월 한 달은 일체의 행사를 진행하지 않고 학급을 세우는 시간을 운영하여 학생 실태를 파악하고 넘겨받은 교육과정이 적용 가능한지 살펴야 한다. 점차 연임을 하시는 선생님이 많아지는 것은 교육력을 떨어뜨리는 돌발변수를 줄이는 효과가 있다. 해마다 모습을 달리하는 성장기의 학생과 마음을 맞춰 공부를 함께 하기에 일 년은 너무 짧다.

수업연구를 위한 연구회에서 제일 먼저 하는 질문은 학생이 어떤 모습으로 어떻게 공부하기를 바라는가라는 교사의 수업 목표이다. 성취기준이나 교과서를 보지 않고 교사의 인간관과 교육관, 교육철학을 기반으로 교육의 목적에 대한 본질적인 질문으로 연구를 시작한다. 이

---

13. 1. 학생 진단, 2. 목표 설정, 3. 목표에 따른 평가 계획, 4. 통합 유형 결정, 5. 단원 내용 설계, 6. 수업 설계, 7. 수업 실행, 8. 과정 중심의 평가 실행과 피드백, 9. 평가 결과의 기록과 통지, 10. 교사 평가.

러한 질문에 대한 교사의 답은 추상적이고 모호한 이야기로 시작해서 학생에 대한 이해로 넘어가면서 구체화된다. 학생의 자연적인 발달 이론에 현대사회의 특성, 가정의 배경에 대한 내용을 더해 가며 학생의 실체가 명확해진다.

학생 실태를 알기 위한 연구로 학생의 인지적, 정서적, 행동의 특성을 분석하여 6년 동안의 성장을 한눈에 파악할 수 있도록 정리하는 내용을 해마다 수정하고 있다. 학생의 특성을 분석하는 작업은 교수 내용지식을 체계화하는 과정이 된다. 교사는 학생의 특성에 대한 논의 과정에서 어떤 내용을 어떤 방법으로 지도할 것인지 자신의 교수 내용지식을 기반으로 떠올릴 수 있어야 한다. 철학이란 정리 정돈이라고 한다. 철학은 자유로이 어질러져 있는 방을 보고 한숨지은 뒤 조금씩 정리 정돈하는 것과 비슷하다. 이런 작업은 한 번으로 끝나지 않는다. 끝났다고 생각하는 순간에 다른 사람이 찾아와 이러쿵저러쿵 말하며 다른 방법으로 정리를 시작한다.[14]

2012년부터 시작한 연구를 돌이켜 보면[15] 교사의 성장보다 학생의 성장이 두드러진다. 2012년부터 학기에 한 번씩 연간 39차시가 진행되는 계절학교는 부서를 선택해서 3, 4일간 몰입교육을 하는데 몰입의 정도와 작품의 수준은 해마다 성장하는 것을 확인할 수 있다. 또한 그 전보다 성장의 속도가 빨라지는 것을 확인할 수 있다. 학생의 성장을 촉진하는 요인은 여러 가지가 있을 수 있으나 그중 한 가지는 6년간의 성장을 조망하는 교사의 예측력이다. 교사의 울타리가 넓을수록

---

14. 시라토리 하루이코, 『비트겐슈타인의 말』(인벤션, 2015), 27쪽.

15. 2012년부터 시작한 수업연구회는 51회의 수업을 연구했다. 수업연구회의 목적은 성공할 수 있도록 교육과정을 기획하고 수업을 만드는 것으로 13권의 자료집에는 6개 학년의 주요 프로젝트가 수록되어 있다. 수업의 성공을 경험한 학생과 교사는 함께 성장한다.

학생의 가능성은 확장된다. 교사는 자신의 울타리를 넓히기 위한 연구를 계속해야 한다.

통합의 경계

사회의 발달에 따라 교육의 목표도 달라진다. 전문지식의 소유가 목적인 과거와 달리 미래는 기술 발전에 따라 지식과 기술을 이용할 수 있는 창의융합적 사고력과 문제해결력 등 역량을 신장하는 것이 목적이 된다. 여러 가지 형태의 학습 시스템과 평생교육을 지원하는 기관이 많아지면 굳이 학교에서 모여 공부하지 않아도 되는 시대가 될 것이다. 이런 변화에 대응하기 위하여 학교로 쏟아져 들어오는 테크놀로지를 배워야 하고 교사보다 빨리 적응하는 학생을 좇아가야 한다. 변화의 속도가 빠를수록 분명한 경계가 필요하다. 여러 역량의 내용을 명확하게 해석[16]하여 학생에게서 증거를 찾아야 한다.

1, 2학년은 많은 아이들이 모인 학교에 적응하는 시기[17]로 공부의 즐거움, 친구들과 함께 묻고 답하는 것에 익숙해지거나 학교 시설물을 이용하는 방법을 배워야 한다. 3, 4학년은 학습하는 방법을 학습하는 것을 중심으로 교육과정을 편성해야 한다. 교과가 나누어지는 3학년부터 과학의 탐구 방법, 사회의 조사, 토의 방법, 섬세한 손동작을 이용하는 교구 사용 능력을 기르는 내용이 중심이 된다. 다양한 장르의 글을 읽고 쓸 수 있으려면 활동 후 소감문을 쓰는 것으로 국어 시

---

16. 본교에서 키우고자 하는 역량은 지적 역량, 적응력, 소통 능력, 시민의식, 문화적 소양 능력이다. 학년에 따라 역량의 증거는 다르기 때문에 학년별로 역량을 풀이하고 교육활동과 연결하여 통합의 기준을 삼는다.
17. 1, 2학년군-발도로프 교육 이론 기반의 놀이 중심 교육활동.
　　3, 4학년군-학습 방법과 기능 신장을 위한 교육활동.
　　5, 6학년군-주체적인 학습자 중심 교육활동.

간을 할애하면 안 된다. 3, 4학년은 교과를 통합하지 않고 교과 내 단원을 설계하여 학생 스스로 공부하는 방법을 찾아 숙련하도록 한다. 5, 6학년은 '왜?'에 답할 수 있도록 프로젝트를 구성하여 공부할 수 있다. 학습 결과물을 생산하기 위하여 학생 스스로 프로젝트를 진행하는 과정을 기획할 수 있어야 한다. 교사는 전년도 프로젝트를 기반으로 학생과 논의하는 과정에서 텍스트, 모둠 구성, 현장학습 장소 등을 선정한다. 5학년의 역사 프로젝트와 6학년이 일 년 동안 진행하는 진로 프로젝트는 보고서, 학부모를 모시는 뮤지컬 공연, 보고회 등으로 마무리한다. 6학년 4학급은 5학년 말에 관심 분야 조사를 시작으로 자신의 성격, 행동특성을 알 수 있는 검사를 거쳐 7개 동아리를 편성한다. 동아리가 모여서 조사, 체험학습 등의 활동계획을 세우고 진로 동아리의 날에 활동을 한다. 동아리끼리 졸업여행을 계획하여 2박 3일을 다녀오기까지 전담교사와 함께 동아리 지도를 한다. 졸업 프로젝트를 편성하기 위해서 국어, 사회, 체육, 미술 교과를 통합해야 하는데 굳이 교과의 성취기준만을 가지고 졸업 프로젝트를 설계할 필요는 없다고 생각한다. 5, 6학년은 창조적 프로젝트를 해야 한다는 우리의 바람은 교과를 넘어선 융합적 사고력이 발현되는 것을 의미한다. 5학년까지 배운 모든 것을 발휘하는 진로 프로젝트는 교과와 상관없이 기획할 수 있다.

5. 교사 성장을 지원하는 학습 시스템

본교의 비전인 '즐거운 배움'은 학생만이 아니라 모든 구성원이 지향하는 바이다. 즐거움이란 재미와는 다른, 호기심과 현재에 대한 의문으로 시작하여 성취하는 과정을 지나야 생기는 정서이다. 수업을 준비하는 과정의 수고에도 불구하고 성공적인 수업을 하기는 어렵다. 수업의 성공 여부를 판단하는 기준은 논의된 적이 없을 정도로 수업은 교사 개인의 영역이다. 객관적인 기준을 만들어서 대입하기 어려운 복잡한 영역이다. 교사의 수업 목표를 달성했다고 볼 수 있는 기준이 학생의 성적이던 시절은 지나갔는데 학생의 성적을 대치할 기준은 만들어지지 않았다. 등급이 있는 평가가 사라진 초등학교의 교육은 사교육의 영향을 받을 위험이 커졌다. 공부는 학원에서 하고 학교는 친구와 즐겁게 지내는 곳이라는 학부모의 인식은 공교육의 설 자리를 위협한다. 표준화된 기준으로 '성적'을 대신하는 성장 중심 평가, 과정 중심 평가는 참된 학력에 대한 정의, 학생의 발달과 성장을 알아채는 교사의 안목과 기록할 수 있는 능력을 요구한다. 학원에서 하는 공부가 아닌 학교에서 키우는 학력이 건강하고 주체적인 삶을 살아가는 힘이 된다는 것을 증명해야 한다. 교사 학습이 필요한 이유이다.

월례토론회

매월 둘째 주 월요일은 교원 학습의 날이다. 3~4회 여러 가지 공부[18]를 하고 학기 말에는 연속 3, 4주를 진행하여 교육과정 평가를 위

---

18. 2011년부터 솔뫼초등학교에서 선생님들이 함께 공부한 내용.
  교육과정 이론: 이해중심교육과정, 상황학습이론, 역량기반교육과정, 교수내용·지식 (PCK), 발도로프 교육 이론, 프로젝트 학습, 복잡성 교육, 생태 교육, 비판적 교육학.
  평가 이론: 성장참조형 평가, 과정 중심 평가, 참평가, 피드백 이론.
  수업 이론: 아이 눈으로 수업 보기, 교사 내면으로 수업 보기, 배움의 공동체 이론, 협동학습, 학급긍정훈육, 회복적 생활교육, 수업 기술.
  사회과학 이론: 한국 시민사회, 자본주의의 이해, 한국 역사의 이해, 공동체 이론, 문화인류학.

한 워크숍을 진행한다. 독서토론 방법, 퍼실리테이션을 활용한 의사결정, 역할놀이를 통한 역지사지 경험, 각종 논문의 발제와 다양한 구성의 모둠별 토의는 학급에서 변형, 활용할 수 있다. 이슈가 되는 교육청 정책이나 교육 이론, 수업 이론을 공부하기도 하고 연수를 다녀온 교사의 강의를 듣기도 한다. 전입 교사나 경력이 짧은 교사가 월례토론회의 내용을 기록하는 것은 자기 학습을 할 수 있는 방법이 된다. 월례토론회를 준비하기 위해 독서를 하거나 발제를 위한 공부의 양으로 충분하다는 의견이 있을 정도로 많은 내용을 다루고 기록한 내용은 공개수업 자료집에 담는다.

학습의 효과가 가장 큰 방법은 말하기라고 한다. 모든 교사가 주체적으로 말할 수 있도록 구성해야 한다. 수업이 끝난 3시 30분부터 시작해도 일찍 끝나기는 힘들다. 중간에 한 차례 쉬고 하다 보면 해가 지기 일쑤다. 모두 일정 정도 이상의 공부는 하신 선생님들인데 자격증 받고 다시 공부를 하는 것에 불편함을 호소하는 경우도 있고 주변에서 과한 소문을 내기도 한다. 사정이 있는 분은 정해진 시간에 퇴근을 한다. 공부의 양과 질에 대해 표준화하는 것이 가당치 않다는 주장은 교사에게도 적용된다. 학교혁신을 지지하거나 미래 사회의 변화에 진취적인 대응을 하겠다는 교사는 함께 공부할 것이 계속해서 생긴다. 함께 공부하는 월례토론회가 효과가 없다면, 의미가 없다면 누구나 자리를 박차고 나갈 수 있을 것이다. 교사 공부의 양과 학생의 성장은 상관이 있는 것이 당연하다.

솔잎·솔향·솔숲 학년군 연구회

미래 사회의 학교는 현재의 학년제에서 학년군제, 무학년제, 학점제

월례토론회

월례토론회 교사의 수업 기술을 모아 정리

로 변할 것이라고 한다. 교육의 목표가 집단에서 개인으로 초점이 맞추어지는 것과 함께 당연한 변화이다. 갈수록 교육하기 어려운 것도 당연한 변화이다. 생존에 모든 것을 걸던 시대하고 다른 것이다. 아이들 한 명 한 명이 모두 소중하니 한 아이도 놓칠 수 없는 것이다. 계절학교[19] 같은 경우에 무학년 편성을 하기도 하는데 몹시 어렵다. 1년 살이 교사의 습성으로 여러 학년을 한 번에 지도하는 것은 부담스럽다. 교사의 변화가 더디니 미래는 두려움이다. 같은 두려움을 안고 있는 동료와 함께해서 덜어 내야 한다. 학년군 연구회는 매주 수요일에 공개수업을 위한 사전, 사후 협의, 체육대회 준비를 위한 협의를 하고 학년군이 같이 들어야 하는 연수를 듣는다.

1, 2학년군은 솔잎학교이다. 솔뫼松山[20]에서 갈라져 나온 이름으로 1, 2학년에게 어울린다. 솔잎연구회는 발도로프 교육 이론을 공부하여 적용한다. 저학년의 학교 적응기가 평화롭기 위해 한글 해득과 받아쓰기, 수학 교과서가 짐이 되어서는 안 된다는 생각만으로 여러 대안을 찾다가 만난 이론이다. 아이들의 발달에 대해 깊이 연구한 이론과 놀이 중심의 교수법을 2월에 연수받은 솔잎 선생님들은 여름방학쯤 다시 연수를 받는다. 소수를 위한 연수비에 대한 미련은 버렸다. 입학 초기부터 봐 온 아이들이 여름방학을 지나면서 제법 연필을 잡고 공부랍시고 하는 모습은 감동적이다.

3, 4학년군은 솔향학교이다. 솔향솔香이 나는 듯한 이름을 아이들이

---

19. 학기별로 1회, 22학급을 36개 부서로 나누어 3~4일간 몰입교육을 한다. 학년군별로 영역을 달리하여 학생의 요구에 따른 부서를 편성하고 사전 수업, 본수업과 축제로 이어지도록 한다. 부서에 따라 학년군, 무학년으로 편성하기도 한다.
20. 학교가 있는 동네 이름이 송산동이다. 학교에는 소나무가 그득하고 아이들은 솔솔솔 축제와 솔잎체육대회, 솔향체육대회, 솔숲체육대회를 한다.

알까 싶지만 입으로 되뇌다 보면 기분이 좋아진다. 솔향학교 선생님들은 참 어렵다. 아직 서툰 아이들을 연습시키는 것이 대부분인 교과 적응기라서 연구를 많이 해야 한다. 각종 독후활동지를 생산하는 수업에 대한 문제의식으로 독서교육 연수를 받고, 기계적인 연산 훈련에 대한 문제의식으로 수학과 연수를 기획하는 등 교사들이 학교에서 배운 방식대로 가르칠 수 없는 학년이다.

5, 6학년군은 솔숲학교이다. 초등학교에서는 더 자랄 것이 없는 아이들이 이룬 숲이 3층에 빽빽하다. 창조적인 프로젝트가 가능한 학년이라고 단정하는 것에 교사는 반발을 하지만 목표는 높게 잡으라고 했다. 프로젝트의 결과물인 보고서, 공연, 작품의 질에 대해 이야기할 수 있는 학년군이기도 해서 3층은 늦은 시간까지 아이들이 북적거린다. 아이들이 북적거리는 내내 교사는 힘겨울 것이다. 무선 인터넷 사용이 가능한 3층에서 나날이 복잡해지는 교구를 준비해야 하고 텍스트를 찾기 위하여 늦은 시간까지 머물기도 한다. SDGs교육과정[21]을 운영한 교사를 초대하여 연수를 듣고 프로젝트를 구성하는 일은 많은 시간을 요구한다.

전문성의 증거는 수업이다

동학년과 학년군 협의에서 설계한 교육과정의 목표는 개별 수업에서 다르게 성취된다. 학급 편성을 위한 방법[22]을 연구하여 가능한 한

---

21. 지속가능발전목표의 17가지 실천 사항에 대해 알아보고 학급별, 개인별 실천 과제를 수행하는 '함께 사는 세상' 프로젝트를 진행했다.
22. 계량화된 성적이 산출되지 않아서 객관적인 학급 편성의 기준이 없다. 본교는 생년월일과 이름의 가나다순서를 섞어서 편성하는 기준이 있다. 1차 편성한 후에 담임교사와 동학년 교사의 의견을 근거로 조정을 하는데 교우관계를 고려하고 리더십이 있는 학생, 두드림 학생을 고르게 배분한다.

많은 학생들이 섞이게 하는데 희한할 정도로 학급의 특성이 생긴다. 에너지가 높은 학급, 유난히 차분한 학급, 과학과에 장점을 보이는 학급, 예술 분야에서 성과를 보이는 학급으로 갈라지는 모습은 해마다 반복된다. 3월의 모습에서 보이는 차이가 학년 말에 더욱 두드러지기도 한다. 학생의 배움에 영향을 주는 많은 요소 중 사람의 영향이 가장 크다는 것을 보여 준다. 교사와 학생의 관계가 좋지 않으면 학생은 눈길을 주지 않고 아예 들으려고 하지 않는다. 그런가 하면 관계가 좋아서 흥겨운 학급도 배움의 질적 성장은 어렵다. 어느 선생님이 수업은 외줄타기와 같다고 한 말은 수업의 변수가 많음을 보여 준다.

연간 9회의 수업 데이는 모두 4교시를 편성하고 5교시에 공개를 한다. 전체 교사가 3학급 정도의 수업을 참관하고 협의를 한다. 동학년과 학년군 연구회에서 사전 협의를 하고 수업공개 후 바로 사후 협의를 한다. 1회의 기획 공개와 2회의 일상수업참관을 해야 한다. 2015년에 신규 교사의 의견으로 정착된 일상수업참관은 참관 후 협의를 하고 수업비평을 써야 한다. 지도안을 만들어서 공개하는 수업은 학년군 연구회에서 제안하는 수업을 정해서 공동연구를 하는 것으로 개인의 부담을 덜어 준다. 수업 후 협의회에서 자신의 실수나 과오에 대한 이야기를 하면 낯빛이 변하기 마련이다. 초기 수업협의는 교사의 교수법보다 학생의 반응이나 배움에 초점을 맞추었다. 그러나 학생의 배움이 교사로부터 비롯되는 것이 수업이므로 교수법이나 교구, 텍스트의 이야기로 자연스레 옮겨 가게 되었다. 이를 통해 교사들의 방어심리가 약해지긴 했지만 자신의 수업에 대해, 학생의 배움에 대해 의문을 품고 참관을 청하게 되기까지는 많은 시간이 필요하다.

담임은 전담교사의 일상수업을 참관하면서 자신의 수업에서 보지 못한 아이들의 모습을 본다. 자신이 수업을 할 때 딴짓을 한다고 생각한 학생이 배움에 어려움을 겪는 모습을 관찰할 수 있다. 아이들마다 배움의 통로가 다르고 각자 다른 생각의 문이 있다는 것을 알게 된다. 계속되는 연구로 새로운 수업을 시도하면서 교실 문을 여는 것도 수월해졌다.

새로운 내용과 교구로 수업을 해도 수업의 기반은 교수법이다. 교사가 하는 말과 표정, 손짓, 효과적인 동선은 긴 숙련의 과정이 필요하다. 각자 효과적이라고 생각하는 나름의 수업 기술에 대해 꺼내 놓고 논의하는 연구[23]는 이론에 대한 연구보다 실용적이다. 손들고 지명해서 발표하는 수업은 몇몇의 학생에게는 좌절과 무관심을 만든다는 것을 알고 모두 성공경험을 갖게 하는 수업구조를 만들기도 했다. 초등학교 교사는 쉬운 내용을 가르치니 전문성이 없다는 이야기가 요즘은 들리지 않는다. 가르치는 일의 어려움에 대하여, 초등교육의 중요함에 대하여 공감하는 이가 많아진 탓이다. 대한민국의 모든 이들은 초등학교 경험을 한다. 남자들이 평생 군대의 기억을 가지고 사는 것처럼 어린 시절 겪은 집단의 기억, 학습의 기억은 의식의 바닥에 깔리게 된다. 머리털이 쭈뼛 설 만큼 책임감을 느낀다.

대외 공개수업을 위한 수업연구회

혁신학교를 시작하면서 학기에 한 번 대외 공개수업을 하고 있다. 초기 2년간 6개 학년에서 한 학급씩, 1년에 12학급의 공개수업을 하

---

23. 2015년에 정리한 5쪽짜리 수업 기술을 올해 22쪽으로 자세하게 정리했다. 동기유발, 토의토론, 책임감 향상, 학습 정리, 수준별 수업, 아이니어 도출, 학습 정리를 하는 방법에 대한 내용이다.

공개수업 후 학생에게 질문하기

수업연구회 자료집

다가 이후에는 학기에 3학급, 1년에 6학급이 공개수업을 한다. 수업공개를 하는 선생님과 학년의 부장, 교감, 교장이 6~7회의 협의를 하여 단원 설계를 하고 협의록과 지도안, 전 교사의 수업 에세이[24]를 모아 자료집을 발간한다. 22학급, 30명의 교사 중 12명이 수업연구를 하게 된다. 2년을 근무하면 대체로 한 번씩 경험을 한다. 대외 공개에 대해 거부를 하는 이도 있었지만 네트워크의 공유가 일반화되면서 지역교육청에서 수업공동체를 지원하고 있다.

수업연구회는 첫 모임에서 교사의 교육 목표와 수업과 관련해서 가지고 있는 생각을 이야기하고 관련 도서, 논문 등 자료를 선정한다. 두 번째 모임에서 단원과 수업의 얼개를 짜고 동학년 협의회에서 단원 설계와 공개할 차시를 정한다. 동학년 협의와 연구회의 협의를 번갈아 하므로 모든 교사가 참여하는 수업연구가 된다. 수업공개를 하는 선생님의 일상수업을 참관하고 교수법, 교수 언어, 개별화 지도법에 대해 평소 자각하지 못한 부분을 검토한다. 공간 활용, 교구 사용 등 수업에 영향을 주는 모든 측면에 대해 논의를 하면서 쓰는 에너지 때문에 많이 지치는 교사가 공개수업의 성공[25]으로 보상받는다고 생각한다. 4, 5, 6학년은 공개수업 후 협의회에 희망 학생을 남겨서 질문을 한다. 수업을 하는 중에 어려움은 무엇이었는가, 이해가 안 되는 부분이 있었다면 어떻게 해결했는가, 아직도 해결하지 못한 의문이 있는가, 아쉬움이 남는 부분이 있는가, 미처 생각하지 못한 부분은 늘 나오기 마련

---

24. 수업 에세이는 좋은 수업이란, 프로젝트 수업, 교사교육과정, 수업연구 등 해마다 중점을 두고 연구한 내용에 대한 자신의 의견을 피력하는 장이 된다.
25. 수업의 성공을 정의하기는 어렵다. 본교에서는 교사가 의도한 목표가 학생의 성취감으로 이어져서 수업을 통해 배우고 깨친 것을 자각하는 것이 성공적인 수업이라고 정의한다.

이다. 수업은 교사를 포함한 30여 명의 영혼이 펼치는 교향악이다. 모든 아동이 자신의 개인적 생각을 말하도록 초대받은 것과 같은 느낌의 수업에서 교사가 예상하지 못한 창조의 불꽃이 튀어야 한다.

6. 공론화가 어려운 불편한 진실

공립학교는 교육부, 도교육청, 지역교육청으로 이어지는 관료제의 하부기관으로 법령에 의하여 교육한다.[26] 행정기관으로 처리해야 하는 업무와 고유 업무인 교무업무를 교사가 모두 처리해야 한다. 견고한 계층적 행정관료체제에서 비롯된 승진, 임용제도가 우위를 점하면서 연구와 집단지성의 특성은 무시되거나 형식화되었다. 혁신학교 지정과 학교혁신의 성숙으로 학교자치에 대한 논의가 활발해지고 있다. 대개 학교자치는 인사의 자치, 예산의 자치, 교육과정의 자치를 말하는 것으로 정리되고 있다. 이런 논의의 과정에서 산발적으로 제기되던 공교육 정상화의 걸림돌이 분명하게 드러나고 있다.

첫째, 관리자, 공문으로 대표되는 교육행정은 교사의 교육활동을 지원하기보다 어렵게 만드는 요인이다. 교육활동을 기획하기 위한 연구와 협의의 과정보다 많은 시간을 들여야 하는 행정업무는 교육력 성장에 걸림돌이 된다. 또한 행정업무에 능한 교사가 승진하여 의사결정권을 독점하는 구조는 해결해야 할 문제이다.

---

26. 「초·중등교육법」 제20조 4항은 "교사는 법령에서 정하는 바에 따라 학생을 교육한다"고 말하고 교육과 관련한 법령은 「학교급식법」, 「학교보건법」과 같은 교육과 관련한 다양한 법령이 있으며, 그 외에도 교사는 「국가공무원법」, 「국가공무원복무규정」, 「공무원 근무사항에 관한 규칙」 등의 적용을 받는다.

9개의 교과, 6년의 내용을 가르쳐야 하는 초등 교사는 전문성을 가지기 어렵다. 교과별로 4~5개의 영역과 6년의 내용에 대해 연계성을 가지고 수업을 하자면 초등학교 교사는 200여 개의 영역에 대한 전문성을 가져야 한다. 미술, 음악 수업을 어려워하는 교사를 탓하기 어렵다. 또한 사회 변화에 따라 복잡해지고 늘어나는 학습 내용을 감당해야 하는 교육과정은 피상적인 체험으로 채워져서 초등학교는 즐거우면 된다는 자조적인 말을 하게 된다. 이런 현실을 개선하려는 논의 없이 '교과서를 믿지 마라', '지금 가르치는 게 수학 맞습니까?'라고 몰아붙이고 있다. 연구의 시간을 확보하기 위해, 교과 전문성을 신장할 수 있도록 한 교사가 맡는 교과의 수를 줄이고 전담교과를 늘려야 한다. 행정기관의 업무를 분리하고 교육기관의 역할을 할 수 있도록 인력 지원이 되어야 한다.

　둘째, 학생의 지속적인 성장을 이끄는 교사의 전문성을 보장해야 한다. '실패는 성공의 어머니다'[27]는 학교 현실에 적용하기 어렵다. 시간별로 다른 내용의 학습을 하도록 짜인 교과서는 어느 내용도 연습의 시간을 허락하지 않는다. 실패를 만회할 기회 없이 다른 내용을 공부해야 하므로 학습 부진은 학년이 올라갈수록 쌓여서 아이들은 수업에서 멀어져 간다. 혁신학교를 시작하면서 주의 깊게 살펴본 학생의 성장은 담임이 바뀌는 1년으로 이루어지지 않았다. 학습을 거부하고 정서적 어려움을 겪는 아이들은 1년 동안 교사가 품어 주는 과정에서 정서적 안정감을 가지게 되고 이후 행동의 변화를 만드는 1년이 필요했다. 그 뒤에 누적된 부진을 해소하는 학습이 가능하니 적어도 3년

---

27. 에디슨의 명언으로, 전구를 발명하기 위해 1,800번의 실패 과정을 거쳤다고 한다.

의 지속적인 지도가 있어야 한다. 정서적 어려움을 가지는 학생은 특히 자신에 대해 잘 알고 수용해 주는 교사의 도움이 필요한데 공교육의 학교는 교사도, 관리자도 한곳에 머무르지 않는다. 혁신학교의 지속가능성과 일반화에 대한 논의는 질적 성장을 확인하는 것을 전제로 한다. 교사의 판단을 근거로 계속 근무와 인력, 예산 지원을 요구하고 지원받아야 한다.

셋째, 교육정책은 법령 개정과 예산 지원으로 실현되어야 한다. 혁신학교는 늦은 시간까지도 불이 꺼지지 않는 학교로 묘사되는 경우가 많다. 그러나 교사의 헌신과 열정으로만 가능한 학교혁신은 지속가능하지 않을뿐더러 굳이 그렇게 할 이유도 없다. 법령의 문제는 개정하면 되고 모자라는 인력은 충원하면 된다. 학생 중심 수업을 위한 예산은 편성하면 된다. 초등학교의 경험은 국민의 일반적 정서와 공감대를 만드는 원초적 경험이다. 어린 시절은 철저한 보호로 안전한 공간에서 천부적으로 가지고 있는 상상력을 발현하는 즐거움을 경험해야 한다. 상상력이 풍부한 놀이에서의 즐거움은 원숙한 학자의 마음가짐에 접목된다고 한다. 초등학생의 놀이를 원숙한 학자의 마음가짐에 연결하는 교육과정을 편성하고, 수업을 위해 고군분투하는 교사의 수고를 위한 지원은 건강한 시민을 만들기 위한 초기 투자이다. 의도를 알 수 없고 내용이 모호해서 잔물결을 만드는 정책은 깊은 바닥의 현장을 움직이지 못한다.

다음 글은 7년 전에 자녀 둘을 데리고 전입해서 학년부장, 교무부장을 하고 올해는 5학년 담임을 맡고 있는 교사 수업 에세이의 일부다.

이승호의 전문적학습공동체에 대한 연구에 따르면 공동연구의 기본인 전문적학습공동체의 저해 요인은 업무로 인한 시간 부족, 비전 공유의 어려움, 변화에 대한 열정과 동기 부족, 관 주도의 성과 중시 문화, 전문성 부족, 리더의 부재, 경쟁주의적 환경 등이다. 우리 학교의 경우 이러한 7가지 요인을 많이 걷어내었다고 생각한다.

업무전담팀이 행정업무를 해결해 주고 있고, 월례회와 협의 결과가 누적 적용된 학교교육과정의 공동 기술을 통한 공유가 상시적으로 이루어지며, 협의회 일정 고정으로 인한 강제 동력과 문제 상황을 공론화하여 함께 연구하는 필요 동력을 끊임없이 상기한다. 교사에게 성과를 강요하되 그 성과가 수업으로 드러나도록 하며 교사 스스로 느끼는 부족함을 다양한 연수와 협의회, 연구회를 통해 채울 수 있도록 기회를 제공한다. 일관된 전문적 관점을 유지할 수 있는 리더와, 그 리더를 지지하는 또 다른 리더들이 사방에 존재하며 경쟁이 아닌 협업과 협력으로 공동 성장하는 구조를 가졌다.

매우 장황하지만 다시 말하면, 공식적으로 내가 궁금한 것을 물어볼 수 있는 시간과 장소와 사람들이 있으며, 내가 모르는 것을 물었을 때 해결해 주는 인적 자원과 물적 지원이 가까운 곳에 있다. 또한 공부는 약간의 강제성이 있을 때 속도와 성과가 붙고, 내 수업에서 이것을 확인할 때 성장하며, 또 다시 이 구조를 반복하기를 원하게 된다.

교사의 행복은 학생의 성장으로 자신의 성장을 확인하는 것이다.

11.

작은 학교,
희망의 날개를 달다

운양초등학교

" 학교는 삶의 터전인 지역사회와 협력합니다. "

서배성

양양초등학교 선생님. 2010년 강릉에서 공동육아어린이집을 함께 하던 부모들과 작은 학교 희망 만들기를 시작했다. 이후 강릉 변두리의 운양초등학교에서 아이들의 인권과 살아 있는 교육을 꿈꾸며 8년간 근무했다. 2016년부터는 강릉청소년마을학교 '날다'의 창립을 주도하여 지역사회와의 연대를 위해 노력하고 있다. 현재는 양양의 한 작은 학교에서 소박한 공동체를 꿈꾸고 있다.

1. 첫 만남

2010년 운양초등학교에 처음 가 보았다. 오래된 건물과 낡고 좁은 교실이었지만 아이들은 밝았다. 전교생 18명의 작은 학교에는 인자한 선생님들과 즐거운 아이들이 있었다. 하지만 이렇게 작고 아름다운 학교는 신입생을 구하지 못해 어려움을 겪고 있었다. 6학년 아이들 7명이 졸업을 하면 폐교를 고민해야 하는 상황이었다. 토요일마다, 학부모님들이 서로 밥을 지어 먹고, 누구 할 것 없이 정을 나누는 좋은 학교였지만, 취학을 앞둔 아이의 부모님들은 불안해했다. 누구도 피할 수 없는 경쟁 사회에서 내 아이를 작은 학교에 보낸다는 것은 한 사람의 부모에게는 큰 용기가 필요한 일이었다.

하지만 이 작은 학교에 기적이 일어났다. 매년 한두 명을 넘기지 못했던 신입생이 갑자기 20명이나 생긴 것이다. 바로 작은학교준비모임이 시작되었기 때문이다. 사실 작은 학교 살리기는 운양초에서 처음 시작된 것은 아니었다. 2009년 남한산초등학교의 이야기가 방송 전파를 타면서 강릉에서도 움직임이 일어난 것이다. 부모들은 삼삼오오 모여서 교육에 대해 이야기를 나누었고, 작은 학교가 왜 좋은지 이야기

2011년 운양초등학교의 모습

하기 시작했다. 그렇게 몇 달 동안 작은 학교 이야기를 해 오던 학부모들이 선택한 학교가 바로 운양초등학교였다.

운양초 부임 첫해, 나는 4학년 담임을 맡게 되었다. 학생 수가 적은 학년이다 보니 7명의 아이들과 함께, 상상하는 모든 것을 할 수 있었다. 수업도 즐겁고 아이들도 행복해 보였다. 그러던 중 유독 관심 가는 아이가 하나 있었다. 왜냐하면 몸에서 심한 냄새가 났기 때문이다. 그리고 그 이유를 가정방문을 통해 알 수 있었다. 지적장애를 가진 어머니와 거동이 불편한 아버지 그리고 다른 형제들마저도 지적장애를 가진 가정이었던 것이다. 아이는 제대로 돌봄을 받기 어려웠다. 특히 충격적인 것은 밤마다 마을의 길고양이들이 집으로 들어와 아이들과 함께 잠을 자고 있다는 사실이었다. 뿐만 아니라 유기견들도 마당에 모여들어 아무 데나 변을 보는 등 위생적으로 심각한 상황이었다. 여럿이 같이 생활하는 방에서는 악취가 났고, 개와 고양이들의 분변이 여기저기 널려 있어도 아이들은 고양이를 귀여워만 할 뿐이었다. 아이의 부모는 개와 고양이를 쫓아낼 수 있는 능력조차 없는 상황이었다.

그런데 더 놀라운 것은 아이들의 이런 상황을 마을 사람들도 이미 알고 있었다는 것이었다. 심지어 면사무소의 복지 담당 공무원도 이미 상황을 파악하고 있었던 것이다. 상황의 심각성은 알고 있었지만 누구도 적극적으로 문제를 해결하려 하지 않았던 것이다.

이때부터 나와 길고양이들과의 싸움이 시작되었다. 먼저 집 안에 들어오는 고양이들을 막을 방법부터 찾았다. 소방서나 면사무소에 도움을 요청해 보았지만 워낙 오래된 문제라 적극적으로 나서는 곳은 없었다. 하지만 줄기차게 민원을 제기한 결과, 결국 시청의 유기동물 관련 부서에서 나와 마취총을 이용해서 개와 고양이들을 잡거나 쫓을 수 있었다. 하지만 도망갔던 고양이들은 그렇게 쉽게 떠나지 않았다. 매일 밤 다시 돌아오는 고양이들과 개들을 쫓기 위해 나는 저녁마다 가정방문을 하게 되었다. 고양이들에게는 미안하지만, 때로는 몽둥이를 휘두르고 소리를 지르기도 하면서 다시 돌아오지 않을 때까지 쫓아내기는 계속되었다.

아이의 집은 무척이나 형편이 어려웠다. 보일러 시설과 욕실이 없는 상황에서 아이가 씻지 못하는 것은 당연한 일이었다. 게다가 형식적인 사회보호 시스템은 아이들의 생활에 도움이 되지 못했다. 단기적인 대책이 아니라 누군가의 지속적인 관심이 필요했다. 또, 엄마 아빠를 대신해서 누군가는 아이들을 돌봐야 했다. 하지만 교사 한 사람만의 힘으로는 어려운 일이었다. 그래서 내가 도움을 청한 곳은 바로 운양초의 학부모들이었다. 엄마들이 모여 정기적으로 아이의 집을 청소하기 시작했고, 아빠들도 주말에 모여 마당의 쓰레기를 치우고 잡풀을 정리하는 등 봉사활동을 벌였다. 그리고 이런 관심 덕분인지 마을 주민 중에서도 적극적으로 돕고자 하는 분들이 생겼다. 면사무소에서도 전보다 더 적극적으로 신경을 써 주고 집도 수리해 주게 되었다.

-서배성, 전 운양초 교사의 에세이

2. 변화의 시작, 책임과 실천의 공동체

우리는 학교에서 책임에 대해 이야기할 때가 많다. 어떤 일을 결정하거나 없애거나, 또 새로운 일을 시작할 때에도 늘 책임에 대한 이야기가 나온다. 그리고 대부분의 결론은 누구의 책임이냐는 것이었다. 사고로 아이가 다치거나 민원이 제기되었을 때 또는 감사에서 지적을 당하지 않기 위해서, 늘 책임을 이야기한다. 이런 상황에서 누구든 책임자가 되고 싶어 하지 않는다. 괜한 책임을 맡았다가 낭패 볼 수도 있기 때문이다. 학교에서 일어나는 모든 일에 대한 책임은 학교장에게 몰려 있다. 학교장 역시 이것을 잘 알고 있기 때문에 무엇을 하든 어깨가 무겁다. 그리고 모든 결정은 그 책임의 무게를 줄이기 위해 이루어진다. 특히 안전과 관련되거나 민원 소지가 있는 일은 더욱 그렇다. 그래서 학교장은 뭔가 문제없던 기존의 관행과 어긋나는 일은 하려고 하지 않는다. 기존의 관성을 깨는 일에 대해서는 두려움이 생길 수밖에 없는 것이다. 따라서 변화를 위해 새로운 것을 한다는 건 어려운 일이 되어 버렸다.

누구도 책임을 반기지 않는 학교라는 사회, 우리는 그곳을 혁신하기 위해 책임을 나누기로 했다. 수요자와 공급자로 나뉘는 프레임을 깨고 학부모와 학생 그리고 교사가 함께 책임을 나누고, 함께 만들어 가는 방식을 선택한 것이다. 무엇보다 누구에게 책임을 묻지 않고 함께 책임지는 방식으로 학교를 바꾸어 보기로 결정한 것이다. 교사들도 권위의식을 내려놓고 학부모들의 참여를 지원했다. 교사들이 권위의식을 내려놓자 학부모의 위상은 높아졌다. 학교의 다양한 교육활동을 함께 의논하고 고민하다 보니 학부모들이 가진 자부심은 높아졌고 책임감은 늘어났다. 아이들도 예외는 아니었다. 학부모와 교사들이 공공성을 함께 고민하다 보니 아이들의 인권도 향상되었다. 함께 책임지는 공동체로 학교가 바뀌게 된 것이다.

우리는 이런 학교문화에 힘입어 수업과 교육 내용을 바꾸었다. 선생님들은 함께 모여 수업을 고민하게 되었고 학부모들은 교육의 공공성을 생각하게 되었다. 하지만 정말 바뀐 것은 우리 모두가 학교의 주인이라는 인식이 생긴 것이었다. 이렇게 민주적인 학교를 만드는 과정이 바로 학교혁신이었다. 학교가 민주적으로 바뀌면 공동체성이 살아난다. 과거에 선생님에게 맡기기만 하면 되었던 일들을 이제는 학부모들이 모여 고민을 한다. 갈등이 일어나도 교사들의 몫으로 넘기지 않고 함께 모여 의논한다. 운양초의 공동체성은 이렇게 생겨난 것이다.

이렇게 책임은 나누고 실천은 함께 하는 것이 바로 민주주의이다. 교사들의 전문성을 인정하지만 모든 결정은 합의를 추구한다. 물론 교사들의 의견은 공동체의 결정에 중요한 역할을 한다. 하지만 이것을 위해 선생님들은 반모임과 학부모 모임에 적극적으로 참여하여 설명하고 이해를 구한다. 우리는 이렇게 공동체를 만들어 왔다. 때로는 싸우기도 하고 때로는 용서하는 법을 배우기도 했다. 언제나 웃음만 가득한 것은 아니었지만 우리는 스스로 대견하다 할 만큼 좋은 학교를 만들어 가고 있다.

앞의 이야기로 다시 돌아가 보자. 한 아이를 위해서 온 마을이 나서는 것은 생각보다 어려운 일이 아니었다. 오히려 한 사람이 나서는 것이 더욱 힘든 일이다. 사회복지제도가 아무리 잘 정비되어 있어도 마을 사람들의 관심 없이는 제대로 작동하기 어렵다는 것을 우리는 알고 있다. 공유 사회는 책임을 나누는 일에서 시작할 수 있다. 관료주의적인 사회에서는 누구의 책임인지 확실해야 시스템이 작동했다. 그래서 누구나 책임을 맡고 싶어 하지 않는다. 하지만 우리가 지향하는 사회는 책임을 나누는 사회이다. 처음부터 어른들이 머리를 맞대고 함께 의논할 수 있었다면 앞서 이야기한 아이의 어려운 상황은 생기지 않았을 것이다. 아이에게 필요했던 것은 잘 짜인 복지제도가 아니라 마을 사람들의 관심이었다.

3. 서로를 신뢰한다는 것

학교는 다양한 구성원이 함께 존재하는 집단이다. 학생, 학부모, 교직원 그리고 학생들을 지원하는 지역사회까지 다양한 구성원이 함께한다. 이러한 구성원들은 저마다 다양한 의견과 생각을 가지고 있다. 학교는 당연히 그러한 구성원의 의견과 생각들이 민주적인 절차를 통해 교육철학에 반영될 수 있도록 노력해야 한다. 그러나 아직도 많은 학교들은 학교의 교육철학을 학교장의 가치관에 의존하고 있다. 다시 말해서 학교장의 생각이 곧 학교의 교육철학을 결정짓고 있다는 것이다. 이것은 우리나라의 오랜 군사문화와 관료주의적인 학교문화에서 비롯된 것이라 생각된다. 지휘관이 명령하고 이에 대해 무조건 복종해야 하는 문화 그리고 책임 또한 지휘관에게 모두 지어지는 군사문화는 학교에서도 많은 영향을 끼쳤다. 학교장에게 모든 책임이 주어지는 관료주의적 시스템은 결국 민주적인 학교문화를 만들기보다는 상명하달식의 수직적인 의사 전달 구조를 만들어 버렸다. 어느 교장 선생님이나, 교장이 다 책임져야 한다며 본인의 지시에 따르기를 종용하게 되는 것이다. 게다가 공공기관에 대한 투명성이 강화되면서 역으로 학교장의 책임은 점점 더 무거워졌다. 주어진 책임이 워낙 막중하다 보니 학교의 모든 사안에 대해 학교장이 직접 관여하게 되고 권한 또한 집중될 수밖에 없다. 이러한 의사소통 구조는 학교를 폐쇄적이고 비민주적인 공간으로 만들었다.

학교에서 책임과 권한이 학교장에게 집중되어 생기는 문제점은 장황하게 설명하지 않아도 충분히 공감할 수 있으리라 생각된다. 그렇다면 어떻게 해야 이 문제를 해결할 수 있을까? 해답은 의외로 간단하

친환경 볍씨 소독에 대해 배우는 아이들

아빠들과 아이들이 모내기하는 모습

다. 책임을 나누면 되는 것이다. 부담스러운 책임을 나눈다면 학교장의 어깨도 가볍게 할 수 있고 권한이 집중되어 생기는 의사소통 구조의 문제도 해결할 수 있다. 학생, 학부모 교직원 모두가 학교에서 일어나는 다양한 문제에 대해 함께 책임을 나누어 가지면, 문제의 해결도 함께 해 나갈 수 있지 않을까? 하지만 현실에서는 쉽지 않은 이야기이다. 왜냐하면 누구도 섣불리 책임지려 하지 않기 때문이다. 또한 학교장 역시 학교에서 행사할 수 있는 막강한 권한을 내려놓고 싶지 않을 것이다. 따라서 우리에게 필요한 것은 신뢰이다.

다시 한 번 학교현장을 잘 살펴볼 필요가 있다. 관료주의적인 문화 속에서 동료들끼리 얼마나 신뢰하고 있는지 반성해 보아야 한다. 관료주의는 기본적으로 책무성accountability에 기반을 두고 있다. 대표적인 것이 학년 초 어느 학교에서나 하는 업무분장이다. 각 사람에 대한 담당 업무를 매우 구체적으로 정해 놓고 업무 추진을 효율화하는 것이다. 하지만 이러한 업무분장은 결국 책임자를 세우는 것으로 귀결된다. 어떤 사안이든 문제가 생기면 관료주의적인 문화에서는 담당자에게 책임을 묻게 된다. 학교 밖에서는 모든 책임을 학교장에게 묻겠지만 학교 내에서는 동료에게 책임을 묻는다. 이러한 상황에서 누구든 더 많은 책임을 떠맡으려 하지는 않을 것이다.

그렇다면 학교에서 책임을 나누는 것은 불가능할까? 그렇지 않다. 바로 이러한 관료주의적인 문화를 개선하고 농료성을 회복하면 되는 것이다. 문제가 발생하더라도 한 사람의 책임이 아닌 공동의 책임으로 인식하고 함께 해결하기 위해 노력해 가는 것이 바로 학교혁신의 기본이다. 이때 생각해야 할 것이 바로 리더십이다. 누군가를 탓하지 않고 함께 책임을 나누자고 할 수 있기 위해서는 교사들의 리더십이 반드시 필요하다. 교사들이 책임을 함께 지겠다는 의지를 서로 보여 주기 시작한다면 변화는 시작될 것이다. 그러나 이런 리더십은 리더의 희생 없이는 만들어지기 어렵다. 남보다 좀 더 희생하고 봉사하고자 하는 마음이 리더를 만든다. 신뢰감은 이러한 헌신에서 비롯되는 경우가 많다. 초기 한 사람의 리더십이 더 많은 사람들에게 전파되면 리더 그룹이 형성되고 리더 그룹은 신뢰의 모태가 된다. 학생과 학부모도 역시 크게 다르지 않다. 신뢰감을 만들어 가는 것은 결국 누군가가 기득권을 내려놓을 때 가능해지는 것이기 때문이다.

이렇게 신뢰가 형성되었다면 무엇보다 책임 있게 해야 할 것과 하지 말아야 할 것을 나누는 것이 필요하다. 다시 말하면 본질을 위해 비본질적인 것들을 걸러내야 한다는 것이다. 그리고 이러한 결정들은 구성원들이 함께 해야 한다. 그러나 우리는 구성원들이 함께 결정하는 데 익숙하지 않다. 우리가 해야 할 일들, 즉 책무는 이미 국가에서 정

친환경 우렁이 농법에 대해 배우는 아이들

해 준 매뉴얼을 받았거나, 학교장의 권한으로만 인식하는 경우가 대부분이었기 때문이다. 이렇다 보니 본질이 무엇인지 명확하게 정립되기조차 어렵다. 교과서 진도나 차시에 지나치게 연연한다든가 학교에서 운영하는 소위 인증제와 같은 활동에 몰두하는 것은 성과 중심의 외재적인 책무성이 가져온 문제점이다. 그러나 이러한 책무를 부여받기보다는 구성원들이 함께 해야 할 일을 결정하는 것이 필요해졌다. 왜냐하면 책임을 나누기 위해서는 해야 할 일 역시 함께 결정해야만 하기 때문이다. 학생, 학부모, 교사(교직원)가 모두 교육철학을 공유하고 해야 할 일을 결정할 수 있다면 책임은 더욱더 나눌 수 있게 된다. 우리가 생각하고 꿈꾸는 학교공동체에 더욱더 나아가는 것이다.

그러나 현실에서 이것은 녹록지 않아 보인다. 흔히 학교의 교육 주체로 3주체를 이야기한다. 학생과 학부모 그리고 교사이다. 그러나 교사와 학부모의 신뢰감은 그리 높지 않다. 학생과 교사 사이의 신뢰감 역시 그렇다. 그 이유는 여러 가지가 있겠지만 먼저 학교의 구조적인 문제를 지적할 수밖에 없다. 구조적인 문제란 교육 주체 간에 서로 대화하고 신뢰감을 쌓을 수 있는 열린 공론의 장이 너무나도 부족하다는 것이다. 대화와 소통을 위한 기회 자체가 없다는 뜻이다.

따라서 각각의 교육 주체들이 서로 신뢰감을 회복할 수 있도록 구조, 다시 말해 공론의 장을 만들어야 한다. 초창기 혁신학교들은 사실 이런 소통 구조보다 시설 투자와 같은 하드웨어나 수업과 교육과정 같은 소프트웨어적인 측면을 강조해 온 것이 사실이다. 그러나 상당수의 학교가 어려움에 처할 수밖에 없었던 이유는 이러한 열린 공론의 장, 즉 소통의 플랫폼을 마련하지 못했기 때문이다. 하드웨어와 소프트웨어가 유기적으로 움직일 수 있도록 연결해 주는 동료성과 교육 주체 간의 신뢰감 같은 것들을 간과한 것이다. 대화의 장을 만들고 교육 주체 간의 상호 이해를 높이는 것은 학교혁신의 우선적인 과제이다. 하지만 상당수의 혁신학교들은 이러한 문제를 해결하지 못하고 갈등이 심화되어 어려움을 겪는다.

4. 교사 전문성의 진정한 의미

결국, 우리가 이야기해야 하는 주제는 민주주의이다. 남한산초등학교에서 작은학교운동이 시작된 이래로 공교육은 많은 변화를 겪었다. 바로 혁신교육의 등장이다. 혁신교육은 많은 부분에서 학교에 변화를 가져왔다. 그중에서 가장 큰 변화라고 할 수 있는 것은 학생들의 인권이 강화되었다는 것이다. 소위 진보 교육감이라고 불리는 교육감이 집권하면서 교육청들은 학생인권조례를 앞다투어 실행에 옮겼다. 이러한 분위기는 단위학교에서도 예외가 아니었다. 학교에서 체벌이 완전히 사라지고 상벌점제와 같은 행동주의적인 교육 방식도 많이 사라졌다. 사실 초창기 대안학교운동이나 작은학교운동의 동력은 아이들이 학교에서 불행하다는 인식이었다. 아이들에 대한 통제와 억압이 너무나도 컸기 때문이다. 내 아이가 인격적인 대우를 받기를 원하는 학부모들의 상당수가 작은 학교로 몰려들었다. 남한산초등학교뿐만 아니라 조현초, 거산초, 상주남부초 등 작은학교교육연대의 학교는 너무 많은 학생들로 인해 어려움을 겪을 정도였다. 강릉의 운양초등학교도 이런 학교들의 교육철학을 이어받아 시작된 것이다. 하지만 아직도 대다수의 학교교육은 여전히 경직되어 있었다.

그러던 중 국가수준 학업성취도평가가 도입되면서 아이들의 어려움은 극에 달했다. 모든 아이들에게 시행되는 전수 평가는 많은 부작용을 만들어 냈다. 심지어 초등학생을 대상으로 야간자습을 운영하는 학교들마저 생겨날 정도였다. 많은 선생님들이 이에 저항하며 해직까지 되었던 상황을 기억해 보면 참으로 부끄럽지 않을 수 없다. 이런 상황에서 아이들의 인권은 더 위축될 수밖에 없었다. 그러나 혁신교육이 시작되면서 이런 상황은 변화의 전기를 마련할 수 있었다. 학교에서 학생의 인권과 행복이 중요한 화두가 된 것이다. 아이들이 행복할 수 있는 학교를 만드는 것이 얼마나 중요한지 느끼는 시기였다. 이때 생긴 혁신학교들은 학교에서 아이들의 인권을 획기적으로 변화시켰다. 혁신교육이 이룬 가장 큰 업적이라고 한다면 바로 학생인권의 성장이라고 해야 할 것이다. 학생들의 인권이 지켜지는 학교가 바로 학교민주주의의 시작이었다.

그런데 혁신학교가 생기면서 또 다른 고민이 생기기 시작했다. 첫 번째는 아이들이 행복한 학교의 선생님은 행복한가에 대한 질문이었다. 실제로 교사들의 노동강도는 높아지는 경우가 많았다. 혁신학교의 가장 큰 모토가 "수업을 바꾸자"는 것이었기 때문이다. 교사들이 수업을 바꾸어야 한다는 것은 더 많은 노력이 필요했기 때문이다. 두 번째는 아이들의 학력에 대한 질문이었다. 학부모의 입장에서는 아이들의 인권은 좋아졌지만 현재의 행복이 미래의 성공을 담보할 수는 없다는 두려움이 생긴 것이다. 선생님들의 헌신적인 노력에도 불구하고 갈등을 일으킬 요인은 커진 것이다.

선생님들의 수업에 대한 부담은 늘어났다. 수업에 대한 고민도 늘어났고 교육과정에 대한 전문성도 필요하게 되었다. 그렇게 혁신교육의 관심은 전문성이 되어 갔다. 아이들에 대한 체벌이나 행동주의적인 통제가 제한되면서 수업 방법에 대한 관심이 커졌다. 특히 어떤 분야의 전문가가 되는 것은 중요한 목표가 되었다. 거꾸로 교실, 배움의 공동체, 프로젝트 학습, 협동학습, 스마트 교육, 스팀 교육 등 너무도 많은 교육 방법이 유행하기 시작했다. 이러한 교육 방식들은 대부분 교육운동이라는 관점에서 시작된 것들이었기 때문이다. 교육에 대한 새로운 가치관과 관점을 바꾸고 새로운 교육을 하자는 긍정적인 교육 혁신운동이다. 그러나 이들이 확산되는 과정에서 방법적인 도구로 변한 경우가 많다. 초기 교육혁신에 참여했던 선생님들의 기대와는 달리 도구화된 교육 방식은 교사들의 전문성을 높이는 것에만 집중되었다. 그리고 가치를 공유하기보다는 하나의 교육 방법으로 유행하게 된 것이다.

혁신학교 선생님들의 퇴근시간은 늦어지기 시작했다. 운양초도 예외가 아니었으며, 앞바퀴 교사의 역할을 해야 했던 선생님들은 전문성에 대해 큰 부담을 가지게 되었다. 다른 선생님들에게 뭔가 선도적인 역할을 해야 된다고 믿었기 때문이다. 이런 부담감은 모두에게 적용되었다. 어떤 선생님은 일 년에 200시간 가까운 연수를 듣는 분도 있었다. 그런데 역설적이게도 배움보다는 갈등이 많았다. 서로 자신이 배운 것이 옳다고 주장하기 시작했기 때문이다. 앞에서 이끌어야 하는 교사일수록 더 자기주장은 강했다. 혁신학교의 선생님들은 이렇게 힘들어졌다.

전문적학습공동체는 이런 어려움을 보완해 주는 것이라 생각한다. 각자의 전문성을 존중하며 공동체를 형성하는 것이다. 하향식의 연수에서 수평적인 관계를 토대로 하는 협력이 시작되어야 한다. 서로의 경험을 공유하고 한 아이를 위해 함께 토론할 수 있는 문화가 바로 학습공동체이다. 수업의 방법이 세련되지 않았다고 좋은 교사가 아니라고 할 수는 없다. 특히 아이들에게 좋은 선생님은 훌륭한 수업 방법을 사용하는 교사가 아니라 학생들과 좋은 관계를 형성하는 교사이다. 그런데 우리는 여전히, 많이 알고 있는 것이 전문성이라는 착각을 할 때가 많다. 좋은 관계를 고민하기보다는 수업 시간에 투입할 무엇인가를 찾고자 애쓰는 경우가 많다는 이야기이다.

우리가 잊은 것이 있다. 학교혁신의 본질이 무엇이었는지 망각한 것이다. 우리가 정말 하려고 했던 것은 잘 가르치는 교사가 되기 위해서였을까? 물론 잘 가르치는 교사가 되는 것도 중요한 일이다. 하지만 더 큰 부분은 아이들의 인권이었다는 생각이 든다. 교사들이 조금 불편해지더라도 행동주의를 버리고, 공리주의를 버리고 아이들이 행복한 학교를 만드는 것이 가장 중요하지 않았던가? 바로 민주주의이다. 우리가 원했던 학교혁신의 핵심은 학교를 민주화하는 것이었다. 소위 제왕적 학교장제도를 넘어서 학교에서 인권과 소통이 가능한 민주주의를 만드는 것이 학교혁신의 목적이다. 그러나 큰 목적은 잊은 채 수업이나 교육과정의 전문성을 강화하는 것으로 학교를 변화시키려고 했던 것 아닐까? 반문해 본다. 사실 학교가 좋은 교육 서비스를 제공해야 한다는 관점에서 보면 교사들의 전문성을 중요할 수밖에 없다. 하지만 민주주의는 함께 결정하고 함께 책임을 진다는 것에 더 큰 의미가 있다. 학교장 중심의 시스템이 교사 중심으로 결정하고 책임지는 시스템으로 바뀐 것만으로 학교가 민주화되었다고 할 수는 없을 것이다. 그것만으로는 충분하지 않다. 학교의 주체는 교직원뿐만이 아니라 학부모와 학생도 있기 때문이다. 흔히 우리는 교사, 학생, 학부모를 교육의 3주체라고 한다. 이 세 주체의 거버넌스를 어떻게 담아내는가에 따라 학교민주주의는 달라지는 것이다.

5. 학부모, 교육 소비자에서 교육 주체로

운양초에서는 반모임을 한다. 매월 학부모들이 참여하기 좋은, 저녁 시간에 모인다. 학부모들과 저녁시간에 매월 만난다는 것은 선생님들에게 큰 부담이었다. 아무래도 학부모들의 다양한 민원을 듣는 시간이 될 확률이 높기 때문이다. 사실 처음부터 반모임이 조직되었던 것은 아니다. 그런 모임의 필요성에 대해 반대하는 선생님들도 계셨고 학교장 역시 긍정적이지 않았다. 그래서 처음에는 한두 선생님만이 반모임을 운영했다. 그리고 첫 만남은 순탄치 않았다. 학부모들의 이야기에 상처받는 교사들도 생기고 또 상처받는 학부모도 생겼다. 교육을 서비스로 생각하는 학부모와 서비스를 제공해야 하는 교사, 이 둘은 소통하기 어려웠다. 충분한 서비스를 바라는 고객 앞에서 서비스업 종사자의 자존감은 무너지기 시작했다. 당연히 처음에는 교사들이 상처받는 경우가 많았다. 어떤 선생님은 내가 왜 학부모에게 이런 이야기까지 들어야 하느냐며 하소연하거나 심지어 눈물을 보이는 분도 계셨다. 마치 학부모가 갑질을 한다는 느낌이 들 정도였다. 학부모와 교사가 서로를 교육 파트너로 생각하지 않고 수요자와 공급자로 생각하는 관계에서 어쩌면 당연한 일이었다.

그런데 시간이 지나면서 반전이 시작되었다. 교사들이 변하기 시작한 것이다. 선생님들이 학부모의 고민에 공감해 주고, 학부모의 의견

학부모와 교사가 함께 하는 저녁 반모임

을 교육과정에 적극적으로 수용하게 된 것이다. 하지만 교사들의 변화
에는 학부모들의 공도 컸다. 사실 교사들 역시 답답한 학교 구조에서
자율적인 교육과정을 운영하지 못하는 경우가 많았다. 그러나 학부모
와 소통할 수 있게 되면서 자유로운 수업 운영이 가능해졌던 것이다.
교사의 수업을 지지해 주는 학부모들이 있었기 때문이다. 많은 선생님
들이 수업의 질을 높이기 위해 애쓰고 있다. 다양한 실험들은 어쩌면
당연한 것이지만 대부분의 학교에서 실험적인 수업은 우려의 대상이
된다. 아이들을 실험의 대상으로 생각하면 안 된다는 것인데, 학부모
들의 지지는 이러한 우려를 불식시킨다. 학부모가 좋다는데 문제될 것
이 없다.

　나는 많은 교사들이 전문성을 높이기 위해 노력하는 것을 보았다.
좋은 수업과 교육과정을 운영하기 위해 애쓰는 교사들이 많지만 정작

학부모로부터 좋은 소리를 못 듣는 경우도 많다. 나는 그 이유를 학부모와의 소통이 원활하지 못하기 때문이라고 생각한다.

우리가 생각하는 학교는 학부모와 교사가 수평적인 관계에서 서로를 존중하는 토대에서 발전한다. 이것을 학교민주주의라고 말하고 싶다. 여전히 학부모의 참여에 대해 우려하는 분들도 많을 것 같다. 그래서 운양초의 사례에 근거해 학부모 참여가 학교혁신에 어떤 긍정적인 효과가 있었는지 살펴보겠다.

먼저, 학부모의 민원이 줄어든다. 사실 어떤 곳이든 다른 사람들보다 걱정이 많고 예민한 사람들은 있다. 학교라고 예외일 수는 없다. 무엇보다 내 자녀에 대한 문제는 더욱 그럴 수밖에 없다. 그런데 기존의 제도에서 교사는 학부모와 일대일로 상담을 진행할 때가 많다. 아이에 대한 고민으로 상담이 시작되는 경우가 많고, 또 내 아이의 문제를 다른 사람들과 함께 이야기하는 것에 부담을 느끼기 때문이다. 하지만 학교에서 반모임이나 학부모 다모임을 하면 분위기가 조금 달라진다. 내 아이의 이야기지만 함께 나누게 되면서 우리 아이의 이야기가 되기 때문이다. 내 아이의 어떤 모습이 많이 걱정스러웠는데 다른 집도 그런 어려움을 겪는 것을 알게 되었을 때 학부모들은 마음이 놓인다. 내가 걱정했던 문제가 성장과정에서 겪는 자연스러운 발달이라는 것을 느끼게 되기 때문이다. 그렇게 우리 아이들의 학교생활과 가정생활에 대해 이야기를 나누다 보면 개별 상담의 필요성이 낮아진다. 또 교사의 교육 방식에 대한 공감도 더 넓어진다. 처음에는 생소한 방법이 낯설고 염려되지만 다양한 의견을 교환하는 과정에서 다른 부모님들의 말을 듣다 보면 안심이 될 때가 많다. 물론 교사 역시 여러 부모님들에게 이야기를 듣고 교육 방식에 대해 오류를 찾고 수정할 수 있다.

둘째, 교사의 자긍심이 커진다. 학부모와의 만남은 힘든 일이라는 것이 교사들의 일반적인 생각이다. 교사에 대한 불만이나 잘못된 지도에 항의하는 경우, 또 학생의 문제에 대해 상담을 하는 경우가 대부분이기 때문이다. 하지만 이런 경우는 대부분 일대일 상담인 경우가 많고 무엇보다 부정적인 인식을 가진 학부모님만 만나야 하기 때문에 어려움이 크다. 이와 달리 여러 학부모와 공동의 관심사를 가지고 이야기하는 경우에는 교사의 입장을 이해하고 지지하는 부모들도 함께 있기 때문에 부정적인 대화로 마무리되지 않는다. 특히 문제가 있는 상황에서 만나는 것이 아니라 정기적인 모임에서의 만남은 긍정적인 이야기들이 많이 나온다. 오히려 많은 시간이 애쓰고 계신 교사에 대한 감사와 격려의 시간으로 채워진다. 이것은 학부모와 교사가 수평적인 입장에서 서로 지지하고 소통할 수 있다는 것을 의미한다. 어쩌면 학부모들에게 교사는 권위적인 대상이었을지도 모른다. 학교에 아이를 보내며 항상 노심초사해야 하는 부모의 입장에서 보면 정말 그렇다. 그렇지만 학부모님들과 이렇게 이야기를 나누다 보면 권위를 세워야겠다는 생각보다는 학부모에게 늘 고맙다는 마음을 가지게 된다.

셋째, 학교혁신의 지속가능성이 커진다. 학교를 혁신하기 위해 애쓰는 수많은 선생님들이 계신다. 마치 할리우드 영화 〈어벤저스〉처럼 자신의 삶을 헌신해 가며 초인적인 능력을 보인다. 그러나 그렇게 애써서 변화시켜 온 학교문화가 한순간에 위기를 맞는 경우가 많다. 왜냐하면 선생님들이 바뀌기 때문이다. 다행히 리더십이 잘 연결되어 유지되는 경우도 있지만 동력을 상실하는 경우가 많다. 학부모들의 지지와 참여는 이런 문제를 해결할 수 있는 큰 힘이 된다. 교사들이 주도해서 만들어진 학교문화에 비해 학부모와 함께 만든 학교문화는 쉽게 바뀌지 않는다. 교장 선생님이 바뀌거나 리더십을 가진 교사가 전출을 해도 학부모의 지지를 통해 새로운 리더십은 빨리 안정된다. 또한 학부모의 참여를 중시하는 민주적인 의사결정 구조에서는 학교장이 권위주의적인 학교 운영을 하기가 매우 어렵다. 학부모의 적극적인 참여는 의제를 제시하는 것도 가능하게 하고 학교의 민주적인 구조도 높인다. 이런 구조는 결국 학교혁신의 지속가능성을 높이는 동력이 된다.

넷째, 학부모에 대한 교사 업무를 줄일 수 있다. 어쩌면 선생님들 중에는 반문하는 분이 계실 수도 있다. '학부모의 참여가 활발해지는데 어떻게 교사의 업무가 줄어들 수 있는가?'라는 질문일 것이다. 하지만 학부모와 관련된 업무를 학부모가 처리하게 됨으로써 교사의 부담은 확실히 줄어든다. 예를 들면 운양초등학교에서는 학부모회에서 학부모에 대한 연수나 관련된 학교 행사를 모두 주관한다. 들놀이(운동회), 학부모 연수, 모내기, 벼베기와 같은 학교 일도 모두 학부모회에서 주관한다. 때로는 교육철학을 고민하고, 생태교육, 마을교육과 같은 교육 행사도 모두 학부모의 몫이다. 학부모 업무를 학부모가 운영한다는 것은 그만큼 교사들의 권한을 이양한다는 것을 의미한다. 학부모회가 학부모와 관련된 행사를 주관하는 만큼 책임도 학부모회가 진다. 그동안 학부모회가 활성화될수록 교사의 업무가 많아지는 현상은 결정권을 학부모에게 충분히 부여하지 않았기 때문이다. 학부모회의 결정권을 존중하는 학교문화에서는 교사 업무가 증가하지 않는다.

다만, 이런 걱정을 할 수는 있다. 학부모회의 의견과 교사회의 의견이 서로 충돌하거나 소통이 잘 안 될 경우 어떻게 해야 하는지에 대한 걱정이다. 또 학부모 참여를 늘리고자 해도 학부모들이 처음부터 적극적이지 않다는 것이다. 그래서 운양초등학교 학부모회는 교사와 연석회의로 진행한다. 학부모 담당 교사가 학부모회 회의에 함께 참여해서 의견을 조율하는 것이다. 사실 교사에게 부담스러운 자리일 수도 있지만 학부모회가 결정을 내리는 과정에서 교사들의 목소리가 전달되는 것은 소통을 위해 반드시 필요하다. 꼭 이런 방법이 아니더라도 소통은 신뢰를 기반으로 가능해지기 때문에 교사들이 늘 학부모의 의견을 청취하려고 힘쓰는 것이 필요하다. 또한 학부모의 참여를 늘리기 위해서는 어떤 행사든 학부모가 스스로 기획해야 한다. 일반적으로 학부모 사업들을 살펴보면 기획은 교사들을 중심으로 이루어지고 학부모는 그렇게 기획된 일들을 집행만 하는 경우가 많다. 스스로 기획하지 않은 일에 참여하는 학부모에게 자발성을 기대하는 것은 어렵다. 작은 일부터라도 학부모들이 스스로 기획하고 실천해 보는 경험을 주는 것이 중요하다. 어쩌면 이런 일들이 교사를 성가시게 한다는 생각을 하는 분도 계실 것이다. 그러나 민주주의는 이러한 수고를 통해 발전한다.

6. 작은 학교의 민주주의

집단지성이라는 방식을 가지고 새로운학교를 만들고자 했던 강릉 작은학교준비모임이 이제 전교생 70명의 운양초등학교로 성장했다. 한 때는 100명에 가까운 아이들이 몰려들기도 했다. 그 과정에서 양적인 성장이 아닌 질적인 성장이 얼마나 중요한지 깨닫게 되었다. 구성원이 많아질수록 갈등이 커졌기 때문이다. 다양한 사람이 모인 만큼 요구

학생 수 증가로 증축 및 리모델링한 운양초등학교

도 다양해졌다. 어쩌면 이러한 갈등을 통해 우리는 성장했을 것이다. 서로 감정이 상하고 때로는 학교를 떠나는 사람들도 생겼다. 그럴 때마다 공동체는 상처를 입기도 했지만, 중요한 것은 우리가 함께 만들었던 교육철학을 아직도 굳건히 지키고 있다는 사실이다. 작은 학교의 민주주의는 어쩌면 더 치열하다. 토론에서 결정되는 내용이 항상 옳은 것도 아니다. 또 누군가는 자신의 의지를 접어야 하고, 때로는 그것이 다수의 횡포처럼 느껴질 때도 있다. 그러나 역설적이게도 작은 학교이기 때문에 이러한 과정이 가능했다. 갈등과 고통스러운 소통에도 불구하고 학교민주주의는 성장했다.

운양초등학교에서는 교육과정에 대한 평가나 협의가 많다. 먼저 교사들이 교육과정 운영을 평가하고, 정기적으로 학부모와 함께 협의회를 개최한다. 매월 반모임을 통해 학부모와 교사가 교육과정 운영을 논의하고, 학생들과는 다모임을 통해 반성하고 소통한다. 그 외에도 수많은 비정기적인 협의와 모임이 많다. 그런데 이러한 평가와 모임은 잔치가 되어야 한다. 초창기에는 평가가 상처가 되기도 했지만 시간이 갈수록 평가를 통해 자부심을 느끼게 된다. 우리가 잘한 것을 칭찬하고 긍정할 수 있기 때문이다. 우리는 일반적으로 평가를 통해 비판적인 관점을 이야기해야 한다고 생각한다. 무엇인가 잘못된 것을 고치는 것이 평가라고 생각하기 때문이다. 그러나 아무리 건설적인 비판이라고 할지라도 성찰을 이끌어 내지 못했다. 왜냐하면 비판적인 의견 때문에 마음을 다치기 때문이었다. 그럼에도 항상 칭찬만 할 수도 없다. 어떤 일이든 완벽할 수는 없다. 조금씩은 바뀌는 것도 필요하다. 그래서 나는 작은 학교의 민주주의를 발전시키기 위해서는 반드시 책임을 나누어야 한다고 생각한다.

작은 학교에서는 모든 것들이 공동의 실천이 되어야 한다. 운양초에서는 들살이(야영)나 체험학습과 같은 행사를 한 번 추진하려면 수차례 모여 회의를 한다. 때로는 학생과 학부모들과 함께 의견을 나누고 협의를 한다. 어떤 일이든 누군가 맡고 있는 일이 아닌 공동의 실천이며 각자의 교육철학을 구현하는 일이기 때문이다. 민주주의는 어쩌면 비효율적이다. 혼자 하면 될 일도 여럿이 함께 하자니 번거롭고 오래 걸리기 일쑤이다. 그렇지만 결국 머리를 맞대고 이야기를 나누다 보면 이 모든 것들이 함께 하는 실천으로 변한다.

작은학교운동의 핵심 과제는 결국 학부모운동이었다고 볼 수 있다. 학교교육의 소비자에서 교육의 주체로 역할을 바꾸는 것, 그것을 통해 바라는 것은 바로 학부모의 인식 변화이다. 학부모들과 함께 토론하고 함께 교육의 본질을 고민하는 것은 교육의 시대적 의제라고 생각한다. 그리고 이와 같은 학부모의 참여를 통해 작은 학교의 학부모들은 성장했다. 민주주의는 비판적 방관자가 아니라 참여하는 시민을 통해 발전한다.

그 덕분에 작은 학교의 민주주의는 발전했고, 교육력은 높아졌다. 학부모와 협업하는 문화 속에서 교사의 재량권도 자연스럽게 늘어났다. 학부모들의 신뢰가 커진 것이다. 재미있는 것은 민주주의를 통해 얻어진 신뢰는 열린 구조를 만들어 낸다는 것이다. 운양초에서는 학부모들의 우려 때문에, 또는 민원 가능성 때문에 못하는 교육활동이 없다. 교사들의 상상력과 실험정신이 빛을 발할 수 있게 된 것이다. 사실 작은 학교는 도시의 큰 학교에서는 하지 못하는 재미있는 교육활동을 많이 할 수 있다. 부싯돌 하나만으로 불을 피워 요리를 만들기도 하고, 미술시간에 만든 찰흙 작품을 땅을 파고 불을 피워 굽기도 한다. 자전거를 타고 마을을 돌아다니며 계절을 느낄 수도 있고, 아빠, 엄마 그리고 마을 사람들까지 함께 나와 모내기와 벼베기를 할 수도 있다. 실행하기 어려운 이런 활동들도 불가능하지 않게 된 이유는 학부모의 전적인 지지 덕분이다. 학부모와의 신뢰가 교육력을 높인 것이다.

교육력의 회복은 공동체성의 회복을 의미한다. 공동체를 이루어 간다는 것은 학교에서 중요한 과제였다. 모든 교육 주체 즉 학부모, 학생, 교직원이 수평적인 관계에서 협업을 만들어 가는 것이 학교민주주의라고 생각한다. 이런 민주적인 구조 속에서 의미 있는 공동체가 만들어진다. 어쩌면 우리는 공동체성을 잃어버린 시대를 살아가고 있다. 작은 학교에서 우리는 공동체에 대한 희망을 발견했다.

7. 삶을 지향하는 마을학교, '날다학교'의 시작

운양초에는 또 다른 걱정이 있었다. 초기부터 도심에서 전학 온 아이들이 많았던 만큼 학부모들의 소득과 문화적인 격차가 컸기 때문이다. 시골 학교에서 근무하다 보면 생각보다 조손가정이나 한부모가정이 많다는 것을 알게 된다. 아무래도 전학을 온 아이들이 부유한 경우가 많다. 게다가 운양초의 아이들이 모두 잘 성장하는 것은 아니다. 때로는 중학교에서 힘든 일을 겪는 친구도 있고, 부적응해서 학교를 그만두는 아이도 있다. 선생님들은 졸업한 제자들이 잘 지내고 있는지 걱정한다. 또 더 잘해 주지 못한 것에 대한 미안함은 늘 마음속에 자리 잡고 있다. 그런 미안함이 이유가 되어 생각하게 된 것이 바로 마을학교이다.

졸업한 아이들도 우리 아이들이라는 사실은 공동체라면 넘길 수 없는 사실이었다. 그래서 졸업한 아이들을 위해 할 수 있는 것이 무엇인지 고민하게 된 것이다. 가장 먼저 생각한 것은 아이들에게 인문학을 가르쳐야 한다는 것이었다. 이것은 『희망의 인문학』이라는 책을 통해 얻어진 아이디어이다. 저자인 얼 쇼리스는 책에서 아이들이 생존 이데올로기에서 벗어나 자아실현을 이루기 위해서는 인문학을 가르쳐야 한다고 생각했다. 어렸을 때의 인문학적 경험이 어른이 되어서 자신의 진로를 선택할 때 매우 중요한 역할을 한다는 것이다. 생존이라는 큰 벽 앞에서 아이들은 소외된다.

또 하나, 아이들에게 더 많은 사회적인 자본을 제공해야 한다는 것이다. 우리는 아이들이 경험하기 힘든 다양한 만남들과 수많은 이야기들을 나눠 주고 싶었다. 우리들의 힘만으로는 어려운 일이었다. 그

날다센터 개소식에 참석한 민병희 교육감

래서 우리는 사회적 자본을 연결하기로 했다. 즉 마당(플랫폼)을 만들어 사회적 자본과 아이들을 만날 수 있도록 지원하기로 한 것이다. '날다학교'는 그렇게 만들어졌다. 마을의 여러 훌륭한 분들과 입시와 경제적인 이유로 소외된 아이들을 만나게 해 주자는 것이다. 그러다 보니 처음 생각한 것보다 판이 커지게 되었고 그러면 강릉이라는 작은 도시 전체의 아이들을 대상으로 만들어 보자는 생각을 하게 된 것이다.

처음에는 뜻을 함께하는 사람을 찾았다. 다행히 씨앗이 될 만한 분들이 생겼다. 먼저 운양초의 졸업생 학부모님들과 선생님들이 모였고 뜻있는 다른 분들도 함께 모였다. 그렇게 십여 명이 모여 인문학 배움터를 꿈꾸었다. 하지만 생각을 함께하는 일은 쉽지 않았다. 운양초에서 시작한 일이긴 했지만 대상이 넓어지는 동안 운양초보다는 우리 지역의 주체가 필요했기 때문이다. 수차례 모임을 반복하면서 마을학

날다학교 프로젝트팀 활동 모습

교의 상이 그려지는 동안 그만두는 분도 생겼고 새롭게 참여하는 분도 생겼다. 그렇게 6개월 정도가 지나자 날다학교 집행위원회가 만들어지게 되었다. 그리고 각자 50만 원씩 출자를 하여 마을학교를 만들기로 결정한 것이다.

시작이 반이라는 속담처럼 날다학교는 시작하자마자 큰 호응을 얻었다. 우리의 취지에 공감하는 교사들도 많았고 학생과 학부모님들도 관심이 높았다. 우리도 놀랐다. 아마도 학교라는 공간에 담기 어려웠던 교육 과제들을 담을 수 있는 그릇으로 생각해 주셨던 것 같다. 이러한 신뢰에 결정적인 도움을 준 것은 교육청의 지원이었다. 상당 부분 교사들이 주도하고 있긴 했지만 민관의 협력은 과거의 예로 볼 때 쉽지 않은 일이 분명했다. 민간이 주도하는 일에 교육청이 함께 한다는 것은 책임을 나누겠다는 것을 의미했기 때문이다. 늘 책임을 미루기 바빴던 관청이 민간과 협력적인 거버넌스를 만든다는 것은 새로운 일이었다. 덕분에 날다학교의 모든 포스터와 홍보물에는 "강릉 청소년 마을학교 날다와 강원도교육청이 함께한다"라는 문구가 들어가게 되었다. 아무것도 없이 새롭게 시작한 날다학교가 누구에게나 신뢰를 받을 수 있었던 가장 큰 요인 중 하나가 이 짧은 문장이 아니라고 말할 수는 없을 것이다.

이제 날다학교는 시작한 지 3년이 넘었다. 날다학교는 생각보다 빨리 성장하고 있다. 해마다 100명 가까운 아이들이 날다학교와 함께한다. 우리는 날다학교를 통해 학교에서는 하기 어려웠던 것을 하고자 했다. 입시와 가정형편 등으로 소외된 아이들에게 새로운 방식으로 도움을 주고자 했다. 아이들이 하고 싶어 하는 것을 지원하고, 정말 배워야 하는 것들을 가르쳐 주고 싶었다. 또 입시로 인해 소외된 아이들도 우리의 지원 대상이었다. 영혼의 빈곤 역시 중요한 부분이었다. 입시 때문에 생각할 시간을 잃어버린 아이들, 또 입시제도의 줄 세우기에서 밀려난 아이들에게 꿈을 만들어 주고자 했다. 학교에서는 하기 어려웠던 것들이 지역과 함께 힘을 모으자 가능해졌다. 학교 선생님들과 지역이 힘을 합쳤기 때문이다.

아직은 마을교육공동체를 책임으로 받아들이는 분들도 많을 것 같다. 지금도 학교 업무와 수업량이 많아 힘든데 왜 마을까지 신경 쓰라는 것인지 당황하는 경우도 있을 것 같다. 하지만 마을교육공동체는 책임을 더하는 것이 아니라 나누는 것이다. 마을과 함께 생각하고 고민하는 과정에서 책임은 공유된다. 학교가 혼자 감당하기 어려운 일도 마을과 함께라면 해결의 실마리를 찾기가 수월하다. 어쩌면 학교는 그동안 요새처럼 단단한 성벽에 둘러싸여 스스로 고립되어 있었는지도 모른다. 새로운 것을 받아들이거나 어려움을 나누는 것에 익숙하지 않았을 수도 있다. 이제 시대는 변하고 있다. 학교와 마을 그리고 지자체가 서로 협력해야만 교육을 지켜 갈 수 있다. 소통하지 않고 단절되어 있다면 과감히 손을 내밀어야 한다. 선생님들의 작지만 의미 있는 교육 봉사활동이 희망을 만들었다.

날다학교에서 선생님들의 교육 봉사로 운영되는 활동들을 잠시 소개하면 정세청세, 사람책도서관, 프로젝트학교, 초청강연 같은 것들이다. '정세청세'는 공익법인 정세청세라는 단체와 함께 운영하는 인문학 토론모임이다. 정세청세는 '정의로운 청소년 세계와 소통하다'의 줄임말로, 학생들이 직접 기획하고 운영하는 형태로 진행된다. 사람책도서관은 강릉지역에서 인문학적 소양이 높은 분들을 사람책으로 모시고, 학생들이 원하는 사람책과 만날 수 있도록 주선하는 활동이다. 현

날다학교 사람책도서관 매칭 행사 모습

만남이 배움이 되는 사람책과의 만남

재 50명 정도의 사람책이 활동하고 있는데, 법률가, 영화감독, 노동운동가, 농부, 바리스타, 사회복지사, 교수 등 다양한 분들이 직업윤리와 진로 등에 대해 자신의 삶을 나누어 주고 계신다. 프로젝트학교는 학생들이 해 보고 싶은 활동을 할 수 있도록 지원해 주는 것이다. 몇몇 친구들이 서로 모여 하고 싶어 하는 어떤 것이든 예산이 허락하는 범위 내에서 지원해 준다. 요리, 창업, 3D프린팅, 독립출판, 여행 등 다양한 프로젝트들이 현재도 활동 중이다.

그 외에도 날다학교에서는 다양한 기획을 통해 학생들이 인문학적 가치를 배우고 민주주의와 공동체 소양이 높아질 수 있도록 돕고 있다. 특히 해마다 진행하고 있는 민주시민포럼을 통해 민주시민교육을 진행한다. 청소년들과의 만남을 위해 김영란 전 대법관, 호사카 유지 등의 지식인들이 '날다'와 함께했다. 학생들은 포럼을 위해 준비하는 과정에서 민주주의에 대해 공부한다.

우리는 이제 다시 민주주의와 공동체를 꿈꾸어 본다. 학교와 마을이 서로 손을 잡고 아이들에 대해 함께 고민하고 조직화된 지원을 할 수 있다면 세상은 더 빨리 바뀔 것이다. 꼭 날다학교와 같은 형태가 아니어도 좋다. 학교와 마을이 수평적인 관계에서 서로 협력할 수 있다면 어떤 형태이든 긍정적이다. 마을과 학교가 힘을 합친다면 더 많은 것들을 해낼 수 있다. 마을이 바로 학교이기 때문이다. "민주주의 최후의 보루는 깨어 있는 시민들의 조직된 힘"이라는 말이 있다. 우리는 민주주의가 이렇게 시민들을 깨우는 민주시민교육과 공동체교육이 합쳐져야 빛날 수 있다고 생각한다. 날다학교는 민주시민교육과 공동체 교육을 위해 존재한다.

민주주의와 공동체는 우리 사회를 지탱하는 가장 중요한 가치이다. 그러나 청소년들이 이런 가치를 배우는 과정은 아쉽게도 부모의 소득수준이나 학력에 따라 큰 격차를 보이고 있다. 이러한 격차를 줄이기 위해 학교는 부단히 노력해야 한다. 하지만 현재의 학교는 입시와 경쟁이라는 틀 속에서 아이들을 소외시키고 있다. 이러한 경쟁 구조에서 소외된 아이들에게 민주적 가치와 공동체의 중요성을 배우는 것은 어려운 일이다. 이에 우리는 마을공동체의 회복을 통해 이러한 문제를 해결해 가고자 한다. "아이 하나 키우는 데 온 마을이 필요하다"는 아프리카의 격언처럼 마을공동체가 함께 아이들의 미래를 고민하고 지원해야 한다. 지역사회의 다양한 시민들이 모여 아이들의 꿈을 위해 협력해야 한다. 학교와 사회 속에서 소외되고 꿈을 잃어가는 아이들에게 학교 너머의 새로운 배움터를 만들고, 이를 지원하는 마을교육공동체가 필요한 것이다. 마을교육공동체에서 아이들은 자신의 꿈과 끼를 찾고, 인문학적인 가치를 고민할 수 있어야 한다. 또 어른은 존경을 받고 아이들은 어른을 신뢰할 수 있는 문화가 만들어져야 한다. 강릉청소년마을학교 '날다'는 이러한 필요를 채우고자 만들어졌다. 무엇보다 청소년 스스로가 주체적으로 참여하고 협력을 이루어 간다. 또 아이들의 꿈을 지원할 수 있는 협력의 마당(플랫폼)을 만들어 교육 기부의 기회를 만들어 간다. 청소년과 어른이 함께 협력을 만들어 가는 과정에서 신뢰와 소통이 가능해진다. 날다학교를 통해 마을공동체가 회복되고 아이들이 균형 잡힌 민주시민으로 자라 가기를 바란다.

8. 공동체가 미래교육이다

1990년대 세계 최고의 학교라고 뉴스위크에 소개된 곳이 있다. 바로 이탈리아의 작은 도시 레지오에밀리아의 유치원이다. 이곳 유치원에는 교실에서 가르치는 것을 담당하는 페다고지스타와 작업실에서 가르치는 교육을 담당하는 아뜰리에리스타가 함께 수평적인 관계에서 수업을 준비하고 가르친다. 이들은 정기적으로 의견을 교환하며 하나의 협력 문화를 만들어 낸다. 선생님들뿐만 아니라 학부모와 지역사회까지 이러한 협력 문화는 확장되어 있다. 다중지능이론으로 유명한 하워드 가드너는 저서 『인간은 어떻게 배우는가?』에서 아이들은 어른들의 이러한 협력적인 문화적 맥락 속에서 협력을 배워 간다고 주장한다. 아이들은 어른들이 협업하는 문화 속에서 자연스럽게 보고 자란다. 즉 문화적 맥락 속에서 아이들의 발달이 진행된다는 말이다. 어쩌면 우리가 늘 미래핵심역량이라며 목소리를 높이는 협업과 소통 능력은 우리의 교육 현실에서 공중에 울리는 메아리와 같다는 생각이 든다. 교사들이 협력하지 않는 학교, 학부모와 대화하지 않는 학교, 지역과 소통하지 않는 학교에서 협력을 가르치고 있다.

"지식은 인간 사이의 관계에서 생긴다. 우리가 내재화한 것의 대부분은 다른 사람들의 모델과 모티브에서 온 것이다. 우리는 집, 학교, 더 넓은 공동체와 같은 사회적 환경 속에서 그 지식을 더욱 정교하게 다듬을 수 있게 된다."

하워드 가드너의 말이다. 소위 미래학교의 실험적인 모델로 손꼽히는 알트스쿨, 미네르바스쿨, 칸랩스쿨 등은 교육력을 높이기 위한 방안으로 교사, 학생, 학부모가 유기적인 관계를 만드는 것과 문제해결을 중심으로 자발적으로 배우는 시스템을 지향하고 있다. 결국 미래학교는 관계를 통한 문화적 맥락을 중시하는 형태로 가고 있는 것이다. 우리는 미래학교의 핵심 키워드는 민주주의와 공동체라고 말하는 데

주저함이 없다. 그리고 학교는 이러한 공동체성을 지원하기 위해 새롭게 바뀌어야 한다.

협력은 협력하라는 공허한 가르침만으로는 배울 수 없다. 수업을 바꾸고 교육과정을 혁신한다고 해도 문화를 바꾸지 못한다면 아이들이 배울 수 있는 협력에는 한계가 있다. 결국 아이들은 어른들을 보고 배운다. 자신의 주변에서 어른들이 어떤 모습으로 존재하는지가 아이들에게는 문화적 맥락이 된다. 그래서 민주주의나 공동체는 교과서의 내용을 가르치는 것이 아니라 삶 속에서 몸으로 배워야 한다.

삶의 행복을 꿈꾸는 교육은 어디에서 오는가?

미래 100년을 향한 새로운 교육 | 혁신교육을 실천하는 교사들의 **필독서**

▶ 교육혁명을 앞당기는 배움책 이야기
혁신교육의 철학과 잉걸진 미래를 만나다!

한국교육연구네트워크 총서

 01 핀란드 교육혁명
한국교육연구네트워크 엮음 | 320쪽 | 값 15,000원

 02 일제고사를 넘어서
한국교육연구네트워크 엮음 | 284쪽 | 값 13,000원

 03 새로운 사회를 여는 교육혁명
한국교육연구네트워크 엮음 | 380쪽 | 값 17,000원

 04 교장제도 혁명
한국교육연구네트워크 엮음 | 268쪽 | 값 14,000원

 05 새로운 사회를 여는 교육자치 혁명
한국교육연구네트워크 엮음 | 312쪽 | 값 15,000원

 06 혁신학교에 대한 교육학적 성찰
한국교육연구네트워크 엮음 | 308쪽 | 값 15,000원

 07 진보주의 교육의 세계적 동향
한국교육연구네트워크 엮음 | 324쪽 | 값 17,000원
2018 세종도서 학술부문

 08 더 나은 세상을 위한 학교혁명
한국교육연구네트워크 엮음 | 404쪽 | 값 21,000원
2018 세종도서 교양부문

 09 비판적 실천을 위한 교육학
이윤미 외 지음 | 448쪽 | 값 23,000원

 10 마을교육공동체운동:
세계적 동향과 전망
심성보 외 지음 | 376쪽 | 값 18,000원

 혁신학교
성열관·이순철 지음 | 224쪽 | 값 12,000원

 행복한 혁신학교 만들기
초등교육과정연구모임 지음 | 264쪽 | 값 13,000원

 서울형 혁신학교 이야기
이부영 지음 | 320쪽 | 값 15,000원

 혁신교육, 철학을 만나다
브렌트 데이비스·데니스 수마라 지음
현인철·서용선 옮김 | 304쪽 | 값 15,000원

한국교육연구네트워크 번역 총서

 01 프레이리와 교육
존 엘리아스 지음 | 한국교육연구네트워크 옮김
276쪽 | 값 14,000원

 02 교육은 사회를 바꿀 수 있을까?
마이클 애플 지음 | 강희룡·김선우·박원순·이형빈 옮김
356쪽 | 값 16,000원

 03 비판적 페다고지는
세상을 변화시킬 수 있는가?
Seewha Cho 지음 | 심성보·조시화 옮김 | 280쪽 | 값 14,000원

 04 마이클 애플의 민주학교
마이클 애플·제임스 빈 엮음 | 강희룡 옮김 | 276쪽 | 값 14,000원

 05 21세기 교육과 민주주의
넬 나딩스 지음 | 심성보 옮김 | 392쪽 | 값 18,000원

 06 세계교육개혁:
민영화 우선인가 공적 투자 강화인가?
린다 달링-해먼드 외 지음 | 심성보 외 옮김 | 408쪽 | 값 21,000원

 07 콩도르세, 공교육에 관한 다섯 논문
니콜라 드 콩도르세 지음 | 이주환 옮김 | 300쪽 | 값 16,000원

 대한민국 교사, 어떻게 가르칠 것인가?
윤성관 지음 | 320쪽 | 값 15,000원

 아이들을 어떻게 가르칠 것인가
사토 마나부 지음 | 박찬영 옮김 | 232쪽 | 값 13,000원

 모두를 위한 국제이해교육
한국국제이해교육학회 지음 | 364쪽 | 값 16,000원

 경쟁을 넘어 발달 교육으로
현광일 지음 | 288쪽 | 값 14,000원

혁신교육 존 듀이에게 묻다
서용선 지음 | 292쪽 | 값 14,000원

 독일 교육, 왜 강한가?
박성희 지음 | 324쪽 | 값 15,000원

 다시 읽는 조선 교육사
이만규 지음 | 750쪽 | 값 33,000원

 핀란드 교육의 기적
한넬레 니에미 외 엮음 | 장수명 외 옮김 | 456쪽 | 값 23,000원

 대한민국 교육혁명
교육혁명공동행동 연구위원회 지음 | 224쪽 | 값 12,000원

 한국 교육의 현실과 전망
심성보 지음 | 724쪽 | 값 35,000원

▶ 비고츠키 선집 시리즈
발달과 협력의 교육학 어떻게 읽을 것인가?

 생각과 말
레프 세묘노비치 비고츠키 지음
배희철·김용호·D. 켈로그 옮김 | 690쪽 | 값 33,000원

 성장과 분화
L.S. 비고츠키 지음 | 비고츠키 연구회 옮김
308쪽 | 값 15,000원

 도구와 기호
비고츠키·루리야 지음 | 비고츠키 연구회 옮김
336쪽 | 값 16,000원

 연령과 위기
L.S. 비고츠키 지음 | 비고츠키 연구회 옮김
336쪽 | 값 17,000원

 어린이 자기행동숙달의 역사와 발달 I
L.S. 비고츠키 지음 | 비고츠키 연구회 옮김
564쪽 | 값 28,000원

 의식과 숙달
L.S 비고츠키 | 비고츠키 연구회 옮김
348쪽 | 값 17,000원

 어린이 자기행동숙달의 역사와 발달 II
L.S. 비고츠키 지음 | 비고츠키 연구회 옮김
552쪽 | 값 28,000원

 분열과 사랑
L.S. 비고츠키 지음 | 비고츠키 연구회 옮김
260쪽 | 값 16,000원

 어린이의 상상과 창조
L.S. 비고츠키 지음 | 비고츠키 연구회 옮김
280쪽 | 값 15,000원

 성애와 갈등
L.S. 비고츠키 지음 | 비고츠키 연구회 옮김
268쪽 | 값 17,000원

 비고츠키와 인지 발달의 비밀
A.R. 루리야 지음 | 배희철 옮김 | 280쪽 | 값 15,000원

 관계의 교육학, 비고츠키
진보교육연구소 비고츠키교육학실천연구모임 지음
300쪽 | 값 15,000원

 수업과 수업 사이
비고츠키 연구회 지음 | 196쪽 | 값 12,000원

 비고츠키 생각과 말 쉽게 읽기
진보교육연구소 비고츠키교육학실천연구모임 지음
316쪽 | 값 15,000원

 비고츠키의 발달교육이란 무엇인가?
비고츠키교육학실천연구모임 지음 | 412쪽 | 값 21,000원

 교사와 부모를 위한 비고츠키 교육학
카르포프 지음 | 실천교사번역팀 옮김 | 308쪽 | 값 15,000원

 비고츠키 철학으로 본 핀란드 교육과정
배희철 지음 | 456쪽 | 값 23,000원

▶ 살림터 참교육 문예 시리즈
영혼이 있는 삶을 가르치는 온 선생님을 만나다!

 꽃보다 귀한 우리 아이는
조재도 지음 | 244쪽 | 값 12,000원

 선생님이 먼저 때렸는데요
강병철 지음 | 248쪽 | 값 12,000원

 성깔 있는 나무들
최은숙 지음 | 244쪽 | 값 12,000원

 서울 여자, 시골 선생님 되다
조경선 지음 | 252쪽 | 값 12,000원

아이들에게 세상을 배웠네
명혜정 지음 | 240쪽 | 값 12,000원

 행복한 창의 교육
최창의 지음 | 328쪽 | 값 15,000원

 밥상에서 세상으로
김흥숙 지음 | 280쪽 | 값 13,000원

 북유럽 교육 기행
정애경 외 14인 지음 | 288쪽 | 값 14,000원

 우물쭈물하다 끝난 교사 이야기
유기창 지음 | 380쪽 | 값 17,000원

 ▶ **4·16, 질문이 있는 교실 마주이야기**
통합수업으로 혁신교육과정을 재구성하다!

 통하는 공부
김태호·김형우·이경석·심우근·허진만 지음
324쪽 | 값 15,000원

 미래교육의 열쇠, 창의적 문화교육
심광현·노명우·강정석 지음 | 368쪽 | 값 16,000원

 내일 수업 어떻게 하지?
아이함께 지음 | 300쪽 | 값 15,000원
2015 세종도서 교양부문

 주제통합수업, 아이들을 수업의 주인공으로!
이윤미 외 지음 | 392쪽 | 값 17,000원

 인간 회복의 교육
성래운 지음 | 260쪽 | 값 13,000원

 수업과 교육의 지평을 확장하는 수업 비평
윤양수 지음 | 316쪽 | 값 15,000원
2014 문화체육관광부 우수교양도서

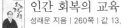 **교과서 너머 교육과정 마주하기**
이윤미 외 지음 | 368쪽 | 값 17,000원

 교사, 선생이 되다
김태은 외 지음 | 260쪽 | 값 13,000원

 수업 고수들 수업·교육과정·평가를 말하다
박현숙 외 지음 | 368쪽 | 값 17,000원

 교사의 전문성, 어떻게 만들어지나
국제교원노조연맹 보고서 | 김석규 옮김 392쪽 | 값 17,000원

 도덕 수업, 책으로 묻고 윤리로 답하다
울산도덕교사모임 지음 | 320쪽 | 값 15,000원

 수업의 정치
윤양수·원종희·장군 지음 | 280쪽 | 값 14,000원

 체육 교사, 수업을 말하다
전용진 지음 | 304쪽 | 값 15,000원

 **학교협동조합,
현장체험학습과 마을교육공동체를 잇다**
주수원 외 지음 | 296쪽 | 값 15,000원

 교실을 위한 프레이리
아이러 쇼어 엮음 | 사람대사람 옮김 | 412쪽 | 값 18,000원

 **거꾸로 교실,
잠자는 아이들을 깨우는 수업의 비밀**
이민경 지음 | 280쪽 | 값 14,000원

 마을교육공동체란 무엇인가?
서용선 외 지음 | 360쪽 | 값 17,000원

 교사는 무엇으로 사는가
정은균 지음 | 292쪽 | 값 15,000원

 교사, 학교를 바꾸다
정진화 지음 | 372쪽 | 값 17,000원

 마음의 힘을 기르는 감성수업
조선미 외 지음 | 300쪽 | 값 15,000원

 함께 배움
학생 주도 배움 중심 수업 이렇게 한다
니시카와 준 지음 | 백경석 옮김 | 280쪽 | 값 15,000원

 작은 학교 아이들
지경준 엮음 | 376쪽 | 값 17,000원

 공교육은 왜?
홍섭근 지음 | 352쪽 | 값 16,000원

 아이들의 배움은 어떻게 깊어지는가
이시이 준지 지음 | 방지현·이창희 옮김 | 200쪽 | 값 11,000원

 자기혁신과 공동의 성장을 위한
교사들의 필리버스터
윤양수·원종희·장군·조경삼 지음 | 280쪽 | 값 14,000원

 대한민국 입시혁명
참교육연구소 입시연구팀 지음 | 220쪽 | 값 12,000원

함께 배움 이렇게 시작한다
니시카와 준 지음 | 백경석 옮김 | 196쪽 | 값 12,000원

 함께 배움 교사의 말하기
니시카와 준 지음 | 백경석 옮김 | 188쪽 | 값 12,000원

 교육과정 통합, 어떻게 할 것인가?
성열관 외 지음 | 192쪽 | 값 13,000원

 학교 혁신의 길, 아이들에게 묻다
남궁상운 외 지음 | 272쪽 | 값 15,000원

 프레이리의 사상과 실천
사람대사람 지음 | 352쪽 | 값 18,000원
2018 세종도서 학술부문

 혁신학교, 한국 교육의 미래를 열다
송순재 외 지음 | 608쪽 | 값 30,000원

 페다고지를 위하여
프레네의 『페다고지 불변요소』 읽기
박찬영 지음 | 296쪽 | 값 15,000원

 노자와 탈현대 문명
홍승표 지음 | 284쪽 | 값 15,000원

 선생님, 민주시민교육이 뭐예요?
염경미 지음 | 244쪽 | 값 15,000원

 어쩌다 혁신학교
유우석 외 지음 | 380쪽 | 값 17,000원

 미래, 교육을 묻다
정광필 지음 | 232쪽 | 값 15,000원

 대학, 협동조합으로 교육하라
박주희 외 지음 | 252쪽 | 값 15,000원

 입시, 어떻게 바꿀 것인가?
노기원 지음 | 306쪽 | 값 15,000원

 촛불시대, 혁신교육을 말하다
이용관 지음 | 240쪽 | 값 15,000원

 라운드 스터디
이시이 데루마사 외 엮음 | 224쪽 | 값 15,000원

 미래교육을 디자인하는 학교교육과정
박승열 외 지음 | 348쪽 | 값 18,000원

 흥미진진한 아일랜드 전환학년 이야기
제리 제퍼스 지음 | 최상덕·김호원 옮김 | 508쪽 | 값 27,000원

 교사를 세우는 교육과정
박승열 지음 | 312쪽 | 값 15,000원

 전국 17명 교육감들과 나눈
교육 대담
최창의 대담·기록 | 272쪽 | 값 15,000원

 들뢰즈와 가타리를 통해
유아교육 읽기
리세롯 마리엣 올슨 지음 | 이연선 외 옮김 | 328쪽 | 값 17,000원

 학교 민주주의의 불한당들
정은균 지음 | 276쪽 | 값 14,000원

 교육과정, 수업, 평가의 일체화
리사 카터 지음 | 박승열 외 옮김 | 196쪽 | 값 13,000원

 학교를 개선하는 교장
지속가능한 학교 혁신을 위한 실천 전략
마이클 풀란 지음 | 서동연·정효준 옮김 | 216쪽 | 값 13,000원

 공자던, 논어는 이것이다
유문상 지음 | 392쪽 | 값 18,000원

 교사와 부모를 위한
발달교육이란 무엇인가?
현광일 지음 | 380쪽 | 값 18,000원

 교사, 이오덕에게 길을 묻다
이무완 지음 | 328쪽 | 값 15,000원

 낙오자 없는 스웨덴 교육
레이프 스트란드베리 지음 | 변광수 옮김 | 208쪽 | 값 13,000원

 끝나지 않은 마지막 수업
장석웅 지음 | 328쪽 | 값 20,000원

 경기꿈의학교
진홍섭 외 지음 | 360쪽 | 값 17,000원

 학교를 말한다
이성우 지음 | 292쪽 | 값 15,000원

 행복도시 세종, 혁신교육으로 디자인하다
곽순일 외 지음 | 392쪽 | 값 18,000원

 나는 거꾸로 교실 거꾸로 교사
류광모·임정훈 지음 | 212쪽 | 값 13,000원

 교실 속으로 간 이해중심 교육과정
온정덕 외 지음 | 224쪽 | 값 13,000원

 교실, 평화를 말하다
따돌림사회연구모임 초등우정팀 지음 | 268쪽 | 값 15,000원

폭력 교실에 맞서는 용기
따돌림사회연구모임 학급운영팀 지음 | 272쪽 | 값 15,000원

 학교자율운영 2.0
김용 지음 | 240쪽 | 값 15,000원

 그래도 혁신학교
박은혜 외 지음 | 248쪽 | 값 15,000원

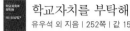 학교자치를 부탁해
유우석 외 지음 | 252쪽 | 값 15,000원

 학교는 어떤 공동체인가?
성열관 외 지음 | 228쪽 | 값 15,000원

 국제이해교육 페다고지
강순원 외 지음 | 256쪽 | 값 15,000원

 교사 전쟁
다나 골드스타인 지음 | 유성상 외 옮김 | 468쪽 | 값 23,000원

 미래교육, 어떻게 만들어갈 것인가?
송기상·김성천 지음 | 300쪽 | 값 16,000원

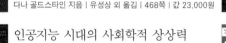 인공지능 시대의 사회학적 상상력
홍승표 지음 | 260쪽 | 값 15,000원

 선생님, 페미니즘이 뭐예요?
염경미 지음 | 280쪽 | 값 15,000원

 시민, 학교에 가다
최형규 지음 | 260쪽 | 값 15,000원

 혁신교육지구와 마을교육공동체는 어떻게 만들어지는가?
김태정 지음 | 376쪽 | 값 18,000원

▶ 교과서 밖에서 만나는 역사 교실
상식이 통하는 살아 있는 역사를 만나다

 전봉준과 동학농민혁명
조광환 지음 | 336쪽 | 값 15,000원

 교과서 밖에서 배우는 역사 공부
정은교 지음 | 292쪽 | 값 14,000원

 남도의 기억을 걷다
노성태 지음 | 344쪽 | 값 14,000원

 팔만대장경도 모르면 빨래판이다
전병철 지음 | 360쪽 | 값 16,000원

 응답하라 한국사 1·2
김은석 지음 | 356쪽·368쪽 | 각권 값 15,000원

 빨래판도 잘 보면 팔만대장경이다
전병철 지음 | 360쪽 | 값 16,000원

 즐거운 국사수업 32강
김남선 지음 | 280쪽 | 값 11,000원

 영화는 역사다
강성률 지음 | 288쪽 | 값 13,000원

 즐거운 세계사 수업
김은석 지음 | 328쪽 | 값 13,000원

 친일 영화의 해부학
강성률 지음 | 264쪽 | 값 15,000원

 강화도의 기억을 걷다
최보길 지음 | 276쪽 | 값 14,000원

 한국 고대사의 비밀
김은석 지음 | 304쪽 | 값 13,000원

 광주의 기억을 걷다
노성태 지음 | 348쪽 | 값 15,000원

 조선족 근현대 교육사
정미량 지음 | 320쪽 | 값 15,000원

 선생님도 궁금해하는 한국사의 비밀 20가지
김은석 지음 | 312쪽 | 값 15,000원

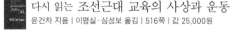 다시 읽는 조선근대 교육의 사상과 운동
윤건차 지음 | 이명실·심성보 옮김 | 516쪽 | 값 25,000원

 걸림돌
키르스텐 세롭-빌펠트 지음 | 문봉애 옮김
248쪽 | 값 13,000원

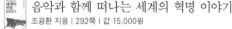 음악과 함께 떠나는 세계의 혁명 이야기
조광환 지음 | 292쪽 | 값 15,000원

 역사수업을 부탁해
열 사람의 한 걸음 지음 | 388쪽 | 값 18,000원

 논쟁으로 보는 일본 근대 교육의 역사
이명실 지음 | 324쪽 | 값 17,000원

진실과 거짓, 인물 한국사
하성환 지음 | 400쪽 | 값 18,000원

 우리 역사에서 사라진 근현대 인물 한국사
하성환 지음 | 296쪽 | 값 18,000원

꼬물꼬물 거꾸로 역사수업
역모자들 지음 | 436쪽 | 값 23,000원

 다시, 독립의 기억을 걷다
노성태 지음 | 320쪽 | 값 16,000원

 한국사 리뷰
김은석 지음 | 244쪽 | 값 15,000원

 경남의 기억을 걷다
류형진 외 지음 | 564쪽 | 값 28,000원

▶ 더불어 사는 정의로운 세상을 여는 인문사회과학
사람의 존엄과 평등의 가치를 배운다

 밥상혁명
강양구 · 강이현 지음 | 298쪽 | 값 13,800원

 도덕 교과서 무엇이 문제인가?
김대용 지음 | 272쪽 | 값 14,000원

 자율주의와 진보교육
조엘 스프링 지음 | 심성보 옮김 | 320쪽 | 값 15,000원

 민주화 이후의 공동체 교육
심성보 지음 | 392쪽 | 값 15,000원
2009 문화체육관광부 우수학술도서

 갈등을 넘어 협력 사회로
이창언 · 오수길 · 유문종 · 신윤관 지음 | 280쪽 | 값 15,000원

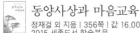 동양사상과 마음교육
정재걸 외 지음 | 356쪽 | 값 16,000원
2015 세종도서 학술부문

 교과서 밖에서 배우는 철학 공부
정은교 지음 | 280쪽 | 값 14,000원

 교과서 밖에서 배우는 사회 공부
정은교 지음 | 304쪽 | 값 15,000원

 교과서 밖에서 배우는 윤리 공부
정은교 지음 | 292쪽 | 값 15,000원

 한글 혁명
김슬옹 지음 | 388쪽 | 값 18,000원

 우리 안의 미래교육
정재걸 지음 | 484쪽 | 값 25,000원

 왜 그는 한국으로 돌아왔는가?
황선준 지음 | 364쪽 | 값 17,000원

 좌우지간 인권이다
안경환 지음 | 288쪽 | 값 13,000원

 민주시민교육
심성보 지음 | 544쪽 | 값 25,000원

 민주시민을 위한 도덕교육
심성보 지음 | 500쪽 | 값 25,000원
2015 세종도서 학술부문

 교과서 밖에서 배우는 인문학 공부
정은교 지음 | 280쪽 | 값 13,000원

 오래된 미래교육
정재걸 지음 | 392쪽 | 값 18,000원

 대한민국 의료혁명
전국보건의료산업노동조합 엮음 | 548쪽 | 값 25,000원

 교과서 밖에서 배우는 고전 공부
정은교 지음 | 288쪽 | 값 14,000원

 전체 안의 전체 사고 속의 사고
김우창의 인문학을 읽다
현광일 지음 | 320쪽 | 값 15,000원

 카스트로, 종교를 말하다
피델 카스트로 · 프레이 베토 대담 | 조세종 옮김
420쪽 | 값 21,000원

 일제강점기 한국철학
이태우 지음 | 448쪽 | 값 25,000원

 한국 교육 제4의 길을 찾다
이길상 지음 | 400쪽 | 값 21,000원

 마을교육공동체 생태적 의미와 실천
김용련 지음 | 256쪽 | 값 15,000원

▶ 평화샘 프로젝트 매뉴얼 시리즈
학교폭력에 대한 근본적인 예방과 대책을 찾는다

 학교폭력 어떻게 만들어지는가
문재현 외 지음 | 300쪽 | 값 14,000원

 아이들을 살리는 동네
문재현·신동명·김수동 지음 | 204쪽 | 값 10,000원

 학교폭력, 멈춰!
문재현 외 지음 | 348쪽 | 값 15,000원

 평화! 행복한 학교의 시작
문재현 외 지음 | 252쪽 | 값 12,000원

 왕따, 이렇게 해결할 수 있다
문재현 외 지음 | 236쪽 | 값 12,000원

 마을에 배움의 길이 있다
문재현 지음 | 208쪽 | 값 10,000원

 젊은 부모를 위한 백만 년의 육아 슬기
문재현 지음 | 248쪽 | 값 13,000원

 별자리, 인류의 이야기 주머니
문재현·문한뫼 지음 | 444쪽 | 값 20,000원

 우리는 마을에 산다
유양우·신동명·김수동·문재현 지음 | 312쪽 | 값 15,000원

 동생아, 우리 뭐 하고 놀까?
문재현 외 지음 | 280쪽 | 값 15,000원

 누가, 학교폭력 해결을 가로막는가?
문재현 외 지음 | 312쪽 | 값 15,000원

▶ 남북이 하나 되는 두물머리 평화교육
분단 극복을 위한 치열한 배움과 실천을 만나다

 10년 후 통일
정동영·지승호 지음 | 328쪽 | 값 15,000원

 선생님, 통일이 뭐예요?
정경호 지음 | 252쪽 | 값 13,000원

 분단시대의 통일교육
성래운 지음 | 428쪽 | 값 18,000원

 김창환 교수의 DMZ 지리 이야기
김창환 지음 | 264쪽 | 값 15,000원

 한반도 평화교육 어떻게 할 것인가
이기범 외 지음 | 252쪽 | 값 15,000원

▶ 창의적인 협력 수업을 지향하는 삶이 있는 국어 교실
우리말 글을 배우며 세상을 배운다

 중학교 국어 수업 어떻게 할 것인가?
김미경 지음 | 340쪽 | 값 15,000원

 토론의 숲에서 나를 만나다
명혜정 엮음 | 312쪽 | 값 15,000원

 토닥토닥 토론해요
명혜정·이명선·조선미 엮음 | 288쪽 | 값 15,000원

 인문학의 숲을 거니는 토론 수업
순천국어교사모임 엮음 | 308쪽 | 값 15,000원

 어린이와 시
오인태 지음 | 192쪽 | 값 12,000원

 수업, 슬로리딩과 함께
박경숙 외 지음 | 268쪽 | 값 15,000원

 언어던
정은균 지음 | 268쪽 | 값 15,000원

 민촌 이기영 평전
이성렬 지음 | 508쪽 | 값 20,000원

참된 삶과 교육에 관한
생각 줍기